Leaving Home
리빙홈

한국가족복지연구소

Leaving Home
리빙홈

지음 David P. Celani　**옮김** 김영호
　　　　　　　　　　　　김순천
　　　　　　　　　　　　남영옥

한국가족복지연구소

역자 서문

많은 상담가들이 다양한 배경에서 상담을 하고 있다. 어떠한 배경에서든 상담에서 만나게 되는 내담자는 어려워하고 괴로워하는 인간이다. 어려움을 주는 문제와 괴로워하는 인간을 잘 이해하기 위해서 상담가들은 많은 노력을 기울이고 있다. 그러나 복잡하고 잘 풀리지 않는 수많은 사례들이 상담가에게 계속 도전해오고 있다.

특히, 수퍼비젼에 자주 제시되는 사례들을 보면 성장과정에서부터 유래된 결함으로 나타나는 문제로 고통 받는 경우가 대부분으로 보인다. 내담자의 나이가 어리든 나이가 있든 가리지 않고 성장과정에서 형성된 양육자인 부모와 가졌던 관계경험의 내면화 결과에서 영향 받고 있고, 현재에도 계속되는 부모와의 관계에서 고통 받고 있는 경우가 대부분으로 보인다.

부모의 영향을 극명하게 설명해 보여주는 대표적인 이론은 대상관계 이론인데, 우리나라에는 보급 된지 그리 오래되지는 않았다. 많은 대상관계이론가의 저술 중에 페어베언의 이론과 연관된 서적이 국내에 많지 않은 상황에서 연전에 발간된 "사랑의 환상"에 이어 이번에 본 역서의 발간이 기쁘다.

본 역서는 David P. Celani의 2005년 Columbia University Press의 "LEAVING HOME - The Art of Separating from Your Difficult Family"를 완역한 것이다.

"Leaving Home"이란 집 떠나기로 번역하였지만 성인이 된 자녀가 자신을 계속 붙잡고 있고 자신도 붙잡고 살아온 부모를 벗어나서 독립하기 위하여 부모가 사는 집을 신체적으로 떠나서 정서적으로 독립하는 뜻을 가졌다. 저자는 풍부한 임상사례를 제시하며 부모의 유기와 방임의 영향이 어떻게 병리적으로 나타나는 지를 극명하게 보여주고 있으며 이들을 치료하는 전략을 명료하게 제시하고 있음으로써 부모의 슬하를 벗어나지 못하고 성격장애를 가진 내담자를 상담하는 상담자에게 많은 참고가 될 것이다. 그렇지 않아도 각급 학교에서 학생을 상담하는 상담자들이 만나게 되는 심각한, 이해되지 않는, 잘 낫지 않는, 화를 북돋우는, 대책이 없는 수많은 사례에서 고민 고민하게 되는 상담가가 늘어나고 있는 상황에서 그러한 사례를 이해하고 변화전략을 세우는 데에 본 역서가 많은 도움이 될 것이라고 믿는다.

또한 자신이 전적으로 져야하는 책임이 아닌데도 불구하고 평생을 잘못된 양육의 영향에서 고통 받고 있는 사람들이나, 부모의 그늘에서 벗어나지 못한 채 늙어가고 있으면서 살아봐야 옛날과 꼭 같은 현재와 미래만이 예측되는, 희망 잃고 기운 빠지는 증상을 가지는 사람들과 부모와의 병리적 관계에서 얻은 어머니 귀신이나 아버지 귀신이 들려 부모의 부정적인 바로 그 모습을 되풀이 하며 사는 사람들에게 자신을 이해하고 새로운 변화를 시작하는 전기를 마련해 줄 것을 기대한다.

문천지가 잘 보이는 대구대 연구실에서
역자 대표 김 영 호

감사의 글

나는 이 책을 집필하는 동안 많은 도움과 지지를 주신 분들에게 깊은 감사를 드리고자 한다. 통찰력 있는 비평과 더불어 열정과 격려를 제공한 Stephen Krupa님에게 큰 감사를 드린다. 마찬가지로 해박한 논평과 의견을 가지고 도움을 주신 Robert Barasch님에게도 감사를 드린다. 또한 이 프로젝트를 착수하게끔 방향을 잡아주시고 지지를 제공해주신 웨슬리언 대학 출판부의 Leonora Gibson님과 그 프로젝트의 결실을 보게 해주신 콜럼비아 대학 출판부의 John Michel님, 두 편집자님에게 공을 돌린다. 마지막으로 집필하는 동안 끊임없는 격려를 해준 나의 아내 Veronica에게 다시 한 번 감사를 보낸다.

차례

서론
- 집 떠나기의 심리학적 기초 • 20
- 비밀보호를 위해서 • 28

1장 성격의 형성
- 핵심적 갈등 : 같은 부모에 대한 사랑과 분노 • 39
- "상처받은 자기"의 발달 • 44
- 왜 성인이 된 자녀는 자신을 제대로 돌보지 못한 부모가 계속 자신을 지배하도록 놔둘까? • 54
- 변화가 가능했던 부모 • 66
- 인간 정체성의 발달 • 77
- 일상생활에서 우리의 정체성이 하는 역할 • 87
- 약한 정체성을 가진 환자가 그를 필요로 하는 보호자로부터 분리할 수 있도록 돕기 • 93

2장 우리의 방어기제는 현실과 어떻게 숨바꼭질 하는가?
- 분열방어 • 119
- 상상 속의 실패경험들에 대해 자기 자신을 비난하기 • 126
- 책임에 대한 복잡한 문제 • 135
- 희망자기의 붕괴 • 142

3장 집에 머무르기

- 집을 떠나기 위해 도움이 필요했던 세 명의 젊은 성인의 이야기 • 151
- "반복강박" : "그 일"을 하고, 또 하고, 계속 하는 것 • 176

4장 변화를 위한 준비

- 상처받은 자기 속의 분노를 다스리기 • 185
- 꿈 속의 고통스러운 진실들을 받아들이기 • 202
- 도덕방어로부터의 자기 비난을 극복하기 • 211
- 죄책감에도 불구하고 부모에 대한 명확한 비전을 확립하기 • 217
- 불운을 받아들이기보다 숨겨진 의미를 찾아내기 • 225
- 대리부모 수용하기 • 243

5장 집 떠나기

- 분리가 가능하다는 현실을 받아들이기 • 250
- 세 가지 회피하는 방법 • 255
- 자유를 향한 길 : 손상된 정체성을 회복하기 • 271
- 분리된 자기를 통합하기 • 274
- 자유로 향한 길 : 특정한 흥미집단에 참여하기 • 286
- 가족으로부터의 독립은 어느 정도가 충분한가? • 291

■ 참고 문헌 • 306
■ 찾아보기 • 307

서론

- 집 떠나기의 심리학적 기초
- 비밀보호를 위해서

서론

　내가 매우 초창기에 치료했던 환자들 가운데 한 젊은 스포츠 트레이너가 있었다. 그는 정말 놀라우리만치 배우 로버트 레드포드(Robert Redford)를 꼭 닮은 사람이었다. 처음에는 이렇게 잘생기고 멋진 젊은이에게 도대체 무슨 문제가 있을지 전혀 상상할 수조차 없었지만, 얼마 지나지 않아 그가 진정으로 나의 도움이 필요한 사람이라는 것을 알 수 있었다. 왜냐하면 그는 지속적인 우울증을 가지고 있었기 때문이었다. 특히 나를 놀라게 했던 점은, 그가 젊다는 사실과 눈에 띄게 잘생겼다는 사실이 그에게 자신감을 주기에 충분했을 것임에도 불구하고 우울증에 시달리고 있다는 점이었다. 그러나 그가 자신이 살아온 삶에 대한 이야기를 들을수록 나는 곧 그가 우울증에 걸릴 수밖에 없는 수많은 이유들을 가지고 있다는 사실을 깨닫게 되었다. 그의 부모는 집 밖에서는 완벽하게 정상적인 것처럼 보이지만, 사실은 매우 차갑고 자식을 돌보지 않는 사람들이었다. 그의 어머니는 언제나 집이 깨끗하도록 청소를 게을리 하지 않았고 가족을 위한 음식 장만에도 열심이었지만, 그러한 열심 뒤에는 아들에게 거의 관심을 보이지 않는, 그리고 어떠한 감정적인 애착도 보이지 않는 냉랭한 무관심이 있었다. 그녀는 오후 내내 드라마를 보면서 시간을 보냈고, 그런 가운데 나의 환자는 학교에서 집으로 돌아오면 어머니를 방해하지 말아야 한다는 것을 곧 깨달을 수 있었다. 그는 대부분의 시간을 자신의 방에서 장난감 배나 비행기 등을 만들면서 보냈다. 어머니와 마찬가지로 그의 아버지도 겉으로는 매우 좋은 아버지인 것처럼 보였다. 즉, 믿음직하고 경제적으로도 가장의 역할을 잘 하는 사람이었다. 그러나 자신의 아들의 감정적인 욕구에 대해서는 완전히 무관심한 사람이기도 했다. 나의 환자는 자신의 소년 시절에 대해 "지극히 독자적이고 비밀스러운 고아원"에 사는 것 같았다고 표현했다. 그는 부모가 자신을 그토록 무시하고 무관심했던 이유가 그들 부모가 지극히 싫어하는 어떤 결점을 자신이 가지고 있었던 것이라고 생각했고, 시간이 지날수록 그는 점점 더 열등감에 빠졌고 남의 이목을 의식하는 사람으로 되어갔다.

십대가 된 어느 날, 그의 아버지는 그에게 야외활동들을 가르쳐 주겠다고 했다. 내 환자는 그때 깜짝 놀랄 수밖에 없었는데, 그도 그럴 것이 지금까지 그의 아버지는 마치 그가 이 세상에 존재하지도 않는 것처럼 행동했었기 때문이었다. 그래서 아버지와 아들은 사냥을 가기도 하고 낚시를 함께 가기도 했다. 그러나 내 환자는 그러한 기억들을 자신이 그동안 경험해보지 못했던 특별한 관심을 받는 즐거운 기회가 아닌, 마치 완전히 고문과도 같은 "수업"이라고 회상했다. 그 동안 감정적으로 거부되었던 경험들은 그를 가벼운 비판에도 지나치게 민감하게 반응하도록 만들었고, 그러므로 그는 이미 부모와 결코 편하게 지낼 수 없게 되어버린 것이었다. 그는 어떤 의미에서 이미 "손상된 물건"이었던 것이었다. 그의 아버지는 숙련된 사냥꾼이었다. 아버지는 아들에게 사냥과 관련된 것을 거의 가르쳐준 적이 없음에도 불구하고, 소심하고 아버지를 두려워하는 아들에게는 여전히 어떠한 압박과 부담이 있다하여도 잘 해내기를 바랐다. 예를 들면, 그들이 사슴 사냥을 함께 갔을 때, 그의 아버지는 아들보다 몇 야드 뒤를 따라가면서 아들이 무언가를 잘못했을 때마다 손뼉을 쳐서 알려주고 아들의 사냥 기술에 대해 비판했다. 그가 나뭇가지를 밟아 소리가 날 때마다, 아버지가 보란 듯이 크게 손뼉을 치는 소리를 들어야 했다. 침묵 가운데에서도 매우 비판적인 아버지로 인한 엄청난 부담감은, 결국 그를 지나치게 예민하고 신경 쓰도록 만들어서, 결국 그가 처음 사슴을 봤을 때는 오히려 온 몸이 마비될 만큼 두려움을 느껴 다른 실수를 하게 했다. 손이 너무 심하게 떨려서 사냥총을 들어올리지 조차 못할 지경이었다. 아버지는 다시 손뼉을 치기 시작했고, 결국 그 사슴은 멀리 도망가 버렸다. 작은 배를 타고 낚시를 갔을 때도 마찬가지였다. 그의 낚싯대에 처음으로 물고기가 걸렸을 때, 그는 오히려 너무 긴장해서 낚싯줄을 어느 방향으로 돌려야 하는지조차 잊고 말았다. 도움을 바라며 그의 아버지를 쳐다봤을 때, 그가 본 것은 분노와 좌절로 얼굴이 울부락 불구락 해진 아버지뿐이었다. 어김없이 아버지는 다시 손뼉을 치기 시작했고, 두려움에 가득 찬 나의 환자는 결국 낚싯대를 호수에 빠뜨리고 말았다.

그 낚시 사건 이후, 그의 아버지는 아들을 성인이 되기까지 인도하고 가르쳐야 하는 모든 것들을 포기했다. 얼마 지나지 않아, 그의 아버지는 진지하게 쓴 편지를 한통 건네주었는데, 그가 아들이라는 것이 커다란 실망이며, 그러므로 앞으로 결코 아들을 사냥이나 낚시에 데려가지 않겠다는 내용이었다. 그 외에는 어떠한 다른 내용도 쓰여 있지 않았고, 그 이후 그 "가족"은 마치 아무 일도 없었다는 듯이 지냈다. 청년이 된 후, 그는 대학에 갔고 학업에서도 스포츠에서도 좋은 성적을 거두었다. 놀랄 일도 아니지만, 그의 사회생활은 만족스럽지 못했고 제한되었다. 왜냐하면 그의 열등감이 주변의 또래 여성들 앞에서 심각할 만큼의 수줍음으로 나타났기 때문이었다. 그는 여성들과 일상에서 평범하고 쉽게 친해지고 인간관계를 맺는 친구들과 룸메이트들에 대해 질투를 느꼈다. 그는 그들이 외적으로 "탄탄해서" 그처럼 쉽게 여자친구들을 사귀는 것이라고 생각하고, 보디 빌딩 프로그램에 등록하여 다니기 시작했다. 그러나 그의 근육질의 몸매가 여전히 여학생들에게 별다른 인기를 끌지 못하자, 그는 자신이 친구들로부터 집단으로 왕따를 당하기 때문이라고 결론 내렸다. 그에게는 자신이 심각할 정도로 수줍어한다는 사실과 친구들에 대한 시기와 질투가 다른 친구들에게도 느껴지고, 그 때문에 사회적인 관계에서 계속 실패한다는 사실을 볼 수 있는 능력이 없었다.

졸업 후, 그는 스포츠 트레이너로서의 직업을 시작하기 전에, 온 나라를 여행해보기로 결심했다. 그래서 그는 그와 비슷하게 모험심이 강한 25명의 사람들과 함께 자전거를 타고 전국을 일주하는 모임에 가입했다. 그는 스스로 자신의 3달 동안의 여행이 완벽한 성공이라고 생각했지만, 그해 가을 그는 집으로 돌아와 직장에서 일하기 시작하면서 결국 부모가 사는 바로 옆집에 자신의 집을 샀다. 당연히 부모와 그토록 가깝게 사는 것은 심각한 결과를 낳았다. 왜냐하면 그는 계속해서 부모 사이의 말다툼에 어쩔 수 없이 연루되었기 때문이었다. 대개의 경우, 그는 일이 끝난 후 집에 돌아와 저녁을 준비했는데, 언제나 옆집의 "구조 신호"에 의해 방해받기 일쑤였다. 그의 어머니가 거실의 불을 껐다 켰다 하면, 내 환자는 곧장 하던 일을 모두 멈추고 어머니를 도우러 곧장 달려갔다. 그의 부모 사이의 전쟁은 그의 어머니가 아버지의 언어폭력을 피해 옆집, 즉 내 환자의 집으로 짐을 싸서 들어오는 것으로 연결되었다. 내 환자가 집을 떠난 이후로, 그의 아버지의 비판하는 버릇은 사회적으로 고립되어서 늘 TV만 보는 어머니를 향하게 된 것이었다. 이처럼 비극적인 가족 내에서 내 환자의 역할은 괴롭고 분노에 가득 찬 부모 사이를 중재하는 것이었고, 대개의 경우 이 역할은 몇 시간은 족히 걸렸다. 어쨌든 그 중재 역할을 마치고 자신의 집으로 돌아가는 시점이면, 그는 언제나 중단했던 저녁식사 준비를 끝내고 저녁을 먹기에는 너무 흥분되고 화가 나 있었다. 이처럼 끊이지 않는 부모의 다툼과, 다른 외부 생활로부터의 고립(어느 누가 옆집에 사는 부모의 그와 같은 싸움이 매일같이 가능한 상황에서 마음에 드는 여성을 데려올 수 있겠는가?)은 결국 그로 하여금 치료를 받아야겠다는 생각이 들 정도의 우울증으로 몰아넣고 말았다.

그의 어린 시절에 대한 이야기를 들은 후, 나는 다소 과장된 호기심으로 그에게 물었다. 3개월의 자전거 여행을 마친 후 그가 가장 관심을 가지게 된 집이 하필이면 그의 부모가 사는 집의 바로 옆집이 될 수 있느냐고 물었다. 그는 아침 식사를 위해 그의 어머니를 방문하고 싶었다는 것 외에는 이에 대하여 별다른 설명을 하지 않았다. 그의 이러한 결정은 그의 부모가 그에게는 물론이고 부모 서로에게도 결코 마음에 들어 하지 않다는 점을 완전히 무시한 것이었다.(사실 그는 훨씬 오래 전에 그 집을 사 두었었다)

이 같은 임상 사례는 매우 자주 반복적으로 일어나는 고전적인 심리학적인 일화이다. 매력적이고 좋은 교육을 받았으며 능력도 있지만 어린 시절 제대로 된 돌봄을 받지 못한 성인이 결과적으로 어린 시절에 자신에게 무관심했던 바로 그 부모들에게서 분리되지 못한다는 점이다. 이 책은, 왜 어떤 젊은이는 자신 있게 독립하여 스스로의 인생을 개척할 수 있는 반면, 왜 다른 일부의 젊은이는 그렇지 못하고 집에 머문 채, 별다른 시도도 하지 않으면서 세상을 두려워하며 자신의 삶에 대해서 만족하지 못하는지, 즉 어떠한 변화도 가져올 수 없는 삶을 사는지에 대해 다룰 것이다. 우리는 좋은 교육을 받았음에도 불구하고 여전히 집을 떠나서 자신의 가정을 꾸려나가지 못하는 똑똑하고 매력적인 젊은 성인을 한두 명은 알 것이다. 거의 모든 가정에, 중년이 다 되어가지만 여전히 나이든 부모와 함께 사는 친척이 한명쯤은 있다. 그들은 그렇게 사는 것이 결코 행복하지 않다는 사실을 매우 잘 알면서도, 부모로부터 독립해 자기 스스로 살 생각조차 하지 못한다. 또 다른 경우로서 어떤 젊은 사람들은 가족을 떠나서 살기는 하지만 여전히 그 부모의 노예처럼 살기도 한다. 자신이 한 사람의 성인으로서 다른 사람들과 맺어야 하는 관계들은 무시한 채, 매일같이 집에 전화를 하거나 끼니 때마다 부모의 집을 찾는 것이다. 우리는 자신의 어머니와 지나치게 애착관계를 가진 미성숙한 남성들을 가리켜 "마마 보이"라고 부르기도 하지만, 사실 성별에 관계없이 이와 같은 건강하지 않은 관계는 그들 가족의 근원에서 그 원인을 찾아 볼 수 있다.

특히 어린 시절의 욕구들이 충분히 채워지지 못한 경우라면 가족을 떠나는 일은 성인이 된 이후에 가장 어려운 심리적 과제가 된다. 이 책에서 살펴볼 이 역설적 사실은 다소 예상치 못한 관찰 결과이기도 하다. 어린 시절 충분히 사랑받고 잘 양육된 어린이들은 가족을 떠나 자신의 가정을 직접 꾸리는 것이 상대적으로 쉬운 반면, 어린 시절 무시당하고 유기당하며 혹은 학대당한 어린이들의 경우 바로 그처럼 자신을 망가뜨린 그 집을 떠나는 데 훨씬 어려워한다. 평범한 성인의 이성으로 보기에는 그 반대의 경우가 더 설득력이 있다. 사랑받은 아동은 그 부모와 가깝게 더욱 오래 머무르면서 자신을 사랑해주는 부모와의 관계를 계속 유지하고 싶어하고, 반대로 유기당하고 무시당한 어린 시절을 겪은 어른의 경우 어떤 수단을 써서라도 그 부모와 떨어져서 집을 나오고 싶어 하는 경우가 더 상식적으로 납득이 간다.

얼마나 나쁘고 부정적인 가정이었느냐에 상관없이 가족을 포기하고 떠나는 것은 우리 문화에서 쉽게 받아들여지는 행동은 아니다. 서점에 난무하는 많은 심리학 서적들은 우리가 "우리 부모와 관계를 회복해야" 하거나 혹은 그들을 "용서해야" 한다고 말한다. 왜냐하면 그 모든 일은 우리가 상처받기 쉬운 어린 시절에 일어난 일들이기 때문이다. 많은 종교들도 우리의 부모가 우리가 어린 시절에 어떻게 대했는지를 떠나 부모를 존경하고 공경해야 한다고 말한다. 앞으로 살펴보겠지만, 한 가족의 근원에서 벗어날 것을 선택하는 그토록 단순한 행동은 우리 사회와 종교적인 관점으로 볼 때 매우 공격적이고 어긋나는 것으로 보이는 것이 사실이다. 만약 어떤 사람이 이 같은 행동을 한다면 그는 많은 사람들에게 비난을 받을 것이다. 설사 그 사람이 어른이 된 후에 그렇게 한다고 해도 그렇다. 이 중 성인이 된 자식이 집을 떠나기 시작할 때 엄청난 위협을 느끼며 가장 심하게 반대할 사람은 바로 그들을 무시하고 유기했던 부모 자신일 것이다. 많은 부모들이 "피는 물보다 진하다"는 진부한 말을 거들먹거리기는 하지만 그들 가정의 오랜 역기능적 패턴을 바꿀 수 있는 어떠한 변화도 하지 않으려고 노력할 것이다.

이러한 상처 주는 가족과의 애착을 포기한다는 것은 우리 가족의 근원에 대한 희망과 죄책감을 동시에 포기한다는 것을 의미한다. 이처럼 자기 자신을 보호할 수 있는 행동을 하는 사람은 스스로를 엄청난 사회적인 터부에 드러낸다는 것이고, 나는 이러한 선택을 한 사람을 응원하고자 하는 목적으로 이 책을 쓰게 되었다. 역기능적인 가족으로부터의 분리는 한 개인의 정신건강을 위해 필수적이다.

이는 곧 아동기에서 성인기로 성장을 의미하는 것이기 때문이다. 나는 이 책을 통하여 이러한 결정을 함으로써 자신들의 부정적인 가족으로부터 비난받고 죄책감을 느끼는 사람들이 그들의 결정에 대해 자유를 느낄 수 있도록 충분히 이성적이고 논리적인 설명을 할 수 있기를 바란다. 이 외의 대안으로는 그 가정에 실제적으로 머물러 있거나(독신으로 지내며 그 집에 계속 사는 것) 혹은 상징적으로 머무르는 것이다.(성인이 되어서도 다른 사람들과 자신이 받았던 학대적이고 거부적이며 배려하지 않는 관계를 계속 만들어 가며 사는 것) 불행히도, 이 두 경우 모두 우리는 어떠한 생동감도 꺼져버린 상태, 즉 우리 자신의 진정한 새 삶이 시작되기를 영원히 기다리기만 하면서 사는 상태에 머무를 수밖에 없다.

이 책은 자신의 가족으로부터 분리되는 것에 관심이 있는 사람들이 책을 통해서 조용하지만 이성적인 분리의 과정을 시작할 수 있도록 하는 데에 그 목적이 있다. 나는 이러한 분리의 과제가 생명을 살릴 수 있을 만큼 얼마나 중요하고 필수적인지를 알려주고 또한 이처럼 어려운 심리적 노력을 하는 사람이 포기하지 않고 그 과정을 계속할 수 있도록 돕기를 원한다. 그러나 나는 결코 이 책을 읽는 독자들이 자신들의 실패한 부모들에 대해 끊임없이 비난하는 것은 원하지 않는다. 요즘 우리는 많은 인기 있는 TV의 심리학 프로그램들이 그것에 초대된 손님들로 하여금 무시 당하거나 학대 받은 경험을 세세하게 기억할 것을 부추기는 것을 본다. 많은 경우 이러한 희생자가 된 경험을 회상하는 것이 동정을 느끼는 시청자들에게 일시적인 공감을 받아 자기 자신을 찾은 것처럼 마무리되곤 하지만, 사실 이러한 경험은 그들의 삶에 어떠한 실질적인 변화도 가져다주지 않는다. 오히려 그것들은 그 개인들이 단지 자신의 본래의 학대경험을 다시 말하는 것이 그들의 인생의 가장 중요한 것으로 여기는 상습적인 "희생자"가 되기를 부추길 뿐이다.

　이 책의 목적은 원가족을 떠나려는 사람들을 위해 평화롭고도 합리적인 계획의 틀을 제시하려는데 있다. 나는 이 과업이 필수적이며 삶을 구할 수 있음을 보여주고 싶다. 뿐만 아니라 이런 심리적인 노력이 성공하기를 원하는 독자들에게 이 책이 발판으로서의 역할을 할 수 있기를 희망한다. 첫째로, 제일 첫 번째 인간관계의 시작에서 -어머니 아버지와 그들의 자식의- 파괴적인 애착관계에 대해 살펴볼 것이다. 많은 "고전적인" 자기치료 서적들은 제 3막(성인기)에서 복잡하고 긴 드라마를 시작함으로써 제 1막에서 무슨 일이 일어났는지를 추측하려고 노력한다. 나는 그들의 아동기의 기본적인 잘못된 감정적 애착관계를 탐구하는 것을 시작으로, 그 어린 시절의 잘못된 관계의 패턴이 어른이 되어서 바로 그 가족과 분리할 만한 능력을 만들어주지 못한다는 점에 연결시켜 접근할 것이다.

▢ 집 떠나기의 심리학적 기초

　비록 매우 분명하고 이해하기 쉬운 언어를 사용하기는 하지만, 이 책은 1940년 이래로 특히 지난 20년 동안 그 중요성이 더욱 커진 정신분석학 모델을 기본 바탕으로 한다. 정신분석학의 영역은 단 하나의 모델 혹은 이론이 지배하는 영역이 아니라, 유사한 여러 개의 이론 그룹으로 이루어져 있어서 그 그룹 내에서 서로 경쟁을 하기도 하고, 이와 관련하여 각각의 이론에 중점을 두고 연구하는 "학파" 혹은 분석 연구소 등이 만들어지기도 한다. 이는 개신교에 잘 대비된다. 다양한 종류의 교회들은 기본적인 믿음의 내용에 대해서는 공유하지만 어떤 종교적인 영역과 의식들에 강조점을 두는지는 서로 다른 것이다.

　모든 정신분석학 이론들은(주요한 학파는 5개가 있다) 모두 프로이드로부터 시작된 것이다. 각각의 정신분석학 모델들은 프로이드의 개념에서 시작하여 발전되어 왔지만, 여전히 모든 이론은 인간의 무의식이 인간행동의 궁극적인 동기라는 관점을 공유한다. 그러나 그러한 무의식이 어떻게 발달하여 작동되는 지에 대한 이해에서는 큰 차이를 보인다. 이 책이 기본 바탕으로 하는 정신분석학 모델은 "대상관계 이론"이라 불리는 것으로서, 프로이드의 원저작들에서 시작된 모델이다. 그러나 이는 프로이드의 다른 대부분의 이론(고전적 정신분석학이라 불리는 이론)과는 눈에 띄게 큰 차이를 보인다. 프로이드의 모델은 본능 혹은 "동기" 이론으로서, 그는 모든 인간의 동기가 성욕 혹은 공격성에 기반을 둔 궁극적인 본능에서 비롯되었다고 가정했다. 프로이드는 이러한 기본적인 인간의 동기를 "리비도"라고 불렀고, 이것은 인간이 태어날 때부터 가지고 있고 사용하기 시작한다고 가정했다. 신생아가 자신의 아버지 혹은 엄마를 향해 느끼는 성적 동기는 배고픔이 채워지는 것에서 비롯되는 만족감이라고 말할 수 있을 것이다. 그는 아기의 엄마를 "성욕화된 대상(sexualized object)"으로 보았고, 이것이 나중에 엄마와 아기 사이의 관계에 대한 면밀한 연구를 거쳐 "대상관계(object relationships)"라는 학문으로 시작된 것이다. 이것이 우리 인간 이외의 다른 모든 것들을 "대상(objects)"이라고 부르기 때문에 다소 적절하지 않게 느껴질 수는 있지만, 바로 이 책이 기본으로 삼고 있는 정신분석학의 한 지파의 명칭의 기원인 것이다.

프로이드는 과학 혁명이 시작될 즈음에 살던 사람이었으므로 그 당시 가장 성공한 과학자였던 다윈의 이론을 차용하는 데에 아무 거리낌이 없었다. 다윈 이전에 "인간 모델"에 대한 이론은 종교적인 창조론뿐이었는데 이에 대하여 다윈은 자신의 진화 생물학의 발견으로 도전한 것이다. 이처럼 종교적 모델의 개념으로부터 벗어나 인간에 대한 과학적 설명을 시도하려는 변화야말로 우리 세대가 볼 수 있는 가장 위대한 것이라고 말할 수 있다. 프로이드는 과학의 힘과 다윈의 이론이 인간에 대해 가지는 그러한 관점에 크게 감명을 받았고, 결국 다윈의 개념들을 자신의 심리학 모델에 접목시킨 것이었다. 프로이드의 모델에서 원시적 본능들은 모든 인간 동기의 제공자로서 가장 중심적인 역할을 하게 된다. 이러한 본능들은 다윈 이론에서 현대인 이전에 존재했던 유인원 조상에 해당하는 심리학적 개념들이다. 프로이드는 오늘날을 사는 인간들에게도 여전히 그러한 본능들이 존재한다는 가정을 함으로써 우리의 정신세계의 이러한 원시적인 조상들에게 생명력을 불어넣었다. 그는 모든 인간에게 우리가 "이드(id)"라고 부르는 정신적 구조를 가지고 있다고 주장했다. 이때 "이드"란 의식적 표현을 추구하며 의식 위로 분출하려는 무의식적 충동의 거대한 저장고인 것이다. 그러므로 프로이드가 말하는 이드는 다윈 이론에서 정신초창기 인간과 유사한 것이고, 그러므로 이것이야말로 전체 성격을 위한 힘의 원천임을 가정하는 것이다. 어떠한 자녀도 오직 이드가 나타내는 폭력적이고 다듬어지지 않은 행동 양식을 가지고 가족 안에서 살아남을 수 없으므로 프로이드는 성격의 두 번째 구조인 "자아(ego)"를 도입함으로써 그 문제를 해결하였다. 프로이드가 말하는 자아란 이드(힘의 원천)의 한 부분이지만 스스로를 변형하여서 무의식의 이드와 사회의 요청 사이의 중재자 역할을 하는 "중립자"로서 발달한 것이다. 자아는 우리가 현재 알고 있는 다면적인 인간의 정체성의 개념으로서의 "자기(self)"와는 다르고, 오히려 문화적 요구의 범주 안에 머무르면서 동시에 이드의 원초적인 욕구도 충족시킬 수 있도록 하는 충실한 신하에 가깝다. 고전적 정신분석학에 따르면 인류가 가지는 가장 기본적인 갈등은 항상 동일하다. 이를테면 이드가 가지는 공격적이고 성적 동기와 사회가 부과한 제한 사이에서 계속적으로 발생되는 갈등이 바로 그것이다. 프로이드는 또한 이보다 "높은" 인간의 특성으로서 이타심, 사랑, 종교적 확신, 사회적 책임을 포함하는 세 번째의 정신구조로서 초자아(superego)를 기술했는데, 이는 어린이에게서 제일 늦게 발달되는 부분이기도 하다. 프로이드는 초자아가 자녀의 부모나 그 외에 사회의 규칙에 대해 가르쳐주는 다른 사람들에 의해 나타나는 태도와 기준의 "내면화"를 통해 발달된다고 가정했다. 초자아의 발달은 대상관계 이론의 발달과 관련한 프로이드 이론에서 중요한 핵심이다. 만약 프로이드가 자신의 이론을 계속 개발시켰다면, 그는 초자아가 자아로부터 진화된 것이라고 주장했을 것인데, 왜냐하면 그의 모델은 순수하게 "본능적"이었기 때문이다. 그의 모든 심리학 구조는 유전된 생물학적 본능에서부터 진화되어야 하기 때문이다. 그러나 프로이드는 여기에서 실수를 저질렀고, 전혀 어울리지 않는 두 개의 이론이 "혼합된" 이론을 만들어냈다. 그가 설명한 초자아는(본능적이지 않은) 전혀 다른 과정으로부터, 또한 다른 대상과 경쟁을 하는 과정을 통해 나타난다. 다시 말하면, 성격발달의 대체적인 관점으로서, 자기 또는 정체성에 대한 우리의 감각이 기억 속에 저장되어 있는 사회적인 상호 활동을 통해 발달된다는 것이다.

이러한 관점은 매우 다른, 많은 의미에서 전혀 정반대의 심리학적 모델을 만들어냈다. 더 나아가, 성격발달의 "내면화" 모델은 인간의 성격 형성이 원초적인 동기의 발현에서부터가 아닌, 한 사람의 부모와의 관계에서의 기억의 축적으로부터 비롯되며, 이것이 결국 "자기"를 형성한다고 본 것이다.

이러한 제 이의 정신분석학 모델이 개발된 과정은 상당히 오랜 시간이 걸렸고, 이는 프로이드의 제자 중 한 사람인 멜라니 클라인(Melanie Klein)에 의해 시작되었다. 클라인은 궁극적으로는 고전적 프로이드 학파의 관점을 이어받는 것이 되지만, 자신이 정신분석학의 대안적 모델을 만들어내고 있다는 사실을 깨닫지 못했다. 그녀는 파시즘을 피해 영국으로 망명한 독일인 분석가였다. 그녀는 자기 자신을 고전적 프로이드 학파의 일원이라고 여겼지만, 그녀의 저작들은 "내면화된 대상(internalized objects)"의 역할을 강조하였는데, 이는 늘 자녀와 함께 있으면서 자녀의 성격발달에 통제력을 발휘하는 부모와의 기억을 말하는 것이다. 그녀는 이러한 내면화된 대상의 영향이 프로이드의 동기 이론과 공존할 수 있는 것으로 생각했다. 다시 말해, 이것은 혼합된 모델이었는데도, 정신분석학의 매우 초창기에는 이 모델의 새로운 가능성에 대해 너무 흥분되어서 자신들의 모델이 가지는 문제점은 모두 무시되었다. 클라인의 모델은 현재 다섯 가지의 정신분석학 주요 모델 가운데 하나이다.

그 다음으로 대상관계이론의 발달에 공헌한 이론가는 로날드 페어베언(Ronald Fairbairn)으로서, 그의 성격발달 이론이 이 책이 기본으로 삼는 모델이 될 것이다. 페어베언은 스코틀랜드 출신의 철학자이자 의사, 정신분석가로서 1940년대에 인간 성격에 대한 자신의 모델을 개괄하는 글들을 시리즈로 출판하였다. 그는 클라인의 아이디어를 한 발자국 더 발전시켜 생물학적으로 유전된 동기에 대한 개념들을 모두 배제하였고, 이것을 순수한 관계의 모델로 대체시켰다. 그는 인간의 성격을 어린 시절 자신의 "대상" 즉 아이의 부모와의 상호관계 속에서 기억되는 수 천 개의 의식적 및 무의식적 기억으로부터 발달되는 것으로 보았다. 그의 모델은 정연하고 설득력 있으며 매우 이해하기가 쉽다. 또한 이 모델은 어린 시절의 경험들이 얼마나 중요한지에 대해서도 강조한다. 페어베언이 말하는 무의식은 자신의 모델에서 매우 중심적이기는 하지만 프로이드가 말했던 무의식과는 다른 것이다. 프로이드는 무의식이 현대의 사회가 받아들이기에는 너무 반사회적이고 폭력적이어서, 즉 우리 속에 살고 있는 원시적인 측면이어서, 억압된 상태로 남아 있어야 한다고 보았다. 그러나 페어베언이 말하는 무의식은 실제로 일어났던 사건들의 기억에 의해 자리 잡게 된 것이다. 즉 부모와의 관계에서 경험하는 실패들, 상처들, 혹은 버려짐의 경험 등과 같은 사건들이 아이에게 무의식적으로 숨겨져 있다고 본 것이다. 그러므로 프로이드와 페어베언 모두 무의식을 자신들의 성격 모델의 중심에 두고 있기는 하지만, 무의식이 대변하는 역할과 내용에 있어서는 크게 차이가 있다고 하겠다.

페어베언의 모델에서 가장 중요한 개념은 "나쁜 대상에 대한 애착(attachment to bad obects)"인데, 이것은 버림받거나 학대받았거나 제대로 된 보살핌을 받지 못한 자녀의 강렬한 충성심이 자신을 잘못 대해주었던 그 부모에게 표현된다는 것이다. 페어베언은 이 개념을 1927년과 35년 사이 에딘버그(Edinburgh)의 고아원에서 일 하면서 개발하였다. 이 모델은 부모에게 완벽하게 의존적인 아이들의 양상에 초점을 맞췄는데, 이 부모들은 자녀들의 발달과정에서 필요한 어떠한 욕구에도 제대로 충족시켜주지 못한 사람들이었다. 그는 이러한 자녀들이 자신들을 학대했던 부모들을 위해 어떠한 대가도 감수하며 보호해주고, 심지어 신체적으로 그들을 학대했던 집으로 돌아가기 위해 모든 수단을 강구하는 것을 보게 되었다.

페어베언은 또한 프로이드의 "반복강박(repetition compulsion)" 개념에 대해서도 더 잘 이해할 수 있도록 도와주었는데, 사람들은 역설적이게도 자신의 어린 시절의 고통스러운 상황들을 기억하고 다시 만들어 냄으로써 성인이 된 후의 인간관계 속에서도 계속 그 패턴을 반복한다는 것이다. 프로이드 역시 이와 같은 패턴을 관찰하기는 했으나, 그의 쾌락추구 모델(리비도 이론)은 "고통을 다시 찾는 것"에 대해 설명할 방도가 없었다. 그는 그의 말년에 "타나토스(thanatos)"라는 충동 개념 혹은 죽음의 본능을 가지고 다시 설명하려 시도했으나, 결국 이것은 그의 이론 가운데에서도 가장 설득력이 부족한 것이 되고 말았다. 페어베언은 반복강박이 우리의 무의식에 침전되어 있는 고통스러운 관계가 어쩔 수 없이 재연(再演 : replay)되는 것으로 이해했다. 우리는 원가족 내에서 행했던 우리의 역할이나 상대방(partner)의 역할을 연기(act) 할 수 있는 다른 사람들을 찾는 것이다. 반복강박은 쾌락추구나 고통추구 그 어느 쪽도 아닌, 이미 내면화된 인간관계의 틀로 자리 잡혀져 이제는 그것으로부터 벗어날 수 없게 된 우리 원가족 패턴의 재창출일 뿐이라는 것이다. 우리는 우리가 알고 있는 단 한 가지의 관계의 세계를 재창출하는데, 많은 경우 좌절과 갈망, 분노와 절망으로 채색되어 있는 것이다.

이 책은 매우 분명한 기본 가정을 가지고 쓰여졌다. 페어베언의 이러한 관찰은 정신분석학의 세계에서 "비밀"처럼 여겨지는 매우 제한된 것이 아니라, 오히려 인간 행동과 관련된 작가들과 수필가들 그리고 학생들에 의해 독립적으로 관찰된 것이고, 많은 경우 본 저자가 인용하였다. 방임적 분위기에서 성장한 많은 성인들에게 원가족으로부터 분리하는 과정은 매우 고통스럽고 힘들기는 하지만, 이는 매우 중요한 동시에 자신의 삶을 긍정하는 추구의 과정이 되는 것이다.

🔲 비밀보호를 위해서

　이 책에는, 임상심리학자로서 나의 26년 동안의 실제 경험이 다수 포함되어 있다. 이 책에 제시되는 임상적 갈등들은 모두 사실이다. 그러나 환자들의 비밀보호를 위해 그들의 성격이나 특징들은 다수 바꾸었음을 알려둔다. 일부 사례들은 두 환자의 성격적 특징들이 혼합되어 있기도 하고, 그렇지 않은 경우도 있다. 또한 어떤 사례들에 대해서는, 전혀 혹은 거의 바꾸지 않고 실제 사례를 쓸 것을 환자들로부터 동의를 받았고, 그런 경우에도 다른 사람들의 사례들과 다소 섞어두었다. 결국 목표는, 이 책의 독자들에게 보다 생생하고 정확한 심리치료 세계의 창을 제공하는 것이다.

제1장
성격의 형성

- 핵심적 갈등 : 같은 부모에 대한 사랑과 분노
- "상처받은 자기"의 발달
- 왜 성인이 된 자녀는 자신을 제대로 돌보지 못한 부모가 계속 자신을 지배하도록 놔둘까?
- 변화가 가능했던 부모
- 인간 정체성의 발달
- 일상생활에서 우리의 정체성이 하는 역할
- 약한 정체성을 가진 환자가 그를 필요로 하는 보호자로부터 분리할 수 있도록 돕기

- 제 1 장 -

성격의 형성

태어나서부터 7세가 될 때까지 아이를 내게 맡겨 준다면, 그 아이는
그 이후의 삶을 나의 아이로 살게 될 것이다. - Jesuit Maxim -

나는 임상심리학자로서 일하는 동안, 나에게 최고의 선생님은 늘 나의 환자들이었다는 것을 인정하지 않을 수 없다. 왜냐하면 그들은 인간의 성격이 어떻게 발달되고 운영되는지를 가장 잘 보여주었기 때문이다. 최고의 환자들 중 한 명은 "George"라는 이름의 사립 고등학교 학생이었다. 그는 학교에서 퇴학당하기 직전 그의 엄마와 학교에 의해서 치료를 받기 위해 나에게 보내졌다. 내가 George와 함께 해야 했던 일은 그가 교수들의 물건들을 계속해서 훔치는 습관의 배후에 어떤 이유가 있는지를 알아내는 것이었다. 그는 성실하고 매력적인 젊은 남자로서 수학과 물리학에도 재능을 보였을 뿐만 아니라 하키

선수로서도 그 우수성을 보여주었었다. 그가 가는 곳마다 없어지는 물건이 생겨난다는 사실이 알려지기 전까지는 모든 사람들이 그를 매우 우수한 학생으로 생각했다. 특히, 그는 교수들의 지갑, 핸드백, 개인 수첩 등과 같이 지극히 개인적인 물건들을 훔쳤다. George는 아주 천진난만한 얼굴로 왜 자신이 그렇게 말도 안 되는 짓을 했는지 이유를 잘 모르겠다고 말했다. 그러나 동시에 그가 자신이 훔친 것들을 들여다보면 그것으로부터 짜릿한 성취감을 느끼기도 했다고 말했다. 그는 자신이 훔친 돈을 쓰지 않고 오히려 이상한 방법으로 그 훔친 물건들을 다시 돌려주었다. 예를 들면, 훔쳤던 지갑을 세탁실이나 복도 등에 떨어뜨려 놓아서 지나가던 사람들이 발견할 수 있도록 했다. 첫 번째 임상 인터뷰 후 나는 내가 George와 상담을 할 수 있을 것이라는 확신이 들었지만, 곧 내가 분명히 보고 확인했던 책상 위 우표들을 찾을 수 없게 되는 경험을 하고 나자 고민이 되었다. George가 내 사무실에 들렀다가 나가면서 그것을 교묘하게 가지고 나갔던 것이다. 그날 저녁, 사무실을 나와 내 차로 다가갔을 때, 그 우표들이 내 차의 안테나에 잘 말려있는 것을 발견하고는 역시 깜짝 놀랄 수밖에 없었다. George가 어떤 게임과 같은 것을 하고 있는 것이 분명했다. 나는 그 게임에서 매우 우스꽝스러운 사람의 역할을 하고 있는 반면, George는 자기 자신을 나보다 우월한 위치에 놓인 사람으로 만들고 있있던 것이다. 그 후 몇 주 동안, 나는 George의 과서에 대해 이야기를 나누었고, 그 동안 나 역시 내 사무실의 모든 물건들에 대해 훨씬 더 민감하게 주의를 기울였다. 그러나 George는 놀랄만큼의 천재적인 기술과 목적성을 가지고 내 사무실의 많은 물건들을 가지고 나가곤 했다. 내 사무실에 있었던 수많은 볼펜들, 책, 장식품 등이 주차장의 쓰레기통 위에 혹은 잔디밭에서 발견되었다. 나는 나에게 도움을 구하러 온 환자인 George가 오히려 실제로는 나를 "넘어서는" 사람이고, 소위 "쓸 만한" 존재라는 것을 계속해서 나에게 보여주려 한다는 인상을 받았다.

나는 George의 어린 시절에 대해 탐구하기 시작했는데, 그가 대부분의 경우에는 지지적이었으나 저녁식사 시간만은 엄격한 편부모 슬하에서 자랐다는 것을 알게 되었다. 그의 어머니는 먹는 것, 특히 채소를 먹는 것에 대해서는 지나치리만큼 엄격해서 결코 타협 불가능한 몇몇 규칙들을 지키고 있었고 이 때문에 장남이었던 George와 자주 부딪혔다는 것을 알게 되었다. 일단 음식이 그의 앞에 놓여지면 George가 좋아하고 좋아하지 않고 와는 상관없이 그는 일단 그것을 먹어야만 했다. 만약 그가 먹지 않겠다고 하면, 그의 어머니는 매우 심한 벌들을 연속해서 내렸다. 처음에는 그의 어머니는 그가 먹을 때까지 식탁에서 떠나지 못한 채 앉아있도록 했다. 그러나 George는 커가면서 자신이 엄마의 인내심을 꺾을 수 있음을 알게 되었다. 그의 어머니와 그가 식탁에 두 시간 동안이나 앉아서 기 싸움을 하는 상황이 종종 일어났다. George는 고집스럽게 먹기를 거부하는 한편, 그의 어머니는 화가 난 채 앉아서 그녀가 만든 규칙들을 따르도록 강요했다. 얼마 지나지 않아, 그의 어머니는 자신이 아들의 함정에 걸려들었다는 것을 알게 되었다. 왜냐하면 그녀 자신도 아들과 함께 식탁에 계속해서 앉아있어야 했기 때문이다.

그러자 그녀는 방식을 바꾸어서, 매 끼 시간제한을 두고 그 제한 시간이 넘어서면 또 다른 벌을 주었다. 예를 들면, George가 15분이 넘도록 음식 먹기를 거부하면, 그 다음 주에 George는 밖에 나가서 놀 수 없었다. 거부하는 시간이 길어질수록 그 벌의 강도도 더욱 세졌고, 여기에는 친구들과 놀 수 없게 하거나 앞으로의 생일 선물을 주지 않는다고 협박하는 것, 친구들과 전화 통화조차 못하게 하는 것도 포함됐다. 그가 먹지 않음으로써 계속해서 받은 이러한 벌들과 제한들이 큰 달력에 고스란히 기록되곤 했다.

George가 일곱 살이 되던 해, 그는 엄마의 지갑을 뒤져서 지갑 속의 잔돈을 훔치는 것에서 뿌듯함을 느끼기 시작했다. 그는 이런 일이 들통 나면 엄마에게 훨씬 더 큰 벌을 받을 것이라는 사실을 잘 알고 있었기 때문에 엄마가 눈치 채지 못할 만큼의 적은 양만을 훔쳤다. 그는 또한 엄마의 차 키를 훔쳐서는 엄마가 결코 찾지 못할만한 장소, 그렇지만 결코 자신을 의심하지는 않을 만한 장소에 가져다 놓곤 했다. 이런 일 때문에 엄마가 직장에 늦는 일이 잦아졌고 그럴 때마다 엄마는 미친듯이 열쇠를 찾고는 했지만, 열쇠는 결국 창고의 선반이나 부엌의 싱크대 옆 등에서 발견되곤 했다. 흥미로운 것은, George의 여동생 역시 저녁 식탁에서 음식을 먹지 않는 것에 대한 동일한 규칙을 적용받있지만 여동생은 그저 불평하는 것으로 끝나고 말아서 모든 압박감과 갈등은 George의 몫이었다.

George와 엄마 사이에 발달된 애착관계의 패턴은 곧, 아들을 무심하고 독재적인 방식으로 대하는 지배적이고 무자비한 엄마의 패턴이었다. 이 엄마가 자신의 아이들을 이런 식으로 대해야 할 어떠한 이유도 사실은 없었다. 그러나 대부분의 부모들처럼 그녀 역시 그녀 자신이 어린 시절에 경험한 무의식적이고 파괴적인 패턴이 계속 반복되고 있었음에도 불구하고 자신이 옳은 일을 했었다고 믿을 것이다. 내게 만약 George의 어머니와 대화할 수 있는 기회가 있었더라면 (그런 기회는 결코 주어지지 않았다), 그녀는 분명히 자신의 아이들에게 그토록 엄격하게 훈련시키는 것이 아이들을 위한 최선이었다고 주장할 것이다. 그녀는 아이들이 균형된 식사를 하기 위해 모든 종류의 음식을 모두 먹도록 훈련시킨 것이거나 아니면 자녀들에게 건강한 습관을 가르치기 위해 그랬던 것이라고 말할지도 모른다.

수업 중에 이 사례에 대해 들은 나의 학생 중 한 명은, 이 저녁 식탁에서의 문제는 사실 어린 George의 잘못이었다고 제안했다. 구체적으로 그 학생은 말하기를 어머니와 이러한 문제를 일으킨 것은 먹기를 거부한 George의 고집스러움에 있었다는 것이었다. 이러한 반응은 "희생자를 비난하는" 경향을 여실히 보여준다. 더욱 중요하게는, 인간 성격의 심리학적 발달에 대한 매우 중요한 정보를 무시하는 것이다. George가 먹기를 거부한 것은 단순히 "고집스러움"이 아니다. 오히려 그것은 지나치게 자신의 힘을 남용하는 엄마에 대항하여 자신의 정체성과 스스로에 대한 의식을 보존할 수 있는 유일한 방법이었던 것이다. George는 자신의 인간적 욕구의 덫에 걸려 있었다. 먹기는 해야 하는데 사실, 어느 곳에서도 먹을 수가 없었다. 그의 평범하고 인간으로서 당연한 욕구가 그에게 있어 가장 중요한 사람, 즉 그의 엄마에 의해 배신당한 것이다. 아버지가 빠진 이 가정의 그림에서(오늘날 수백만의 어린이들이 그러하듯이) George와 그의 여동생은 그의 엄마에게 완전히 의존적일 수밖에 없었다. 그들은 먹지 않을 수 없었고, 동시에 또 다른 엄마를 가질 수도 없었다. 단순히 그들이 할 수 있는 한 최선을 다해 이 상황에 적응해야 했던 것이다.

만약 George가 음식 먹기를 거부한 것이 단순히 고집을 부린 것 이상의 것이라면, 과연 그것은 무엇이었을까? 여기에는 또 다른 인간의 욕구가 있다. 바로 식욕만큼이나 중요한, 그러나 그의 엄마에 의해 계속해서 무시당했던 욕구. 그것은 바로 그가 한 사람의 개인으로서 존중받고 인정받는 욕구이다. George와 그의 엄마와의 관계에서 George 자신의 개인적인 음식에 대한 취향은 전혀 중요한 것이 아니며, 그의 엄마의 의지와 결정에 강제적으로라도 따라져야만 한다는 것을 그에게 가르쳐 주었다. 이러한 관계는 그의 엄마가 의도적으로 George가 싫어하는 야채들을 더 다양하게 준비하고 먹이려 했다는 사실로 인해 더욱 악화되었다. 이 상황에서 음식을 먹기를 거부하는 것은 George에게 자기 자신을 정의할 수 있는 유일한 방법이었다. 그기 먹기 싫은 것을 먹도록 강요받을 때, 그는 한 사람의 개인으로서의 자신의 위치를 포기해야만 했다. 자신의 개인적인 선호도와는 아무 상관없이 엄마가 식탁에 올려놓는 음식은 무엇이라도 먹어야만 한다는 엄마의 욕구를 받아들인다는 것은 바로 그것을 의미했다.

엄마의 지배에 굴복할 때마다 그는 동시에 자기 자신의 개인성을 포기하는 한편, 엄청난 수치감과 창피함도 동시에 경험했다. 어린 시절, 우리 모두는 매우 많은 수치감을 경험한다. 좋지 않은 학업 성적, 친구들 사이에서 따돌림 당하는 것, 우리의 선천적인 재능이 제한되어 있는 많은 일들을 함에 있어서 자연스럽게 따라오는 어려움 등이 그러한 경우들이다. 일반적으로 말해서, 부모는 자신의 자녀들이 경험하는 고통스러운 수치감을 완화시켜주는 노력을 하는 존재들이지만, George의 엄마는 가족 내의 "안전지대"로서의 역할이 아닌 오히려 George에게 수치감을 주는 대상이었다. 수치감을 경험할 때 생기는 화를 대처하는 그의 방법이 바로 물건을 훔치는 것이었다. 이것은 하나의 완벽한 복수의 형태였고, 그의 어머니에 대한 자신의 비밀스러운 승리를 즐길 수 있게 되면서, 그러나 그것이 비밀스럽게 숨겨져 있는 한 결코 벌을 받지도 않을 것이기에 더욱 그러했다.

George와 그의 엄마 사이의 갈등은 George가 커갈수록 더욱 고통스러운 것이 되어갔는데, 왜냐하면 모든 자라는 자녀들이 그러하듯이 한 개인으로서의 자기 자신에 대한 의식이 시간이 지날수록 더욱 커져갔기 때문이었다. George가 더 나이가 들어갈수록 엄마의 욕구에 굴복할 때마다 자기(self)에 대한 생각을 점점 더 많이 포기해야만 했다. George가 16살이 되었을 때, 이 갈등의 구조는 바뀌었다. 그는 심하게 분노를 표현하고, 독창적이며 정도에서 벗어난 성격을 형성시켰고, 엄마의 규칙에서 교묘하게 벗어날 수 있도록 언제나 집이 아닌 다른 곳에서 저녁을 먹었다. 그는 친구의 엄마에게 잘 보여서 친구네 집에서 저녁을 먹곤 했다. 아니면 자기 자신의 방이나 창고에 음식들을 숨겨놓았다가 먹음으로써 자기 존중감을 유지하는 동시에 엄마에게 교묘하게 대항하였다.

그러나, 그가 6살이었을 때 그에게 다른 대안이 있을 리가 없었다. 친구 집에서 밥을 먹거나 그의 배고픔을 달래줌과 동시에 엄마의 규칙에 대항하는 숨겨둔 과자 같은 것이 있을 리가 없었다. 이처럼 지나칠 만큼의 고통스러운 수치감의 경험이 George의 성격을 해치는 주요한 원인이었고, 이것이 그가 다른 사람들과 가깝게 지내는 것에 대해 지나칠 만큼 걱정하며 자신의 약함에 대해 깊은 수치감을 느끼게 하였다. 그러나 엄마를 향한 그의 복수계획 역시 George 자신의 성격을 망가뜨리는 요인으로서 두 번째 것이지만 더욱 파괴적인 것이 되었다. 그의 성격에 간접적으로 해를 끼친 것은(훔치는 버릇과 고집을 부리는 것과 같은) 그가 엄마의 지배에 대해 취한 "해결책"이었다. 만약 George가 집을 떠나면서(수치스러운 감정과 복수를 하는 행위 모두와 같은) 자신의 손상된 성격을 바로 들여다 볼 수 있었다면, 그의 청년 시절을 올바르게 보낼 수 있었을 것이다. 그러나 인간의 성격은 마치 거북이의 등껍질과 같아서 우리는 어디를 가더라도 그것을 짊어지고 갈 수밖에 없다.

George의 성격을 해친(복수를 하는 행위라는) 두 번째 요소가 집을 떠난 후 그에게 또 다른 문제가 되었다. 그에게 있어 간섭이 심한 엄마의 물건들을 훔치는 것은 매우 중요했다. 왜냐하면 그것들이 힘들었던 어린 시절동안 발달하고 있는 자신의 정체성을 유지 할 수 있도록 도와주었기 때문이었다. 여러 면에서, 그의 독창적인 전략들은 마치 하나의 낙하산과도 같았다. 아동기 시절에는, 그의 해결책이 자신의 자기 존중감을 구출해 주었지만, 어른이 되어서 그 똑 같은 해결책들이 부모 역할을 하는 새로운 사람들에게 적용되자, 마치 낙하산이 땅에 내려서는 바람에 끌려 가다가 결국에는 스스로를 죽음으로 이끄는 것처럼 작용하기 시작한 것이었다. 청년 시절, George는 어머니의 지배성에 대항하여 자신의 복수를 기반으로 한 해결책을 포기할 수 없었다. 왜냐하면 이것은 이미 George 자신의 성격의 실타래에 깊이 얽혀있었기 때문이었다. 치료에서 받은 모든 통찰들과 그의 변화에 대한 갈망, 그리고 그 자신에게 부과된 모든 처벌들마저도 그의 훔치는 행위에는 어떠한 영향도 미치지 못하고 있었다.

핵심적 갈등 : 같은 부모에 대한 사랑과 분노

다른 많은 자녀들이 그러하듯이, George 역시 해결할 수 없는 갈등 상황에 놓여 있었다. 그가 사랑하고 절박하게 필요로 하는 자신의 엄마가 매우 파괴적인 방식으로 자신의 힘을 남용하는 바로 그런 사람이었기 때문이었다. 이러한 역설이 그의 엄마를 향한 복잡한 감정적인 반응을 한 단계 더 복잡하게 만들었다. 반복되는 저녁식사 시간에서의 갈등은 엄마를 향한 분노감과 두려움을 불러일으켰지만, 그 외의 다른 시간에서는 그녀는 여전히 그가 사랑하고 필요로 하는 엄마이었다. 그 동일한 한 사람의 부모에 대하여 사랑과 분노의 반대 감정이 줄다리기를 하는 상황은 부모의 횡포 혹은 방임 상황에 노출된 모든 자녀들에게 기본적인 갈등 상황을 만들어낸다. 어느 한 순간에 George는 엄마에 대한 분노로 가득 차 있었지만, 저녁식사 시간이 지나가면 곧 그는 다시 엄마를 사랑하고 필요로 하는 아들이 되는 것이었다. 사랑과 분노 사이의 이러한 끝없는 갈등은 성인이 되어서도 그들을 거부하는 가족으로부터 떠나지 못하게 하는 감정적인 실타래들 중 하나가 된다. 이러한 갈등 가운데에서 자란 많은 성인들은 자신들의 부모에 대하여 한 가지의 감정적인 관점을 일정한 시간 동안 유지하지 못한다. 어떤 분명한 감정을 느끼고 단호하게 행동할 수 있을 것 같다고 느낀 바로 그 순간, 그 감정은 정반대의 것으로 대체되는 것이다. 예를 들면, 그들이 부모에게 엄청난 분노를 느낀 바로 그 순간, 거의 동시에 그 부모에 대하여 동정과 연민의 감정도 느끼는 것이다. 이러한 불안정한 감정적 기조의 변화는 그들이 자신의 가족으로부터 분리되지 못하게 막는다. 자신의 감정적인 혼란으로 인해 계속해서 주춤거리고 물러나게 되기 때문이다. 어떤 하나의 단순한 행동이라도 그들에게는 열려있지 않다. 이 점에 대해서는 5장에서 다시 한 번 다룰 것이다.

George의 가족과는 정반대로, 사랑이 넘치고 긍정적인 기능을 하는 가족은 자녀들로 하여금 그들의 타고난 기술을 가지고 스스로를 정의하도록 허락하고 격려한다. 학교에서의 연극이나 스포츠, 학업 분야에서의 성취 등이 그 도구로 사용된다. 이런 모든 활동들은 결국 자녀들이 스스로에 대한 분명한 정체성을 가질 수 있도록 긍정적이고 자기 강화적인 도움을 준다. 건강한 부모는 어린 자녀들의 성공에 대하여 과장스러울 만큼 칭찬하면서, 친지들에게도 자녀들의 성취를 자랑하고 그들에게까지도 칭찬받을 수 있게 한다. 어린 시절의 이러한 기억들은 자녀가 스스로의 정체성을 개발하는 데 무의식적인 기반이 되어서, 훗날 그들이 피할 수 없는 어려움을 만났을 때

극복할 수 있는 힘을 키워주는 데 중요한 역할을 한다. 우리는 종종 자신들의 삶의 장애물들을 극복하면서 후퇴하지 않는 사람을 가리켜 강인하고 좋은 "특성(character)"을 가졌다고 말하곤 하는데, 이것이야 말로 어린 시절 좋은 부모로부터 보살핌을 받은 행복한 결과인 것이다. 민감한 부모들은 또한 자녀들의 강점을 잘 관찰하고 그것을 격려함으로써, 자녀들이 스스로 "주도할" 수 있도록 한다. 이것은, 점점 커가는 자신의 자녀를 지원하기 위해 자신의 시간과 자유를 희생할 준비가 되어 있는 부모들만이 할 수 있는 일이다.

건강한 가정에서 자란 아이는 부모의 지원에 대한 이러한 긍정적인 기억들을 가지고 있음과 동시에 자신의 삶에서 어떤 방식으로 행동해야 하는지, 부모와 형제 관계에서 받아들일 수 있는 것은 무엇인지, 사회적인 여러 상황들에서는 어떻게 행동해야 하는지, 그리고 정체성을 형성하는 데 큰 역할을 하는 세세한 수많은 기억들을 반복적으로 경험함으로써 납득하고 있다. 혼란과 역기능적인 가정이 한 세대에서 그 다음 세대로 그대로 대물림되는 것과 마찬가지로, 건강하고 기능적인 가정 역시 각 개인에 대한 신뢰와 존중이 깔린 가족 관계에서 깊은 감정적인 유대감을 가족 간에 경험함으로써 대물림된다.

건강한 부모역할의 또 다른 특성은 대개의 경우 말로는 표현되지 않는 가족의 철학이나 계획이 있고 이는 부모의 행동에 지침이 되며 모든 가족의 활동을 구김살 없이 모아 준다는 점이다. 건강한 가족의 "계획(plans)"에는 언제나 자녀들을 잘 보살피는 것이 포함되어 있고, 그러므로 그들은 어떻게 하면 자신들의 삶을 잘 꾸려가야 하는 지에 대한 생각과 기술들을 가지고 삶을 시작할 수 있다. 이러한 계획 들에는 자신들의 자녀들이 모두 대학에 가야 한다거나, 어떤 종교를 가지고 살아간다거나, 예술을 사랑하고 정치 경제 활동에 종사하는 사람으로 키워야 한다는 것이 포함될 수 있다. 이보다 조금 덜 건강 한 가족의 철학들이 자녀들에게 전이된다면, 자녀들이 다른 사람들 에 대한 배려는 전혀 없이 자신들만 사회적으로 유명해지거나 부유 해 지는 것, 혹은 유명해 지는 것 등에만 관심을 가질 수도 있다. 그러나, 이처럼 건강하지 못한 계획이라 할지라도 어쨌거나 자녀에 게 삶에 대한 장기적인 관점을 가질 수 있게 해주고, 가족의 운영에 대한 어떤 감각를 주는 것이다. 발달적인 측면에서 가장 건강하지 못한 가족은 어떠한 장기적인 계획이 없고 조직이나 지속성에 대한 의식이 전혀 없는 가족이다. 왜 이런 형태의 가족이 가장 해로운 가족인지는 자명하다. 지금껏 보아왔듯이, 한 자녀의 성격은 시간을 두고 반복적으로 경험한 많은 유사한 사건들의 기억으로부터 발달 된다. 가족 내의 지속적인 혼돈과 예측 불가능한 경험들은 다른 사람 들과의 관계에서 자기에 대한 의식을 조직하는 데 방해를 하는데, 이것은 하나의 통합된 자기 의식이 대두될 수 있도록 해주는 지속적 이며 안정된 인간관계의 사건들이 충분하지 않았기 때문이다. 앞 으로 많은 사례를 통해 보겠지만, 많은 부모들은 자신의 성격을 성숙 하지 못 하게 만들거나 정상적인 발달을 하기 못하게 하는 발달적 역사들을 가지고 있다. 그들 자신이 조리가 있고 예측이 가능한 가족

조직 내의 경험들을 해 본 적이 없었기 때문에, 스스로 끊임없이 공허함과 채워지지 않는 욕구들을 느낄 수밖에 없었고, 이것은 그들이 자녀의 발달을 돕기 위하여 자신들을 위해 쓰는 시간과 에너지를 포기할 수 있는 어떤 역량을 주지 못하게 하는 것이다.

불행하게도, 나의 환자였던 George는 자신의 발달적 욕구들을 충족시킬 수 있는 가족에서 살 수 있었던 행운을 누린 아이가 아니었고, 동시에 George의 미래에 대하여 어떤 장기적인 계획을 가진 엄마를 가진 것도 아니었다. 오히려 엄마의 관심은 자신의 아들이 자신의 결정에 잘 순종하도록 강요하는 데에 있었고, 이것은 결과적으로 George가 자신의 어린 시절 동안의 저녁 식탁에서 엄마와의 분노와 갈등에 대항하기 위하여 교묘하고 치밀한 해결책들을 개발하도록 이끌어 줌으로써 George의 성격 형성에 가장 강력한 사건이 되고야 말았다. George와 그의 여동생이 그들의 엄마와의 관계에서 스스로를 정의할 수 있는 방법은 엄마에게 저항하거나 복종하는 것, 단지 두 가지 뿐이었다. 어른들은 종종 자녀들이 "저항적"이라고 가정하고, 어린 시절에 겪는 어려움으로부터 별다른 영향을 받지 않을 것이라고 생각하지만, 실제로는 George 성격의 가장 핵심은 그가 엄마와의 관계에서 경험한 반복된 수치감과 역공격적인 해결책에 의하여 형성 된 것이었다. 이 두 가지가 그의 성격발달을 이끌었던 것이었다.

▫ "상처받은 자기"의 발달

　　George가 오랜 시간 동안 저녁 식탁에서 경험한 어린 시절의 사건들은 그의 전체 성격 내에 "상처받은 자기(wounded self)"를 발달시켰다. 이것은 아동기 시절에 첫 번째로 사용되는 주요한 방어기제로서, 이것은 아이가 자신을 방임했거나 혹은 학대한 부모에 대하여 애착상태로 남아있게 만든다. 그 부모와의 애착관계가 없어지면 자녀는 엄청난 상실감을 경험한다. 결과적으로 이러한 성격의 모든 방어기제는 단 한 가지의 목표, 즉 상처받기 쉬운 아이가 자신이 지금까지 경험해 온 거절에 대하여서는 망각한 채 그 애착관계를 계속해서 유지하도록 노력하는 것이다. 만약 제대로 돌봄을 제공하지 않은 가정에서 자란 아이들이 어떤 형식으로든 그들의 방어기제로부터 벗어나게 되어서 직접적으로 감정적인 상실감을 경험할 수 있게 된다면, 이것은 마치 다섯 살짜리 아이가 매우 낯선 도시의 한 가운데에 놓여진 상황에 비유될 수 있다. 모든 방어기제는 그 아이가 자신의 상실감을 경험하지 않으려는 것을 돕도록 사용된다.

매 식사시간마다 George는 매우 강력한 감정의 세계에 내던져졌다. 즉, 그가 자신의 엄마에 대하여 경험했던 분노와 함께 엄마의 요구에 복종할 수밖에 없는 자신의 나약함에 대한 분노가 스쳐지나가며 느끼는, 그동안 쌓였던 수백 번의 과거 저녁 식탁에서의 기억과 감정들이 그것이었다. 시간이 지날수록 이처럼 강렬한 감정들은 그의 성격발달과정 속에서 하나의 큰 "패키지"로 형성되었고, 여기에는 상처와 수치감, 분노의 감정들도 포함되어 있었다. 매 저녁 식사시간은 이러한 패키지에 비슷한 기억들을 점점 더해가는 과정이었다. 이와 같은 수 백 번의 개별적이며 유사한 기억들은 자기 자신에 대한 의식, 즉 "상처받은 자기"라 불리는 자기로 진화되어 갔다. 구체적으로 말해서, George의 상처받은 자기는 저녁 식탁에서 엄마의 의지와 자신의 의지가 대결을 펼치는 무시무시한 상황에 있는 자신에 대한 인식이었다. 스스로에 대한 무능력과 분노, 그리고 엄마에게 꽉 붙들린 것 같은 감정(그러나 그 외의 다른 때에는 자신이 사랑하는 엄마라는 사실) 모두가 뒤얽힌 자신에 대한 인식이었다.

상처받은 자기를 발달시키는 모든 어린이들은 자신들에게 무관심하거나 제대로 돌봄을 제공하지 않는 부모와 애착관계를 유지시키려는 목표를 가지고 있다. 상처받은 자기는, 처음에는 상처받은 아이가, 마치 컴퓨터 파일처럼, 수치감과 무관심의 모든 기억들이 구별된 용기에 담겨진 채 하나의 "패키지화"되어서 자신이 필요로 하는 부모에게서 떨어지지 않은 채 붙어 있는 것을 가능하게 한다. 그 다음에는 그 파일을 어떤 무의식적인 순간에 억압(압축) 시킴으로써 학대와 무관심을 종료시킨다. 저녁식사를 마치는 순간, George는 엄마로부터 경험한 고통스러운 수치감의 기억들의 패키지를 무의식적으로 억압시키고, 다시 자신에게 사랑과 필요한 것들을 제공해주는 "좋은" 엄마에 대한 기억으로 돌아가 나머지 저녁 시간을 지내는 것이다. 억압의 방어기제는 George의 엄마에 대한 애착이(그리고 동시에 그가 느끼는 안전감이) 자신의 분노의 감정들로 인해 위험에 처하지 않을 수 있도록 해 주었다. 그러므로 대개의 경우 George의 상처받은 자기는 무의식 속에 감추어진 상태로 남아있어서 그가 느끼는 분노와 상처가 그의 감정 가운데 폭발하지 않고 그대로 머무를 수 있도록 도와준 것이다. 어떠한 6살, 7살, 혹은 8살 난 아이가 자신이 절박하게 필요로 하는 엄마에 대하여 생기는 지속적인 분노감을 대처할 수 있을 리가 없다. 동시에 자신의 나약함에서 오는 고통스러운 모멸감 역시 대처할 수가 없다. 그러므로 저녁 식탁에서 멀리 피해 있음으로써 George는 자신의 엄마와 좋은 관계를 유지할 수 있었고, 이 때 자신의 엄마에 대한 감정적인 애착은 괜찮은 것이었다. 상처받은 자기의 억압은, 설사 그 부모가 의도적으로 자녀의 발달상의 이성적인 욕구를 좌절시키는 사람일지라도, 당장의 급박한 필요를 위해 감정적으로 애착되어 있어야만 하는 문제를 가진 모든 아동들이 채택하는 자동적인 해결책이다. 현실 상황에서의 학대에 대항한 한 아이의 가장 극적인 사례 가운데 하나는, "경계선 성격장애의 엄마를 이해하기"라는 Christine Lawson의 책에 잘 나타나 있다. 작가는 다음과 같이 상황을 짧게 묘사한다 : "이제 막 걸음마를 하는 아기가, 자신의 뺨을 때린 엄마를 보면서, '누가 나를 때렸어요!' 라고 울부짖는다".(139) 이 예는, 아이가 가당치도 않은 학대가 자신이 가장 필요로 하는 바로 그 사람으로부터 오는 현실을 어떻게 피하고, 이런 상황에 대한 가장 최초의 방어기제, 즉 부정(denial)은 그가 결코 참기 힘든 그 자각으로부터 자기 자신을 보호하는데 어떻게 사용되는지를 잘 보여준다.

George와 그의 엄마 사이의 갈등은 사실 음식에 대한 것이 아니었다. 이것은 오히려 자기 자신에 대한 인식을 스스로 개발하려고 노력하는 한 아이와 그것을 억누르려고 하는 엄마 사이의 갈등이었다. 그가 나이가 들어갈수록 George의 상처받은 자기는 점점 더 분명해졌고, 이것은 사실 어떠한 나쁜 의도도 없이 단순히 권위를 가진 상대로부터 물건을 훔치는 그의 행동에서 더욱 분명하게 드러났다. 유명한 역작 "키스(The Kiss)"의 저자인 Kathryn Harrison은 자신의 상처받은 자기에 대하여 자각한 후, 그 자기가 학대적이었지만, 그러나 동시에 절대적으로 자신에게 필요했던 엄마에 대항하여 싸운 것이었다고 묘사했다. 그 다음 구절에서, 그녀는 자신의 거식증이 엄마가 자신의 체중에 대하여 계속해서 상처주는 말들을 한 것에 대항하는 방식으로 나타난 것이라고 썼다. Harrison의 상처받은 자기와(George를 포함히여) 다른 사람들의 상처받은 자기와의 유일한 차이점은 그녀가 자신의 상처받은 자기의 존재에 대해 의식했다는 사실 뿐이다. 대개의 경우 상처받은 자기는 매우 꽁꽁 숨겨져 있어서 본인마저도 그 존재에 대하여 자각하기가 어렵다.

나는 엄마가 나의 체중에 대하여 끊임없이 비꼬는 말을 하는 것에 대해 너무 화가 나서 다시는 엄마에게 나의 몸의 치수에 대해 단 한마디조차 할 수 있는 기회를 주지 않겠다고 결심했다. 날씬해지고 싶어? 나는 생각했었다. 날씬한 것이 어떤 것인지, 내가, 엄마가 아닌 내가 정의할거야. 모두가 생각하듯이 125 파운드 정도가 아니었다. 95파운드였다. 사이즈 6이 아닌 2였다. 만약 내가 먹는 것을 거부함으로써만 나의 성취를 보여줄 수 있다면, 내 엄마의 입을 닫치게 할 복수를 통해 내가 얼마나 기분이 좋아질 지를 인식할 수만 있다면, 그것은 내가 몇 시간 동안이라도 그녀가 누워있는 침대 곁에 자기의 가면 밑으로 숨어서 눈을 감은 채 나를 본체만체 하고 있는 엄마에게 그런 나를 보여주는 것이 방법이었다.

Harrison은 자신에게 심한 상처를 준 엄마에 대항하여 복수를 했을 뿐만 아니라, 자신의 분노를 거칠게 표현했다. 그녀의 자각은 심리치료로 몇 년을 보내고 성인 작가가 된 지금이 거식증을 시작한 시절에 비해 훨씬 더 커졌다. 심리치료는 그녀가 지나치게 간섭만 하고 자신을 제대로 돌보아주지 않았던 엄마에게 복수를 한 결과로 그녀가 느낀 짜릿한 흥분감에 대해 확실히 인식할 수 있도록 해 주었다. 만약 우리가 그녀의 엄마가 내뱉었던 말들을 가끔만 혹은 한번 정도만 들었다면 그것들은 Harrison을 그렇게까지 절망적으로 빠뜨릴 만큼 강력한 것은 아니었을 것이다. 그 강력함은 그녀의 엄마가 그 말을 계속해서 했었다는 사실로부터 오는 것이고, 그녀의 체중에 대한 그러한 매번의 말들이 그녀의 상처받은 자기 속에서 분노로서 증가된 것이다. 이것은 그녀의 어린 시절에서 특히 더 중요한데, 왜냐하면 그녀는 또한 자신의 책에서 자신의 엄마가 그것을 채워줄 만한 어떠한 사랑이나 지지를 해준 적이 결코 없었다는 것을 보여주고 있다는 점을 통해 알 수 있다. 이러한 끊임없는 비판과 사랑의 결핍이야말로 많은 아이들에게 상처받은 자기를 발달시키는 두 개의 주요한 요소들이다.

내 환자 중 한명이 자신의 상처받은 자기에 대하여 자각하고 그것을 받아들이고 참아낼 수 있을 만큼 오랜 시간 동안 치료를 받은 후에, 자신의 부모에 대한 분노를 숨겨왔던 문제를 물놀이 공을 물 속에서 계속 잡고 있으려고 하는 것에 비유해서 묘사한 적이 있다. 그는 단지 자신의 있는 힘을 다 쓸 때까지만 그렇게 할 수 있었지만, 결국 그 자각은 다시 돌아와서 그 때에는 또 다른 새로운 좌절감을 경험했다는 것이다. 이것이야말로 저녁 식탁에서 George가 경험한 것과 동일한 것이다. 그가 닫아두었던 강렬한 감정들의 컴퓨터 파일이 다시 스크린에 나타난 것이다. 그는 단지 이러한 고통스러운 현실을 저녁 식사 시간 동안에만 자각한 것이다. 그 외의 다른 시간 동안에 그는 이러한 감정들을 자신의 의식으로부터 완벽하게 숨길 수 있었다.

내가 Harrison의 사례에서 인용했던 것과 같이 소설가들 역시 인간의 심리에 대해 그들의 직관력을 통해 잘 알고 있다. 또 다른 유명한 소설가인 Katherine Ann Porter는 그녀의 1948년 에세이인 "필요한 적군(The necessary enemy)"에서 상처받은 자기에 대하여 썼다. Porter가 강조한 상처받은 자기의 가장 중요한 측면들 중 하나는 이것이 그 개인에게는 매우 잘 숨겨져 있고 알려져 있지 않아서, 이것이 무의식의 공간에서 갑자기 나타나면 그것은 매우 파괴적이고 공포스러운 경험이 될 수 있다는 사실이다.

그녀는 솔직하고 매력적이며 담백한 성격의 젊은 여성으로서 사랑을 위하여 결혼했다. 그녀와 그녀의 남편은 마냥 예쁘고 잘 어울리는 부부였다. 그들은 자신들의 삶을 통하여 모든 좋은 것에 대한 신념을 함께 나누고 자녀를 가지며 서로에게 그리고 자녀들에게 최선을 다하며 살았다. 그저 행복하게-, 사실 그것이야말로 그들이 결혼한 이유의 전부였다. 그러나 결혼 후 3년이 지나자 이 신세대의 젊은 여성은 결혼생활의 고전적이고 매우 추악한 딜레마를 발견하게 되었다. 그녀는 자신이 최선을 다해 사랑하는 남편에 대하여 조금씩 싫어하는 감정이 생길 수도 있게 된 것을 발견하면서 혼란스러웠고 무서웠으며 엄청난 죄책감에 시달렸다. 그녀는 때때로 매우 심하고 이상스러울 만큼 남편에 대한 증오가 생겼는데, 이것은 자신이 어린 시절에 경험했던 자신의 부모와 형제 자매에 대해 느꼈던 싫은 감정과(그러나 아직도 사랑하는 감정과) 놀라울 정도로 똑 같은 것이었다. 마치 이것은 그녀의 내면에게 일종의 블랙홀처럼, 오직 그녀만의 사적인 사악함이 그녀에게 자신만의 사적인 삶을 주는 것 같았다. 그것이야말로 그녀의 부모가 그녀에 대해 결코 알지 못하는, 결코 의심조차 해보지 못했을 한 가지였다.

그녀가 한 번도 표현해본 적이 없기 때문이었다.(182-183)

Porter의 이러한 표현에 대하여 그녀의 직관적이고 번뜩이는 통찰력을 존경하지 않을 수 없다. 그녀는 상처받은 자기의 존재에 대해서 묘사했을 뿐만 아니라, 이것이 어린 시절에 발달되며 이 감정이 다른 사람들에게로 전이될 수도 있다는 점까지 이해하고 있다. 그녀는 또한, 우리들 중 대부분이 상처받은 자기를 숨기려고 그렇지 않으면 부인하려고 한다는 사실과, 역설적이게도 이것이 자기를 긍정하는 진실의 핵심이라는 사실까지도 인식하고 있다. 상처받은 자기 속에 숨겨져 있는 진실은 이 젊은 여성에게 "그녀 자신만의 사적인 삶"을 준다. 다시 말해서, 그녀의 상처받은 자기는 그녀의 가족 내에서 그녀가 경험했던 과거의 분노와 거절받은 관계에 대한 진실을 알고 있고, 이처럼 대부분이 숨겨져 있던 인식들이 사실은 그녀에게 진실한 관점을 제공하고 있다는 것이었다. 불행하게도, 이러한 진실들은 그 개인에게 매우 파괴적이고 위협적인 것으로 나타나서 오히려 믿지 못할 만한 것으로 취급되는 경향이 있다. Porter 역시 대부분의 사람들이 자신들의 학대당한 자기가 두려움과 자기혐오 가운데 나타난다는 것을 잘 이해하고 있었다. 이 구절에서 그 적대자는 그녀 자신의 상처받은 자기를 자신의 개인적인 감정에 충실한 가치 있고 정확한 것으로 보는 대신 오히려 반역적이고 몹쓸 만한 것으로 본다. 세내로 된 돌봄을 제공하시 않은 가족으로부터 분리되는 과성의 주요한 단계 가운데 하나가 자신의 상처받은 자기의 내용들에 대하여 과거에 일어났던 사건들에 대하여 큰 분노의 감정을 느끼는 것에 대해 죄책감을 느끼지 않고, 또한 자신에게 학대적이었거나 방임했던 가족들에 대하여 복수를 하고 싶은 감정을 느끼지 않고 편안함을 느끼는 것이다.

상처받은 자기는 모두 정확히 동일하다. 그들은 모두 살아서 존재하지만 다가가기에는 너무 멀리 성격 깊은 곳 어딘 가에 묻혀있다. 그러나 어떤 특정한 사건들은 이러한 상처받은 자기가 그 숨어 있던 곳에서 폭발하여 그 사람의 성격을 차지하도록 하기 때문에 영원히 억압된 채로 남아있을 수는 없다. George의 상처받은 자기는 그가 어떤 권위 있는 인물을 만날 때마다, 교실의 선생님이건 치료실에서의 나이건, 그럴 때마다 나타났다. 친구들과의 관계에서, 하키를 하거나 혹은 혼자 있을 때에는, 그의 상처받은 자기는 그의 무의식 속에 닫힌 파일로서 잘 억압되어 있다. 어른이 되어서 경험하는 크고 능동적인 상처받은 자기의 결과는 어떤 작고 사소한 사건에 대해 무시무시할 정도로 심한 분노를 보이는 것으로 나타난다. 내가 십대 청소년이었을 때, 나는 같이 일하는 20대 후반의 한 동료와 함께 출근하는 길에 상처받은 자기의 갑작스러운 폭발을 볼 수 있었다. 어느 날 오후, 퇴근 길에 자동차 대리점에 들러 자신이 현재 타고 있는 차와 새로 나온 차를 맞바꾸는 조건을 알아보았다. 한 판매사원이 그의 차를 살펴보고는 가격을 협상하기 시작했다. 우리가 집으로 돌아오는 길에, 그 사원이 자동차의 후드 부분을 완전히 닫지 않아서 부분적으로 열려 있었다. 내 동료는 열렸던 후드 부분을 다시 닫으면서 그 사원에게 엄청난 욕을 하기 시작했다. 다시 차로 돌아와서도 그는 차의 계기판을 몇 번씩이나 치면서, 다시 대리점으로 돌아가 그 사원에게 겁을 줘야한다고 흥분했다. 나는 내 동료에게 그저 깜짝 놀랄 수밖에 없었다. 도대체 내 동료가 왜 그러는지 나는 전혀 알 수도 없었고, 단지 내가 볼 때 그의 반응은 전혀 기대 밖의 것이라는 생각만 할 수 있었다. 이 경험은 한 사람의 상처받은 자기의 갑작스러운 출현이 외부의 다른 사람들에게 어떻게 보일지에 대해 잘 보여준다. 그의 폭발적인 수준의 반응은 나의 불행한 동료가 그의 어린 시절 매우 오랜 기간 동안의 수치감을 경험했을 것이라는 점을 매우 잘 보여준다.

내 동료의 불같은 반응은 또한 상처받은 자기의 또 다른 측면을 보여주는데, 바로 상처받은 자기가 오랜 시간 동안 그의 감정과 생각들을 꽁꽁 묶어둘 수 있는 능력을 가지고 있다는 점이다. 상처받은 자기 속에 갇힌 감정들은 외상(trauma)을 경험하는 당시에 마땅히 경험해야 하는 정확하고도 적절한 감정들이다. 그러므로 5살 난 아이가 밤에 오줌을 싸서 벌을 받을 때 엄청난 수치감을 느낄 수 있고, 그 감정의 강도는 그의 기억 속에 생생하게 남아있어서 오랜 시간이 지나도 결코 희미해지지 않는다는 것이다. 상처받은 자기는 매우 강력한 기본적인 감정들로 채워져 있고, 이것은 갑작스럽게 엄청난 폭발력과 함께 나타날 수 있는 것이다.

🔲 왜 성인이 된 자녀는 자신을 제대로 돌보지 못한 부모가 계속 자신을 지배하도록 놔둘까?

일단 상처받은 자기가 억압되면, 그 아이 혹은 청년은 다시 한 번 그 부모와 좋은 관계를 맺을 수 있다. 당연한 질문이 생긴다. 왜 이런 일이 계속 반복될까? 왜 우리는 어린 시절의 그 부정적이고 거절당한 경험들을 기억하고 우리의 부모가 우리를 제대로 돌보지 못했다는 사실을 받아들인 후, 다시 시작하지 못할까? 대답은 놀라울 정도로 단순하다. 자신의 부모가 어떤 특정한 영역에서 자신들에게 제대로 된 돌봄을 제공하지 못했다는 사실을 받아들일 수 있을 만큼 심리학적으로 성숙한 청년은 거의 없다. 왜냐하면 그러한 성숙함은 그들로 하여금 누군가의 잘못을 더 이상 필요로 하지 않게 하고, 그 대신 그들의 부모에 대해 편안함을 느끼는 착각을 받아들이게 하기 때문이다. 다시 말해, 그들의 정체성이 더 이상 부모들의 지지를 필요로 하지 않은 채 그들 스스로 설 수 있을 만큼 충분히 강해졌다는 뜻이다.

그들이 더 이상 부모의 지지를 필요로 하지 않게 되면, 그들은 또한 (자신들이 안정적인 감정들을 계속해서 느끼기 위해) 그들의 부모의 실패에 대해 그들이 방임하고 있던 자신들의 방어기제 또한 더 이상 필요하지 않게 된다. 역설적이게도, 상대적으로 건강한 부모의 자식들이 성인이 되면(혹은 매우 건강하지 않은 가족을 가졌지만 심리치료를 통해 도움을 받은 사람들도) 자신들의 부모가 어쩔 수 없이 실패할 수밖에 없었다는 사실을 볼 수 있다.

역으로 말해, 제대로 양육을 받지 못한 자녀들이 어른이 됐을 때, 그들은 그들 부모들의 실패라는 현실을 받아들일 수 없다는 것인데, 이것은 그들이 여전히 자기를 때린 엄마를 보며 '누가 나를 쳤어요!'라고 말하는 걸음마를 넘어선 아이처럼 그들의 발달과정에서의 도움을 필요로 하기 때문이다. 충분히 좋은 돌봄을 받지 못한 청년들은 단순히 그가 의지하는 부모들이 자신이 절박하게 필요로 하는 지지를 줄 수 없는 사람들이라는 것을 인식할 만한 여유를 갖지 못한다. 이러한 깨달음은 그 자녀가 필요로 하는 부모와의 감정적인 애착관계와 심리적 관계를 흐트러뜨릴 것이고, 이것은 자녀의 미래에 대한 희망을 파괴할 것이며, 결국 그를 유기공황 속에 빠뜨릴 것이다. 왜 건강해 보이는 젊은 청년이 자신의 부모에게 지나칠 정도로 의존적인지 이해하기 어려운 경우가 종종 있다. 그러나 그들의 성격 내면을 들여다보면, 그 자녀는 여전히 6~7세의 발달과정에 머물러 있다는 것을 알 수 있다. 아동 초기 시절 동안의 감정적 지지의 결핍은 그들을 청소년기(혹은 그 이전에도)에 붙잡아두고, 그러한 아이들은 정상적인 발달의 과정을 거칠 수 없게 된다. 그들이 절박할 정도로 부모를 필요로 하기 때문에(또한 그들이 자신들의 상처받은 자기를 억압하고 있기 때문에), 그들은 그들의 부모로부터 미래에까지 계속해서 사랑과 지지를 바라는 것은 유아기적이라는 사실을 볼 수 없는 것이다. 이러한 잘못된 부모 역할의 결과는 바로, 엄청나게 많은 수의 청년들이 자신들의 가족으로부터 분리될 수 없는 현상으로 나타난다. 자기 자신들의 삶을 시작하는 대신, 그들의 의존에 대한 욕구는 그들로 하여금 적대적이고 부정적인 그들의 부모와 계속해서 접촉하면서, 미래의 어느 날 그들이 자신들에게 충분한 감정적인 지지를 줌으로써 그들의 성격의 성숙이 계속해서 가능할 것이라는 희망을 가지고 살게 하는 것이다.

Harrison은 그녀 자신이 자신에게 감정적인 지지를 충분히 해주지 못한 엄마와 애착관계를 계속 유지하는 청년의 한 예이다. 우리는 다시 한 번, 그녀가 자신의 진짜 감정들에는 제대로 반응하지 않으면서 자신의 상처받은 자기가 계속해서 그 이상한 힘을 발휘하도록 하는 것을 볼 수 있다. 어린 시절 부모로부터 제대로 된 돌봄을 받지 못한 대부분의 자녀들처럼, Harrison 역시 성인이 된 후에도 그녀의 엄마가 결국에는 자신이 그토록 갈망했던 그 사랑을 줄 것이라는 희망을 가지고 엄마와의 감정적인 애착관계를 계속 필요로 했다. 그러는 와중에, 정신병적인 그녀의 엄마는 Harrison이 자기지향적 근거들을 모두 포기하고, 결국 자기 자신이 어떠한 의사 결정도 하지말고 엄마에게 떠넘겨주도록 요구하였다.

크리스마스가 지난 후, 나와 엄마는 딱히 살 것도 없으면서 함께 쇼핑을 하러 갔다. 우리 둘 다 엄마의 친구 한 분이 여는 신년 파티에 갈 예정이었다. 엄마는 내가 그 파티에 입고 갈 드레스를 한 벌 사주셨다. 나는 엄마와 함께 그 비싼 매장인 Laura Ashley에서 드레스를 골라야만 했다. 그녀가 흘기는 눈초리로 매장 안에 서 있는 동안, 나는 내가 마치 다시 어린 아이가 된 것 같았다. 나는 가능한 한 우아하게 보일 수 있도록 내 몸의 자세를 유지한 채로 서 있어야만 했다. 그러나 동시에 나는 위축되어서, 내 안에서 잘 생각나지 않지만 비난 받지 않고 먹을 음식을 찾으며 서 있었다.(176-177)

자신의 내면의 경험에 대한 위와 같은 훌륭한 묘사는, Harrison이 자신의 엄마가 가지는 모든 것을 통제하려는 욕구에 대항할 자신의 내면의 힘이 부족함을 잘 인식하고 있음을 보여준다. 비록 그녀가 엄마로 하여금 모든 것에 대하여 완벽하게 통제하고 있다고 생각하도록 내버려두기는 했지만, Harrison은 자신의 진정한 자기는 깊이 숨겨진 채 엄마가 모든 것을 통제하는 상황에 완전히 순종하고 있다는 사실을 잘 알고 있었다. 그녀가 진정한 자기를 억누른 것은 의식적인 기술로서 엄마의 지배하는 성향을 대할 때 자신의 자기 인식을 가능하도록 했던 것이다.

Harrison은 엄마가 계속해서 자신을 통제할 수 있도록 내버려두었는데, 왜냐하면 그녀 자신이 엄마를 절박하게 필요로 했고 또한 역설적이게도 그녀가 어린 시절 동안 엄마가 그녀에 대해 전혀 신경을 쓰지 않았기 때문에 더욱 엄마를 필요로 했다. 그녀의 엄마 역시, 자신의 엄마(Harrison의 할머니)에 의해 매우 학대당했었기 때문에, 엄마 역시 그녀의 딸Harrison을 버려둔 채 아무도 모르는 아파트로 도망을 가서, Harrison은 그 동안 할머니에 의해 키워졌었다. Harrison은 그 동안 엄마와 거의 연락할 수 없었기 때문에, 자신이 그 관계를 유지할 수 있는 유일한 방법은 어떠한 불평도 없이 언제나 순종적인 모습을 보여주는 것이라는 것을 잘 알고 있었다. 그녀가 유일하게 선택할 수 있었던 것은 완벽하게 순종하거나 아니면 자신이 버려졌다는 사실을 완벽하게 받아들이는 것이었다. 그녀의 이러한 기억은 이 책을 통해 계속해서 다루어질 중요한 역설적인 사실로서, 어린 시절 중요한 시기 동안 사랑받지 못하고 감정적으로 지지를 경험하지 못한 아이들이 학대하고 거부하는 부모들로부터 분리하는 것에 대해 매우 심하게 힘들어한다는 사실이다. 어린 시절에 그녀가 경험했던 모든 거부의 경험은 그녀가 엄마와의 애착관계에서 계속 머무르는 것을 저지하지 못했다. 그 대신 이러한 경험이 매우 회피적이고 좌절을 경험하게 하는 엄마를 오히려 더욱 굶주리게 한 것이다.

Harrison의 사례는 제대로 돌보지 않은 것이 인간의 성격발달에 대해 역기능적인 영향을 미친다는 사실을 보여준다. 놀랍게도, 한 아이의 정상적인 발달적 욕구가 무시되는 상황이 그 아이를 자신의 잘못된 부모에게 훨씬 더 애착할 수 있도록 만든다. 이것은 매우 좋은 돌봄과 사랑을 주었던 부모에게 길러진 아이의 경우에 비할 때 더욱 두드러진다. 언뜻 보면, 두 상황이 반대가 되어야 훨씬 더 자연스러울 것 같다. 자신의 부모가 아이의 발달적 욕구를 거의 충족시켜주지 못한 경우 결국 부모에게 훨씬 덜 의존적이 되어야 논리적으로 맞을 것이다. 연속해서 무시되고 제대로 돌봄을 받지 못한 아이가 자신의 발달적 욕구를 충족시키려는 싸움을 포기하고 빨리 자신의 삶을 찾아 움직일 것 같지만, 내가 이미 지적했듯이 그 아이는 부모의 협조가 없이는 결코 포기하고 새로 시작할 수 없다. 그러므로, 자신에게 엉망으로 대했던 부모를 포기할 수 있는 아이는 결코 있을 수 없으며, 이것은 그렇게 한다면 그 아이가 자신의 심리적 발달을 완벽하게 멈춘다는 것을 의미한다는 뜻이기도 하다. 이것은 한 아이가 배가 고플 때 음식을 필요로 하고 찾는 것을 그만두는 것은 있을 수 없는 상황과 비슷하다. 아이들에게는 자기 자신의 성격발달을 계속 할 수 있게 할 감정적인 연료가 없는 것이다. 그러므로, 어린 시절에 겪은 거절 경험의 예상치 못한 결과가 바로 자신을 잘 돌보지 않았던 그 부모에게 강렬하고 맹목적인 감정을 가지고 붙어 있으려고 하는 것이다. 이것이 바로 성인이 된 후에도 원가족을 떠나지 못하는 역동성을 설명하는 주요한 부분이다. 이것은 또한 대부분의 가정 폭력의 희생자인 여성들이 자신의 남편과의 애착관계에서 벗어나지 못하는 심리적인 요소의 중요한 이유가 되기도 한다. 이 내용에 대해서는 나의 또 다른 저서인 "사랑의 환상(The illusion of love)"에서 자세하게 설명하였다.

이러한 중요한 발달적 현실은 매우 많은 사례에서 드러난다. 건강한 성격의 발달을 위해 수천 단위로 구성되는 기나긴 과정이 있다고 가정해 볼 때, 매일같이 건강한 가정에서 자녀의 감정적인 돌봄이 이러한 과정의 한 단위씩 이루어지는 것이다. 그러므로, 기능적이고 화목한 가정의 자녀는 아마 일 년에 350개의 돌봄의 단위를 형성할 것이다. 왜 365개의 단위가 아닐까? 단순히 말해서, 아무리 건강하고 화목한 가정이라 할지라도 그 아이가 자신의 하루에 최소한으로 필요한 만큼을 충족시키지 못할 정도의 어떤 파괴적인 요소가 있기 마련이기 때문일 것이다. 그러므로 매년 충분한 사랑과 감정적인 지지를 받는 어린이가 성숙한 기능을 할 수 있는 성격을 갖기 위해 필요한 수만큼의 단위를 채우기 위해 350개씩을 더하는 것이다. 그 다음으로는, 약 20년에 걸쳐서 7천 개의 감정적인 지지에 대한 단위가 모여서 그 아이가 완전히 성숙한 성격을 가진 성인으로 발달하는 상황이 있다고 가정해 보자. 10년 동안의 지지적인 부모의 돌봄 후에, 그 아이는 3500개의 단위를 얻게 될 것이고, 20년이 지난 후에는 7천개, 즉 이 청년이 감정적인 성숙을 이루는 데 충분한 만큼의 단위를 얻게 되는 것이다. 일단 이 성숙을 이루게 된 후에는, 이 청년에게 자신이 지금까지 발달하는 동안 필요했던 만큼의 지지의 양이나 강도는 더 이상 필요하지 않게 될 것이다. 왜냐하면 그녀는 이미 자신의 기억 속에 수 천 개의 감정적인 지지를 받은 사건들을 지닌 채 살아가기 때문이다. 그녀는 이제 자신의 가족으로부터 분리될 수 있고, 결국에는 자신의 자녀 세대를 돌보는 새로운 과정을 시작할 수 있게 되는 것이다.

이제 이처럼 건강한 가정의 시나리오를 감정적으로 늘 거절당했던 가정에서 자란 아이의 경우에 비교하여 살펴보자. 그 아이가 경험했던 지지의 결핍은 그녀가 그 해에 부모와의 관계 속에서 경험하고 쌓아야 하는 돌봄의 단위를 턱없이 부족하게 하여, 그 단위들을 제대로 쌓아두지 조차 못하게 한다. 매해 그녀가 필요로 하는 350개의 단위 가운데 그녀가 일년 동안 얻는 단위가 75개라고 가정했을 때, 그녀는 당연히 엄청난 감정적인 결핍 가운데 자신의 성격을 발달시킨다. 이러한 감정적인 지지가 없이 그녀의 성격은 정상적으로 발달될 수 없고, 그러므로 이것은 어린 시절의 상태에 그대로 머물러 있을 수밖에 없다. 그 다음 해에 그녀는 다시 75개의 단위를 얻게 되고, 나이가 점점 들어갈수록 그녀의 감정적인 발달에 비해서 볼 때 점점 더 뒤쳐지게 되는 것이다. 이러한 부족이 계속되는 어린 시절의 결과는 그녀 자신의 정체성에 대해 심각한 부족함으로 나타나고, 이제 그녀는 같은 나이 또래의 다른 아이들에 비하여 "매우 뒤쳐진" 이상한 감정을 가진 채로 남게 되는 것이다. 이와 동시에, 그녀 스스로의 가치에 대한 인식은 점점 손상되게 되는데, 이는 그녀의 상처받은 자기가 그녀의 부모조차도 그녀를 사랑하지 않는다는 매일 매일의 증거를 계속 축적하기 때문이다. 시간이 지날수록 그녀의 상처받은 정체성은 그녀가 사회생활을 정상적으로 할 수 없게 하거나, 심지어는 가까운 친지들조차 이처럼 불쌍한 아이를 돕기 어려운 상황으로 -어쩌면 아예 불가능하게- 만들고 만다. 외부의 다른 사람들이 그녀에게 지지를 보낼 때에도 그녀는 의심의 눈초리로 반응하게 될 것인데, 왜냐하면 그 이이는 자신이 도움을 필요로 하는 것처럼 보이는 상황이나 그녀 스스로가 바라보는 자신에게서 벗어난 모습으로 보이게 되는 상황에 처하게 되는 것을 두려워하기 때문이다. 그러므로 그녀는 학교나 친구들의 어떠한 도움도 거절하게 되고 자신에게 충분한 사랑을 주지 않은 바로 그 부모에게 오히려 더욱 의존적이고 집착하게 된다. 시간이 지날수록 그녀는 사교적인 기술이나 성취에 있어서도 점점 더 뒤떨어지게 된다. 나이가 들고 그녀의 신체가 성장해 갈수록 그녀는 사회적인 기대가 점점 높아지는 점점 더 두렵고 무서운 위치에 놓이게 된다. 세심하고 풍요로우며 자신감이 넘치는 정체성으로 보여지는 대신, 그녀는 대개의 경우 무의식적인 상처받은 자기로서 어린 아이 같이 욕구에 따라 반응하는 성격인 채로 남게 된다. 거절 경험을 한 많은 어린 아이들이 불완전한 정체성에 대한 문제를 학교생활이나 외부의 사회적 관계를 피함으로써 해결하려고 하고, 이는 그들을 무관심하고 제대로 된 돌봄을 제공하지 않은 가족이 만드는 늪에 점점 더 빠뜨리고 만다.

시간이 지나면서 부모에 대한(그리고 일반적인 의미의 돌봄에 대한) 그녀의 욕구는 점점 더 높아지게 되는데, 이는 감정적인 욕구들이 충족되지 못한 그 이전의 세월들이 여전히 충족되지 못하고 있는 현재의 욕구들에 계속해서 더해지기 때문이다. 다시 말하지만, 이것은 사실 논리에 어긋나는 것처럼 보이기도 하는 것이, 일반적으로 우리는 한 사람이 점점 나이를 먹을수록 우리가 대개 어린 아이에게 제공하는 형태의 감정적인 지지에 대한 욕구가 점점 줄어드는 것으로 가정하기 때문이다. 더군다나 좀 더 어린 시절의 욕구들은 4~5살

정도의 어린 아이들에게 걸맞는 행동에 대한 것으로서, 그것들은 청년이 된 성인에게는 더 이상 적합한 것이 아닌 것들이다. 정서적 박탈 경험의 장기적 결과는 청년이 된 자녀가 어린 시절 그들의 충족되지 못한 욕구들을 만족시키려고 애쓰는 것으로 나타난다. 여성과 남성 모두 발달적으로 박탈의 경험을 가지고 있는 많은 젊은 성인들은 자신의 성격적 문제를 자신의 배우자, 그러나 사실은 자신의 부모를 대변하는, 그리고 더 심하게는 자신과 마찬가지로 미성숙하고 매우 의존적인 배우자에게 집착함으로써 "해결하고", 감정적으로는 그들 자신을 그 배우자에게 "용접시킨다".

그들이 자신들의 배우자에게 있어 라이벌이라고 느낄 수 있는 사람에 대해 병적으로 질투를 하는 경우(그를 상실할 지도 모른다는 위협에 대한 반응으로서)는 자주 있다. 이러한 청년들은 그들의 어린 시절 충족되지 못한 욕구에 대한 기억을 그들의 부모로부터 그들의 젊은 배우자에게로 옮겨서 적용한다. 이 배우자를 자신에게서 빼앗아갈 가능성이 있는 어떤 것이라도 그들의 심리적인 안녕에 치명적일 수 있다. 그들은 혼자서 살아갈 수 없다고 느끼기 때문이다. 우리 사회에서 일어나는 질투를 배경으로 하는 폭력의 대부분이 이와 같은 상황이라고 보면 된다.

방임 받았던 아이의 상처받은 자기는 기능적인 가정에서 자란 아이가 발달시킨 자신에 대한 건강한 인식과는 극명한 대조를 이루는데, 건강한 자기를 가진 아이는 자신의 성격이 발달되는 과정에서 매일

같이 긍정적인 기억들을 추가할 수 있었기 때문이다. 충분한 사랑과 감정적인 지지를 경험한 아이는 성취의 감정과 사랑받은 기억들을 충분히 가지고 있어서 자신의 자기 인식을 점점 더 강하게 만드는 데 더할 수 있다. 반대로, 사랑을 받은 아이는 상처받은 자기가 아예 없거나 아니면 아주 조금만 있을 뿐인데, 왜냐하면 그 아이는 부모와의 관계에서 분노나 좌절감을 유발하는 사건에 노출되는 경우가 별로 없었기 때문이다. 만약 상처받은 자기가 한 아이의 어린 시절에 발달되지 않았다면 이것은 영원히 발달되지 않은 상태로 남아 있게 되는데, 이는 어떠한 "패키지"나 억압된 고통스러운 사건들이 일어났던 적이 없었기 때문에 그에 대한 기억을 가질 수조차 없기 때문이다. 기능적인 가정 내에도 갈등은 있기 마련이지만 그 아이가 수치심을 가지게 되는 경우는 거의 없는데, 왜냐하면 이러한 사건들이 간간히 일어나더라도 그보다 훨씬 많은 사랑과 지지를 경험하기 때문에 충분한 완화가 될 수 있고, 더욱이 그 아이의 기억 속에는 과거에 계속해서 경험해 왔던 감정적인 지지의 사건들이 이미 충분히 저장되어 있기 때문이기도 하다. 지지적인 어린 시절의 결과로서, 청년이 되면 강한 정체성을 가지고 자신에게 부정적이거나 함부로 대하는 사람들과의 관계를 지속시키는 데에는 신경을 쓰지 않게 된다. 이렇게 발달된 성격은 긍정적이고 낙천적이며 다른 사람들과 가까워지는 것에 대해 두려워하지도 않게 되는데, 이것은 작은 성공의 경험들이 수 천 번 쌓인 기억들을 바탕으로 가능하다. 이러한 사람은 더 이상 자신의 부모로부터의 지지를 매일같이 혹은 일주일 단위로라도 받을 필요도 없다. 이미 내면화된 자기 인식이 스스로를 잘

인도하는 체계를 갖추고 있기 때문이다. 많은 사람들이 부모로부터의 건강한 개인적 분리를 원가족에 대한 거절이나 가까움에서 오는 친밀감의 결핍이라고 착각한다. 그러나 그 어떠한 것도 진실로부터 벗어날 수 없다. 건강한 발달의 과거 경험은 한 사람이 자신의 가족으로부터 잘 분리하여 배우자와 친밀한 감정적 유대를 발달시킬 수 있게 하고, 더 나아가 다음 세대에 대하여 충분한 돌봄을 줄 수 있게 한다. 형편없는 돌봄을 받은 사람에게는 결코 이런 일이 일어날 수 없다. 그들은 자신들을 사랑하는 다른 사람들을 결코 신뢰할 수 없는데 왜냐하면 그들의 부모가 그들에게 그렇게 하지 못했거나, 아니면 자신의 상처받은 자아에 너무 매몰되어 있어서(George의 경우처럼) 자신들의 자녀들과 왜곡되고 분노가 쌓인 관계를 맺기 때문이다.

▮ 변화가 가능했던 부모

 이제 마음 속에 당장 떠오르는 질문은 일단 발달되기 시작한 후라도 상처받은 자기가 다시 없어질 수도 있을까 하는 점이다. 만약 그 부모가 자녀의 성격발달에 너무 큰 상처를 입히기 전에 자신들의 행동을 바꿀 수 있다면 나는 그것이 가능하다고 대답하고 싶다. 정신건강의 분야에 종사하면서 내가 경험하는 가장 큰 즐거운 경우 가운데 하나는 어떤 "문제"를 가진 아이의 부모와 함께 일하면서 그들이 그 문제의 주요한 원인이 어디에 있는지를 인식할 수 있을 정도로 충분히 개방된 자세를 가지고 있는 경우이다. 많은 부모들은 자녀가 보여주는 모든 어려움에 대해서 자신들이 어떤 역할이나 기여를 하고 있다는 점을 받아들이지 못한다. 예를 들면, 나의 환자들 가운데 35세의 그래픽 디자이너였던 Linda라는 여성은 자신의 11살 된 아들에 대해 상담을 했었다. 그녀는 Mark를 우리의 상담 회기에 데리고 왔지만 Mark는 나의 상담실로 들어오기를 거부했다. 이 어린 소년과 기 싸움을 벌이는 대신, 나는 Linda와 내가 이야기를 나누었고 그 동안 그는 상담실 밖의 대기실에서 머무르면서 자신의 화를 감추지 못한 얼굴로 나를 흘겨보곤 했다. Linda는 자신의 아들이 가지는 부정적인 면인 적대감에 대해서 걱정하였는데, 특히 전국적으로 문제가 되고 있는 학교 폭력의 관점에서 봤을 때 인터넷의 폭력적인 게임들에 열광하는 점 등에 대해 심각하게 걱정이 된다고 말했다. 그녀는 자신이 그의 아들을 컴퓨터로부터 떼어놓을 수 없을 것 같다고 했는데, 왜냐하면 자신이 그래픽 디자인을 하기 위해 몇 대의 최신 컴퓨터를 집에 가져다 놓고 집을 사무실처럼 이용하기 때문이었다. Mark에게는 그것들 중 두 개의 오래 된 컴퓨터가 주어졌고, 자신이 그 컴퓨터들을 사용하지 못하도록 하더라도 Mark는 자신이 모르는 사이에 친구네 집에 가서 계속 게임을 할지도 모른다는 생각에 아예 그것들을 사용하지 못하도록 하지조차 않는다고 했다.

나는 그녀의 아들이 상담실로 들어오기를 거부하기 때문에 그녀와 내가 Mark를 이 비밀스러운 대화에 개입시키지 않은 채 그를 "치료"해야만 한다는 말로 상담을 시작했다. 이 말은 그녀를 놀라게 한 듯 했는데, 왜냐하면 그녀는 자신의 아들이 그 자신 내부의 문제로 인해 고통을 받고 있다고 가정했기 때문이었다. 그녀가 Mark와의 관계에서 가시고 있는 문제들에 대해 더 깊이 살펴보기 전에, 나는 그녀 자신의 어린 시절에 대해 이야기해 줄 것을 요청했다. 그녀는 곧 바로 나에게 저항했는데, 왜냐하면 그녀가 보기에 자신의 어린 시절과 자기 아들의 문제에 어떠한 연관성도 없다고 믿기 때문이었다. 나는 우리가 새로운 가족을 구성할 때 무의식적으로 우리 자신의 발달사를 가져오게 되는 경우가 종종 있음을 설명해 주었다. 그제서야 Linda는 그녀 자신의 우울해했고 괴로워했던 엄마에 의해 감정적으로 매우 박탈되었고 동시에 언어폭력으로 채워졌던 자신의 과거사에 대해 말해주었다. 그녀는 자기 인생의 목표가 자신이 겪었던 경험들을 자신의 자녀들에게는 절대로 경험하지 않게 키우는 것이었다고 말했다. 그의 남편은 매우 열심히 헌신적으로 일하는 경찰관이었고 부부 사이도 괜찮았지만 그는 그 외의 또 다른 일을 자주 하게 되었고, 그 결과 집에 돌아오면 늘 피곤하다며 짜증을 냈다. 나는 "글쎄, 모두 당신에게 달렸네요."라고 말했다. Linda는 내가 강한 확신을 가지고 그녀가 남편의 도움이 없이 또한 아들의 협조도 구하지 않은 채 –다시 말하면 거의 불가능하게 들리는 일인데도-, 자기 아들의 문제들을 "고칠" 수 있다고 말하는 것을 듣고는 매우 놀랐다.

나는 그녀에게 작은 노트의 정 가운데에 선을 하나 그리도록 요청했다. 선의 한 쪽은 "거절하기(rejecting)"라고 이름 붙였고, 다른 쪽은 "사랑하기(loving)" 라는 이름을 붙였다. 나는 그녀로 하여금, 그녀가 Mark에 대해 말하는 모든 문장을 둘 중 하나의 범주에 넣도록 시켰다. 우리는 그녀가 흔히 말할 수 있는 전형적인 문장들을 가지고 연습을 했다. 예를 들면, 전혀 애정이 느껴지지 않은 말투로 Mark에게 어떤 행동을 하도록 요구하는 문장들은 거절하기 쪽에 속하게 했다. 똑 같은 문장이라 할지라도 지지적이고 인내심이 있는 말투로 말했다면, 그것은 사랑하기의 범주로 옮겨질 수 있었다. 여러 다양한 문장들을 가지고 약 20분 동안 연습한 후에, 우리는 Linda가 이 작업을 어떻게 하는지에 대해 잘 이해하고 습득했다고 느끼고, 다음 주에 두 번째 상담을 하기 전까지 일 주일 동안 그녀가 어떻게 이 작업을 잘 해오는지를 보기로 했다. 그녀가 떠나기 전, 나는 그녀가 지금까지 해왔던 일상적인 행동들을 절대로 바꾸어서는 안 된다는 점, 단지 그녀 자신의 아들에 대한 말들을 아들 몰래 범주화하는 것만이 새로이 첨가된 과정이라는 점을 강조했다.

첫 번째 회기 후 이틀이 지난 날 저녁, 나는 Linda의 남편으로부터 긴급한 전화를 한 통 받았다. Linda가 화장실 문을 잠그고 안에서 히스테리컬 하게 울면서, 자신은 아무 짝에도 쓸모가 없는 엄마이고 죽어도 마땅하다고 말을 한다는 것이었다. 그는 Linda에게 나와 대화해 보라고 설득했고, 그녀는 처음 이틀 동안 자신이 아들에게 한 말들을 범주화한 것을 그 즉시(그리고 매우 흥분한 상태로) 말하기 시작했다. 그녀의 아들에 대한 모든 말들은 "거절하기" 쪽으로 범주화되었고, 지난 이틀 동안 단 한 번도 사랑하기에 속하는 말을 한 적이 없는 것이었다. 이것은 내가 예상했던 것보다는 조금 더 심한 반응이었고, 그래서 나는 그날 저녁에 내 사무실에서 그녀와 만나기로 했다. 그녀는 이 상황에 대해 깜짝 놀란 남편과 심하게 걱정하는 아들과 함께 나타났다. 그녀의 남편은 내가 그의 아내를 미치게 만든 사람인 양 비난의 눈길을 보내는 것 같았다. 그도 그럴 것이 그녀가 이틀 전에 내 사무실을 방문하기 전까지만 해도 그녀는 완벽하게 괜찮

앉던 것이다. Linda는 겁에 질리고 혼란스러워 하는 남편에게 지금 우리 둘 사이에 어떤 일이 일어나고 있는지를 말하기가 부끄러워 설명해주지 못했기 때문에 남편이 나에게 그런 의심의 눈초리를 보내는 것은 당연했다. 나는 내가 앞으로 얼마 동안은 Linda의 마음을 전폭적으로 붙잡아줘야 될 것이라는 것을 알고 있었고, 그래서 그녀가 소리 내는 모든 고통스러운 신음들이 그녀의 남편과 아들을 (비록 그들이 내 사무실과 대기실 사이 이중문을 사이에 두고서도 분명히 그 소리들은 들을 수 있을 것이기 때문에) 더욱 공황상태에 빠지게 할 것이 걱정이 되었다. 그래서 나는 그녀를 상담실에 앉혀 둔 후에, 다시 대기실로 돌아가서 내가 보여줄 수 있는 가장 편안한 모습으로 부자가 함께 피자를 먹으러 가는 건 어떻겠느냐고 제안했다. Linda의 남편은 내가 마치 정신이 나간 사람이라도 되는 양 쳐다보았다. 그의 아내는 나와의 단 한 번의 상담 회기 때문에 "완전히 무너져" 있었는데, 나는 그 남편에게 아들과 함께 나가서 피자라도 먹고 오라는 제안을 할 만큼 담대했던 것이다. 나는 그들에게 두 시간쯤 후면 모든 것이 괜찮아질 것이라고 다짐해 주었고 그들은 마지못해서 밖으로 나갔다.

Linda와 나 모두 대기실에서 걱정스럽게 기다리는 가족이 더 이상 없다는 사실에 안심했다. 나는 내가 뭐가 잘못된 것인지 안다고 생각한다는 말로 시작했다. 그녀가 지난 이틀 동안 발견한 것이 어쩐 일인지 그녀가 자신의 엄마와 같아졌다는 사실이었다. "맞아요, 맞아요!" 하며 Linda는 흐느꼈다.(나는 Linda의 남편과 아들이 이런

Linda의 고뇌하는 소리를 듣지 않아도 된다는 사실이 정말 다행이라고 생각했다) 나로서는 이것은 전혀 무모한 추측이 아니었고, 오히려 Linda가 자신에 대한 자기 어머니의 행동을 묘사한 것, Mark가 자신의 어머니만을 의존하도록 내버려둔 가족의 역동, 그리고 Mark의 분노와 상처받은 자기로의 철수 등에 대해 묘사한 것에 근거한 단순한 결론이었다. Mark의 "문제"는 그의 아버지로부터 어떠한 지지도 받지 못했다는 사실과 어머니로부터의 끊임없는 비판으로부터 기인한 것이었고, 그러므로 그가 취할 수 있는 유일한 길은 인터넷의 폭력적인 게임들을 통해 상처받은 자기의 복수에 대한 환상으로 철수하는 것뿐이었던 것이다. 나는 Linda가 자신의 아들을 대함에 있어서 무의식적으로 약 30년 전 자신의 엄마와 자기가 맺었던 방식과 동일하게 대하고 있었던 것이라고 가정했던 것이다.

Linda가 이틀 동안 자신의 말들에 대해 살펴보았던 경험은 그녀 인생 처음으로 자신이 말하고 있었던 진짜 내용이 무엇이었는지에 대해 주의를 기울일 수 있게 했다. 그녀가 말을 할 때마다 그 내용과 말투 모두에 있어서 그녀는 스스로에게 부정적인 범주화를 할 수밖에 없었던 것이다. 그녀는 자신이 말하는 모든 것 즉, Mark가 학교에 가는 것을 준비시키는 것에서부터 집에 돌아와 Mark가 숙제를 끝마치고 그것을 섬섬하는 순간까지의 모든 것이 결국에는 거질하기의 영역에 속하게 된다는 사실에 깜짝 놀랐다. 그녀의 아들이 학교에 가면 그녀는 앉아서 자신이 했던 말들이 어떤 범주에 속하는지를 따져보았고, 그것들은 절망적으로 늘 부정적이었다. 그녀는 스스로 아침에 서두르느라 어쩔 수 없이 그랬던 것이라고 합리화하면서 Mark가 학교에서 집으로 돌아오는 오후에는 분명히 사랑하기의 범주에 속하는 말을 더 많이 할 것이라고 자위하기도 했다. 그러나 놀랍게도 오후에 하는 말들은 아침에 하는 말들보다 훨씬 더 심하게 부정적이었다. 잠자리에 들기 전, 그녀는 자신이 했던 말들의 범주를 다시 한 번 쳐다보고는 내일 아침이 되면 괜찮아질 것이라고 스스로 위로했다. 다음날 아침에도 그녀가 여전히 똑 같이 부정적인 말들을 훨씬 더 많이 하고 있다는 것에, 그리고 그녀가 하루의 대부분이 그런 상태로 지나간다는 사실을 발견한 후, 그녀는 자기 자신을 스스로 보아도 공포심을 느낄 정도가 되었다. 그때 쯤 Linda는 나에게 전화를 걸었고 죄책감과 자기 증오 그리고 절망에 빠져 있었다.

그녀가 자신의 엄마와 같이 되었다는 나의 첫 번째 언급에 대한 충격이 잦아든 후에, 나는 그녀에게 어느 누구라도 자신의 부모들과 같이 될 수 있는 가능성이 있는 것이지만 우리가 함께 상담함으로써 그 경향에서 벗어날 수 있다는 점을 확신시켰다. Linda는 그 범주화를 시작한 후 일어났던 가장 최악의 일이 엄마에게 나쁜 말들을 들었을 때 어떤 느낌이었는지가 기억났다는 것이라고 지적했다. 이러한 인식은 오히려 훨씬 더 큰 고통을 가중시켰는데, 왜냐하면 그녀가 자신의 아들에게는 자신이 어린 시절에 경험했던 그 느낌을 절대로 경험하지 않게 하겠다고 맹세했던 결심을 어겼다는 사실을 깨달았기 때문이었다. 당연히, Linda는 자신의 행동을 완전히 바꾸고 싶어 했고, 자신의 아들에게 사랑하기의 범주에 속한 말들만 하고 싶어 했다. 나는 그것은 불가능한 일이라는 점, 그리고 만약 그녀가 그렇게 하기를 실패한다면(당연히 그렇게 될 것이었지만), 그녀는 또 다른 엄청난 죄책감에 시달릴 것이라는 사실도 알고 있었다. 그런 일이 일어나게 하는 대신 나는 그녀에게 지금까지 해왔듯이 계속 부정적인 말들을 해도 되지만, 단 아침과 저녁으로 단 한 번씩만 사랑하기의 범주에 속하는 말들을 해볼 것을 제안했다. Linda는 깜짝 놀라서는 내가 완전히 정신이 나갔다는 듯이 쳐다보며 말했다. "하루에 두 번이요? 그것뿐이에요? 하루에 두 번?" 이제 그녀의 남편과 그녀까지 모두 다 마치 내가 제정신이 아닌 것처럼 여기는 것이 분명해졌다.

"그래요. 당신의 아들은 당신이 이곳에 온다는 걸 당연히 알고 있고 (이건 누가 봐도 아주 간접적으로 말하는 표현이었다), 우리 모두, 당신의 아들이 내가 당신에게 그렇게 하라고 시켜서 지지적인 말들을 하는 것이라고 의심하게 하고 싶지는 않잖아요. 그냥 하루에 두 번만 아들에게 사랑하기의 범주에 속하는 말들을 하세요. 그가 학교에 가기 전에 한번 그리고 집에 돌아왔을 때 한번. 이것만으로도 그 문제는 분명히 해결될 수 있을 거예요." Linda와 내가 편안하게 이야기를 나누고 있을 때쯤 Linda의 남편과 아들이 돌아왔고, Linda에게는 불과 몇 시간 전에 그녀를 삼켜버렸던 깊은 고뇌의 흔적은 전혀 보이지 않았다.

Linda가 우리 사이에 약속한 것을 Linda가 지키지 않을 것이라는 점을 나는 잘 알고 있었다. 예상했던 대로, 그녀는 자신의 범주화에 대해 전혀 다른 결과를 가지고 그 다음 회기에 왔다. 그녀의 도표에는 스스로 "중립적인" 것이라고 이름붙인 새로운 범주가 첨가되어 있었는데, 이것은 그녀가 자신의 부정적인 톤에서 벗어나 다소 날카롭거나 냉소적인 말들을 한 경우에 사용되는 범주였다. 당연히, 그녀의 도표에는 내가 제안했던 하루에 두 번의 긍정적인 말들보다 더 많은 긍정적인 말들의 표시가 되어 있었고, "거절하기"의 범주에는 단지 몇 번의 표시만 되어있을 뿐이었다. 그녀도 놀랄 정도로 Mark가 자기 방에서 혼자 보내는 시간이 현저하게 줄었고, 단지 한 주가 지났을 뿐인데도 앞으로의 전망은 매우 좋아 보였다. 나는 Mark가 자기 엄마가 보여주는 향상된 포용의 경험에 그토록 매우 잘 반응한 것이 그의 아버지가 대부분 집에 없었기 때문이었다고 가정했다. Mark는(부모가 없는 것과 마찬가지인 상황인) 늘 집에 없는 아버지와 늘 비판적인 엄마의 아들에서, 이제는 –물리적으로는 분명한 향상이 있는– 늘 집에 없는 아버지와 충분히 사랑해 주는 엄마의 아들이 되었다. Linda는 그 후 9개월 동안 나와 꾸준하게 만남을 지속했다. 그녀가 자신의 상처받은 자기를 거의 완벽하게 통제할 수 있게 된 후에(즉, 그녀가 Mark를 대할 때, 자신의 엄마가 자신이 어렸을 때 자기에게 대했던 것처럼 대하지 않기로 우리 모두 동의했을 때), 우리는 Linda와 그 엄마 사이의 고통스러운 과거사에 대해 이야기할 수 있게 되었다. 그녀는 많은 부모들이 부인하고 싶어 하는 자기의 측면들을 기꺼이 보려고 한다는 점에서 일반적인 환자들과는 달랐다. 다행히도 그녀가 자기 아들과의 관계에서 취하는 긍정적인 태도는 계속되었고, 그 일에 필요한 노력도 점점 줄어들어 쉽게 할 수 있게 되었다. 이와 같은 임상사례는 내가 이전에 지적한 사실을 잘 보여준다. 자녀들의 성격은 그들의 부모들과의 매일매일의 작은 상호작용에 의해 형성된다는 점이 그것이다. 이 가정의 문제와 치료는 모두 엄마와 아들 간의 작지만 새로운 상호작용이 수 백 번 계속된 결과 가능했다.

Linda의 사례는 또한 많은 부모들이 자기들도 모르는 사이에 자녀들의 발달상의 손상을 끼친다는 점을 보여준다. Linda는 매우 신중하고 주의가 깊은 엄마였지만, -구체적으로는 그녀와 그녀의 엄마가 관여되었던 역할들로 인한- 자기 자신의 어린 시절의 손상이 그녀의 무의식 속에 남아있어서 그녀의 엄마가 그녀에게 했던 것과 똑같은 방식으로 그녀가 아들을 대할 수밖에 없게 했다. 많은 자녀들은 부모의 무의식적인 과정의 순진한 희생자들이다. 대부분의 부모들은 자기 자녀들이 행복한 삶을 살기 원하지만 그들의 상처받은 자기가 가진 숨겨진 힘이 자식을 가지게 되는 순간에 나타나기 시작하는 것이다. 자녀를 가지기 이전에 그들의 무의식은 원가족 내에서 어떤 어린 시절을 보냈는지를 상기시켜 보여주는 어떠한 "배우"도 없기 때문에 이러한 일은 아무런 경고도 없이 일어나게 된다. 그러나 자녀를 가지는 순산 무의식은 살아나서 어린 시절 경험했던 가족의 체계를 다시 만들어내기 시작하고, 그 자녀가 어린 시절의 자기 자신 혹은 형제자매의 역할을 하도록 만드는 것이다. 그러므로 힘든 어린 시절을 보낸 부모를 가진 자녀는 점차 자신의 엄마나 아버지가 무의식적으로 기억하는 어린 시절의 엄마나 아버지 자신 혹은 그들의 형제나 자매와 같은 방식으로 정의되도록 이미 정해져 있는 상호관계의 세상에 태어나는 것이다. 그러므로 Linda의 아들은 Linda로 하여금 자신의 어린 시절의 모습을 상기시켰고 그래서 그녀는 계속해서 아들을 비판하는 엄마의 역할을 하게 될 것이다. 이것은 그녀의 무의식적인 상처받은 자기가 30년 동안 간직해왔던 분노의 일부를 표출하도록 했지만, 대부분 그녀의 아들이 당하게 된 것이었다. 다행히도, Linda는 자신이 하는 말들을 범주화하는 방식에서 비롯한 통찰력과 그녀 자신의 아들에 대한 깊은 헌신으로부터 비롯된 동기를 가지고 노력한 끝에 자신의 행동을 변화시킬 수 있었다. 그녀의 힘들었던 어린 시절에 대한 상담은 자기 내에 인식되지 못하고 있었던 학대당한 고통의 많은 부분을 덜어낼 수 있게 했다. 그리고, Mark는 우울한 감정에서 많이 벗어나게 하고 가족 내에서 피하려는 자신의 경향을 없애 주었으며 가족의 일에 참여하는 비율이 훨씬 높아진 데에는 엄마의 변화된 모습이 역할을 했다는 것을 간접적으로나마 인정했다.

🔲 인간 정체성의 발달

발달과정에 있는 아이가 엄마를 필요로 하는 것은 단지 심리적인 지지에 대한 욕구에서 비롯되는 것만은 아니다. 여기에는 항상성 있는 정체성(identity)을 발달시킴에 있어서 도움이 필요하기 때문이기도 하다. 모든 사람은 급속도로 변하는 가까운 인간관계는 물론, 끊임없이 변화하는 무수한 정보들, 사회적 요구들, 가족 간 그리고 사회적 인간관계들, 그리고 종교와 지역사회, 국가와의 관계 등 가운데에서 살고 있다. 성숙한 성격 형성의 기반이 되는 것은 잘 형성된 자기 인식, 즉 정체성으로서 이는 우리로 하여금 이처럼 끊임없이 변하는 엄청난 정보와 인간관계들 가운데에서 현실적이고 지속적인 위치에 서 있을 수 있게 해준다. 예를 들면, 편집증적 성격장애를 심하게 앓고 있는 한 사람은 매우 왜곡된 정체성을 가지고 있어서, 자신이 늘 이용당하고 놀림의 대상이 된다고 느낀다. 그는 자신이 느끼는 이악 같은 열등감을 스스로를 중요한 사람으로 여기는 감정과 우월감의 환상으로서 대체하려고 한다. 만약 그가 교통신호에 걸려서 잠시 멈춰서야 하는 상황에 있다면(자기 스스로에 대한 방어기제가 너무 강하기 때문에), 그는 말도 안 되는 걱정으로 심하게 불안해져서 CIA나 FBI가 자신을 뒤쫓고 있다고 믿을지도 모른다. 그래서 그 상황에서 도망치려고 하거나 근처에 있는 경찰관을 공격할지도 모른다. 그의 왜곡된 정체성은 새로운 정보에 맞추어 적응할 수 있는 방법은 전혀 없어서 어떤 권위 있는 사람에 대해서 순종적인 방식으로 행동하는 것은 결코 참을 수 없다.(즉, 자기 자신은 중요하다는 착각에 반대되는 관계를 인정하게 되는 것이기 때문이다) 대조적으로, 건강한 정체성을 가지고 있는 사람은 다양한 상황과 인간관계의 종류에 따라 자신의 인간관계를 잘 조절할 수 있다.

정체성이 개발되는 가장 초기 단계는 어린 아기와 그의 부모 사이에서 발달하는데, 매일 매일 지속적이고 예측 가능한 방식으로 반응해주는 부모와의 관계로부터 시작된다. 세상에 대한 한 아이의 경험은 그 부모가 자신을 둘러싸고 있는 세계를 어떻게 바라보느냐에 따라 지대하게 영향을 받는다. 시간이 지나면서 자녀는 세상과 관계를 맺는 바로 그 방식으로 자기 자신을 발견하게 되고, 이것이 그 자녀가 현실을 바라보고 대하는 바로 그 방식이 된다. 부모가 자녀에게 지속적인 반응을 잘 보여주면 그 자녀는 자기 자신은 물론 세상에 대한 그러한 기억들을 계속 쌓을 수 있고, 이것은 곧 그의 부모가 함께 있지 않더라도 자신이 여전히 잘 살아있다는 것을 느낄 수 있게 한다. 다른 사람들과 별개로 자신이 존재하고 있다는 스스로에 대한 인식은 정체성 개발을 향한 첫 번째 과정이고, 이것은 갓 태어난 자녀에게 적절하면서도 지속적인 감정적인 반영을 해주는 부모의 능력과 의지에 달려있다. 만성적인 방임과 무관심은 유아나 청소년 자녀가 다른 사람과 함께 있지 않을 때에도 자신이 계속 존재하는지를 인식(ongoing sense)하는 기능적 정체성(functional identity)을 개발하는 바로 그 첫 번째 과정을 시작하지 못하게 한다.

다시 말하지만, 때로는 소설가들이 심리학자들보다 더 설득력 있게 이러한 내용을 전달하는 것이 사실이기 때문에, 나는 Kathryn Harrison의 습작 "The Kiss"로 다시 돌아가, 한 어린 아이가 자신이 필요로 하는 부모로부터 받은 유기(abandonment)의 정서적 고통의 경험이 어떤지를 보고자 한다.

나는 어떤 소음이라도 만들어서, 엄마가 잠자는 것을 방해할 수 있었다. 그러나 동시에 그 소음이 엄마의 잠이라는 강력한 요새를 직접적이고 일부러 방해하려 했다는 생각은 전혀 하지 못하게 말이다. 나의 엄마는 나의 의식 자체에 대해서 계속 반응하기를 거절하고 있고, 그렇기 때문에 나는 존재하지 않는 것이나 마찬가지다. 내가 똑바로 서서 엄마가 잠자는 것을 바라보고 있노라면, 나는 내 뒤로 엄청난 틈을 사이에 두고 세상이 열려 있나는 것을 느낀다. 나는 엄마를 방해하지 않고는 단 일 인치(inch)조차 움직일 수 없다는 것을 잘 안다. 엄마의 눈이 나를 바라보고 있을 때, 그 눈은 마치 두 개의 빈 거울처럼 보인다. 그 안에서 나는 찾아 볼 수 없다.⑧

Harrison은 이 부분에서, 그녀의 엄마가 계속 잠만 자면서 자신의 엄마(즉, Harrison의 할머니)의 억압으로부터 벗어나려고 했던 시간들 동안 자신이 어떤 상실감을 경험했는지를 잘 보여주고 있다. 일단, Harrison은 일부러 자기 엄마를 깨웠고 그래서 심하게 야단을 맞는다. 이를 통해 그녀는 엄마를 깨우려면 "우연히 그런 것처럼" 해야 한다는 것을 배운다. 나의 환자였던 George가 자기 엄마의 열쇠들을 훔쳐서 다른 곳에 두고도 자신이 의심받지 않을 만한 장소에 가져다 놓음으로써 엄마의 좌절감을 유발시키는 것과 유사하다. 성인 작가로서 Harrison은 어린 아이였던 자신에 대해 엄마가 무관심했던 것이 한 사람의 성인으로서 자신의 기본적인 존재감을 얼마나 파괴시켰는지 보여준다. 종종 자녀들의 욕구에 주의를 기울이는 것이 별게 아닌 것처럼 여겨지기도 하지만, 사실은 부모로부터 분리할 수 있고 제대로 기능하는 정체성의 초기 발달을 위해, 그리고 자녀가 자신의 존재감이 없는 것으로 생각하지 않기 위해서라도, 이러한 욕구들을 이해하고 이에 반응하는 것은 반드시 필요하다.

　Harrison은 자기의 정체성에 대한 엄마의 지지가 없이는 자신이 "단 일 인치조차 움직일 수 없다는 것"을 인식하고 있다. 이것은 그녀의 존재에 대한 엄마의 인정이 없이는 그녀가 안전하다고 느끼는 근원으로부터 움직이려고 할 때 그것이 전혀 효과가 없다는 것을 시적으로 표현하는 것이다. 이는 전혀 과장이 아니라 철저하게 방임 받는 모든 자녀들이 경험하는 정확한 감정이다. 여기에 방임(neglect)의 역설이 있다. 자녀가 더 많이 방임 당할수록 그 자녀는 더 많이 부모를 필요로 한다는 것이다. 이것이 성인이 된 자녀가 나이가 든 부모로부터 벗어나지 못한 채 계속 함께 머무르려고 하는 두 가지 심리적 역동 가운데 하나이다.(다른 하나는 앞으로 혹시 받을지도 모르는 사랑에 대해 헛된 희망을 가지는 것이다) "성인이 된" 자녀가 계속 집에 함께 살면서 보이는 이와 같은 강한 의존성은 그 자녀에게 분명한 정체성이 없는 것이 하나의 이유가 될 수도 있다. 즉 자신의 정체성을 개발하는 단계에서 계속적인 거부를 경험했기 때문에 제대로 된 정체성을 발달시키지 못한 것이다. 신체적으로는 이미 40살이 되었을지 모르지만, 그들이 하나의 독립적인 인간으로서 세상의 여러 복잡한 일들을 잘 다루며 자기에 대한 인식을 가지는 부분에 있어서는 Harrison이 위에서 묘사했던 것과 같이 제대로 형성되지 않은 아주 취약한 사람일 뿐인 것이다.

Harrison을 이 시대의 작가들 가운데 심리적 표현이 가장 뛰어난 작가 중 한 명으로 여기게 할 수밖에 없는 또 다른 부분이 하나 더 있다. 그녀가 자기 엄마를 쳐다봤을 때, 그의 엄마가 "텅 비어"있다는 것이 바로 그것이다. 이러한 공허감은 그녀의 엄마가 자기 딸에 대해 별다른 관심이 없다는 것, 그리고 자기 딸이 이 세상에 대해 어떻게 반응하는지 제대로 이해하고 반응해 줄 능력이 전혀 없다는 것을 보여주는 것이다. 우리는 이미 그녀의 엄마가 자기 자신의 엄마(Harrison의 할머니)로부터 거부당한 경험이 그 원인이라는 것을 앞에서 살펴보았다. 그의 엄마가 딸에게 어떠한 사랑과 돌봄도 줄 수 없었던 것은 그녀 자신이 "받은" 것이 아무것도 없었기 때문이었다.

감정적인 박탈경험을 한 부모들은 자신들의 자녀들 역시 사랑할 수 없다. 왜냐하면 그들 스스로가 "비어" 있어서, 감정적인 애착관계를 맺지 못하기 때문이다. 역설적으로, 그러한 부모들 중 많은 수가 오히려 자녀들로부터 그러한 사랑을 받으려는 지나친 욕심을 보이기도 한다. Harrison은 자신의 엄마가 공허한 사람이라는 것을 안 후 스스로를 지켜야만 했고 그래서 자신의 엄마에게 뭔가 엄청나게 큰 잘못이 있다고 생각하기보다는 오히려 딸로서 자기 자신에게 뭔가 문제가 있다고 가정해버렸다. 많은 자녀들이 스스로에 대해 가지는 이와 같은 보편적인 잘못된 가정을 페어베언의 모델에서 "도덕방어(moral defense)"라고 부르는데, 이는 자신이 사랑받지 못한다는 사실에 대한 비난을 잘못된 부모에게 하지 않고 오히려(결백한) 자녀 자신에게 하는 현상이다. 이는 현실에 대한 방어이기도 한데, 왜냐하면 이처럼 비난을 자기 자신에게 함으로써 오히려 자녀 자신이 더 안정감을 느끼기 때문이다. 스스로가 "도덕적으로" 결점을 가지는 것이 자신이 완벽하게 의존하는 자신의 엄마가 자신을 사랑하지 않고 자신에게 무관심하다는 것을 깨닫고 인정하는 것보다 더 낫다고 느끼는 것이다. 이 방어기제에 대해서는 다음 장에서 더욱 자세히 논의될 것이다.

좌절을 경험한 아이는 부모로부터의 방임을 가볍게 받아들이지 못하는데, 이는 그 아이가 처음으로 자신의 독특한 정체성을 점차적으로 형성하기 위해서는 자신에게 가장 중요한 부모로부터의 감정적인 지지와 확신이 필요하기 때문이다. 특히, 계속되는 방임을 경험한 아이들은 자신에게 없는 부모 쪽(엄마 혹은 아버지)에 대해 더욱 집착하고 동경하게 되는데, 그 이유는 그들 자신이 누구인지 알기 위해서는 자신을 있게 한 그 부모가 누구인지 알아야 할 필요가 있기 때문이다. 종종, 그 부모의 정체성을 일부나마 담고 있는 소장품을 찾기도 하는데, 대개의 경우 자녀 자신의 정체성을 형성하는 데 도움이 되는 것으로 여겨진다. Katheryn Harrison은 이에 대해서 역시 자신의 훌륭한 통찰력을 보여주고 있는데, 다음은 그의 자전적 소설인 "물보다 진한 것(Thicker Than Water)"의 일부분이다.

아직까지도, 나의 엄마가 남기신 만질 수 있는 어떤 것이라도, 엄마가 사용하던 침실에 남긴 엄마의 물건들, 옷들, 책장에 놓여 있는 목자상, 낡은 새틴 발레화, 화장실 세면대 아래 벽장에 남겨져 있는 그다지 중요하지도 않은 화장품들까지도, 그러나 나에게는 말로 표현할 수 없을 만큼 귀한 것들이다. 엄마는 없지만 나는 그것들을 만지고 쓰다듬으면서, 아직도 어리디 어린 나의 영혼을 달램과 동시에 나의 엄마를 어느 정도라도 이해하려고 애쓴다.(75)

이 소설에서 부모로부터 방임받는 경험을 한 인물은 자기 자신의 정체성을 형성하기 위해서 자신을 버렸고 또한 매우 비밀스러웠던 자신의 엄마가 어떤 사람인지에 대해 알아야 할 필요를 느낀다. 그 방임된 아이는 언제나 곁에 있어서 자녀에게 잘 반응해주는 부모에게 길러진 아이와 비교할 때 엄청난 불이익을 당한 것인데, 왜냐하면 자신의 자기를 발달하는 과정에서 그 부모로부터 기본적으로 받게

성격의 형성 • 83

되는 물리적인 도움조차 거의 없었기 때문이다. 그 욕구가 충족되지 못한다고 해서 그것이 그냥 없어지는 것이 아니다. 오히려, 부모와 함께 정체성을 확립하지 못한 아이는 그 충족되지 못한 욕구의 노예가 되어 집에 남게 되는 경우가 많다.

부모의 심각한 방임의 결과는 불완전한 정체성의 확립이고, 이것은 "성인이 된" 많은 자녀들이 완벽하게 형성된 성격을 가지지 못한 채 역설적인 상황에 놓이게 만든다. 많은 경우 성인의 몸을 가지고 있으면 성인으로서의 성격 역시 가지고 있을 거라고 생각되기 때문에, 처음에는 이러한 상황을 받아들이기 어려울 수도 있지만, 불행하게도 이 경우에 그 가정은 올바른 것이 아니다. 일관된 자기 인식의 결핍은 일반적으로 알려진 것보다 훨씬 자주 발견되고, 여전히 어린이와 같은 관점을 가지는 성격을 보이는 만성적인 어른들도 매우 많다. 내가 "사랑의 환상(The illusion of Love)"에서 인용한 적이 있는 Frieda와 Greta의 사례가 이에 속한다. 이 두 명의 일란성 영국인 쌍둥이는 어른이 되어서도 여전히 두 명의 어린 아이들과 같은 방식으로 행동한다. John Leo가 Time지에 실은 사설에 다음과 같은 내용이 있다.

37살의 일란성 쌍둥이인 Frieda와 Greta는 옷도 똑같이 입고, 늘 함께 산책하며, 두 시간이 걸리는 목욕도 함께하고, 동시에 한 목소리로 말을 -가끔은 맹세까지도- 하는 경우도 매우 잦다. 단 한 순간이라도 둘이 떨어지게 된다면 그들은 어쩔 줄 몰라 하며 비명을 지른다. 동네 아이들이 그들을 놀리기라도 할 때면 공포감에 동시에 둘이 함께 오줌을 싼다. 이 자매는 먹는 것도 동시에 먹는데 숟가락과 포크를 움직이는 속도마저도 거의 동시에 진행되고 다른 음식을 먹기 전에 한 접시를 끝내는 것마저도 똑 같다. 그들이 다툴 때는 똑 같은 핸드백으로 서로를 가볍게 때릴 때도 있는데, 그런 후에는 함께 앉아서 서로에게 시무룩해져 있다. 많은 일란성 쌍둥이들이 입는 것, 행동하는 것, 생각하는 것까지도 다소 비슷하고, 심지어는 똑 같은 내용의 연설을 하는 경우도 있다고는 하지만, 이 자매는 각자의 독립적인 정체성을 확립하는 데 실패한 것을 보여주는 아주 극단적인 사례라 할 수 있다.(45)

두 자매의 사례는 성격발달의 아주 초기 단계에서 머무른 채 발달하지 못하는 것이 신체적으로까지 나타날 수 있다는 것을 보여준다. 만약 그들이 5~6살짜리 자매라면, 이런 행동을 하는 것이 납득될 수 있을 것이다. 이 사례는 또한 이전에 지적했던 점, 즉 지지적인 부모와의 강한 애착관계가 없이는 심리발달이 멈춘다는 사실을 보여준다. 그러나 이 쌍둥이는 마치 한 자녀가 그 엄마에게 붙어있는 것처럼 서로에게 붙어있어서 어느 누구도 서로에게 성숙한 성격을 형성할 수 있는 기회를 제공할 수 없었고, 그러므로 이것이 그들의 성격발달을 촉진하는 촉매역할을 할 수 없었고 어린 연령에 고착되어 있게 되었던 것이다. 이와 동일한 현상이 컬트(cult) 그룹 등에 속해 있는 덜 발달된 성격을 가진 젊은 청년들에게서도 발견된다. 이러한 그룹들은 어린 시절에 받는 돌봄을 전혀 받아본 적이 없어서 결국 매우 고립된 정체성을 형성하게 된 "성인들"의 집단으로서, 그들이 이제껏 형성한 거의 아무것도 아닌 성격의 구조를 기꺼이 포기하고 광적인 집단이 자신들의 삶을 지배하도록 내버려둔다.

일상생활에서 우리의 정체성이 하는 역할

한 개인의 정체성은 자기 자신에 대한 무수히 많은 내용들이 집약되어 있는 거대한 컴퓨터 파일과도 같다. 가장 기본적인 단계에서는 남성인지 여성인지에 따른 성별로부터 접근하기 시작해서, 두 번째로는 아마 그 나이에 대한 접근이 있을 것이다. 그 이외의 다른 중요한 범주들로는 사랑받고 있는지 혹은 그렇지 않은지, 중요한 존재인지 혹은 가치가 없는 존재인지, 똑똑한지 아니면 둔한지, 매력이 있는지 아니면 없는지, 뛰어난 능력을 보이는지 그렇지 못한지 등의 것이 있다. 우리 모두의 각각의 정체성은 자기에 대한 이와 같은 수 십만 개의 내용들로 이루어져 있는 것이다. 그렇다면 이러한 정체성의 "목적"은 무엇일까? 간단히 말하면, 우리의 정체성은 우리가 혼자 있을 때에도, 다시 말하면 우리 자신이 누구인지에 대한 피드백을 줄 사람이 아무도 없는 상황에서라도 우리가 안정적이고 체계적이고 기능적일 수 있게 해준다. 온전한 정체성을 가진 구성원이 없는 잘못된 가정에서 자라서 어른이 된 사람들은 앞서 보았던 Frieda와 Greta와 같이 자신의 성격이 그 체계를 계속 유지할 수 있도록 하기 위해 다른 사람들에게 절대적으로 의존해야만 한다.

둘째로는 첫 번째 목적과 동일하게 중요한 것으로서 우리의 정체성이 우리 주변의 세계를 측정하는 도구로서 사용된다는 점이다. 다른 사람들, 다른 모습의 세상들, 우리의 공동체와 우리의 가족, 사랑하는 사람들과의 관계에서 우리 자신이 누구인지를 알 수 있도록 하는 안정적인 기준 자료로서의 역할을 하는 것이다. 확고한 정체성이 없으면, 무엇을 믿는지, 어디로 가는지, 혹은 무엇을 하는지에 대해 전혀 알 수 없다. 잘못 형성된 정체성, 감추어진 정체성, 혹은 자신의 정체성을 잘못 이용하는 사람들에 대한 코메디 프로그램이 종종 나오곤 한다. 예를 들면, 핑크 팬더 영화 시리즈에서 Peter Sellers는 아주 멍청하고 실수 투성이의 "클루소 검시관(Inspector Clouseau)"을 연기한다. 이 검시관이 자신의 한계에 대해 완벽하게 잘못 이해하고 있는 내용이 주요한 유머의 요인이다. 그는 스스로를 매우 똑똑한 사람으로 생각하지만, 사실 그는 허풍쟁이에 멍청하기까지 하다. 다른 사람들의 능력과 관련하여 자기 자신을 어떻게 정의해야 할지 모르는 채 자신의 정체성을 완전히 잘못 사용하는 모습은 웃기기도 하지만 동시에 불쌍하게 보이기도 한다.

현실의 삶에서 확실한 정체성의 결핍은 일상적인 일들을 엄청난 일거리로 만든다. 많은 환자들이 보고하듯이 그들은 여러 다양한 상황들에서 "어떤 사람이 되어야 하는지"를 결정하기까지 매우 힘든 시간을 보낸다. 이것은 내면에 존재하는 지속적인 나침판이 없이 세상을 대해야 할 때 생기는 극단적인 불안에서 비롯되는 것이고, 종종 가족 내 한 명이 다른 가족 구성원을 잡아먹게 되기도 한다. 나는 지금까지 Katheryn Harrison이 쓴 "키스(The Kiss)"의 많은 내용들을 인용하였다. 이 작품과 관련하여 존재하는 논쟁은 그녀가 스무 살이 되던 해에 시작된 그녀의 아버지와의 근친상간의 관계에 그녀가 연관되어 있다는 사실에서 연루한다. 그 당시 그녀는 법적으로는 더 이상 미성년자가 아니었고, 그러므로 그녀의(자기 파괴적인) 결정 역시 그녀 자신의 자유 의지에 의해 결정한 것이라고 여겨진 것이다. 그러나 그녀의 "자유 의지"는 그녀가 자신의 아버지와의 애착 관계에 머물러야 한다는 강력한 욕구를 충족시키지 못한 채 지나간 박탈경험으로 가득 찬 그녀의 아동기의 기억에 결코 대항할 수 없었다. 다른 많은 성인들이 그렇듯이 그녀의 충족되지 못한 발달적 욕구들이 그녀의 상식은 물론 자기 자신을 보호하려는 욕구까지도 지배한 것이다. 다음은 그녀의 아버지가 딸에게 쓴 편지의 일부이다.(이탤릭체 부분이 작가가 저자에게 보낸 편지에 있는 아버지 편지의 인용한 부분이다)

내 아버지의 편지 속에서 나는 그의 내면에 있는 공허함, 황무지, 블랙홀과 같은 수렁들을 본다. 그리고 이것들은 오직 나의 사랑을 통해서만 채워질 수 있다. 그는 이렇게 썼다 : *거의 40년 동안, 나는 지금의 나와 같은 모습이 되기 위해 노력해왔다. 내가 성취한*

모든 것들의 표면 아래에 무엇이 혹은 누가 존재하는지는 나 자신도 모른다. 나 자신을 발견함에 있어 오직 너만이 나의 유일한 희망이란다. 이 말이 무슨 뜻인지를 이해하지도 못하면서, 내 눈은 감동으로 흔들린다. 나는 나의 아버지가 자신의 정체성이 결핍되어 있다고 고백하는 것을 스스로 결코 용납할 수 없다. 그는 하루에 세 번씩 전화를 한다. 전화를 걸 때마다 "내가 어떨 것 같니?"라고 말하는데, 왜냐하면 그가 어떤지는 내가 그를 알만큼 사랑하는지에 전적으로 달려있기 때문이다. 내가 없이는 그의 삶에 어떠한 의미도 목적도 즐거움도 없는 것이다.(134)

이처럼 파워풀한 내용을 통해 우리는 역기능적인 가족 안에서 혼란을 느끼고 어린 아이와 같은 "성인들"이 어떻게 될 수 있는지를 볼 수 있다. 이 상황에서 Harrison은 부모의 역할을 하고 있는 반면, 그의 아버지는 5살짜리 어린이의 역할로 후퇴하여 매 시간마다 확인해주고 돌봐주어야 하는 욕구를 보이는 것이다. Harrison과 그의 아버지 모두 기능적인 성인의 정체성을 가지지 못했고, 그의 아버지는 이제(그녀가 어렸을 때 아버지로서 자신이 충분히 제공하지 못했던 돌봄을 바라며 그녀가 착각 가운데 아버지에게 제공하고 있는) 딸의 "사랑"을 이용하여 아버지 자신의 어린 시절 발달과정 가운데 충분한 돌봄을 받지 못하여 공허한 것을 채우려고 하는 것이다. 양쪽 모두 다른 한 쪽에게 "보호자(parent)"의 역할을 할 만한 능력이 없고, 이것은 Frieda와 Greta가 서로에게 달라붙어서 서로를 돌보려는 유아적인 노력을 하는 딜레마적인 상황과 일치한다. 이러한 상황에서는 Harrison에게도 그의 아버지에게도 감정적인 발달이 이루어 지는 것은 불가능하다. 왜냐하면 양쪽 모두 자신들의 불완전한 정체성이 필요로 하는 도움을 마찬가지로 불완전한 상대방에게서 찾고 있기 때문이다. 이러한 금지된 관계 후 몇 년이 지나, 그리고 심리치료를 받은 몇 년의 기간 후에 Harrison은 이 상황에서는 어떠한 변화도 불가능하다는 것, 그리고 그가 이러한 근친상간의 관계에 적극적으로 연관되어 있는 그 시기에 오히려 그녀의 그러한 욕구가 진실을 받아들이는 것을 막았다는 것을 깨닫는다.

그녀 아버지가 가지는 그녀에 대한 의존성의 묘사는 한 어린 아이가 자신의 엄마에게 의존하는 것과 동일하게 나타난다. 그녀의 아버지가 가지는 스스로의 안녕에 대한 느낌은 Harrison(즉 자신의 딸)이 자신에게 어떻게 느끼는지에 철저하게 의존한다. 그의 정체성은 너무나 약해서 그가 다시 딸에게 전화를 걸어서 확인을 받기까지 겨우 몇 시간 동안만 온전할 뿐이었다. 자기 딸로부터의 그러한 확인이 없이는 "그의 인생에는 아무런 의미도 목적도 즐거움도 없다." 이것은 우리가 찾을 수 있는 지속성 있는 정체성이 결핍된 예로서 가장 분명하고 극단적인 사례일 것이다. 그녀의 아버지가 자신의 어린 시절의 단계로 후퇴했다는 사실은 그의 어린 시절의 욕구들이 제대로 충족되지 않았고 어른으로서의 외모 속에 유아기적인 성격을 숨기고 있었다는 사실을 분명하게 보여준다. 이 사례는 약한 정체성을 가진 사람들이 그들의 삶을 통해 버려지는 것에 대해 얼마나 취약하고 상처받기 쉬운지를 잘 보여준다. 그들은 심리적으로 무너질 수 있는 바로 그 낭떠러지에 걸쳐서 사는 것이고, 그러므로 그러한 붕괴로부터 자신들의 정체성을 지키기 위해 극적이고 반사회적이며 자기 파괴적인 행동에 기꺼이 스스로를 연관시킨다는 사실은 그리 놀라운 일도 아니다.

▣ 약한 정체성을 가진 환자가 그를 필요로 하는 보호자로부터 분리할 수 있도록 돕기

　임상 치료를 해온 오랜 시간 동안, 나는 발달되지 않은 정체성 때문에 고통당하는 많은 환자들을 상담했는데, 그 중에는 Terry라는 환자가 있었다. 감정적으로는 미성숙하지만 낙천적이고 유머와 재치가 넘치는 사람이었다. 결혼하지 않은 독신이었고 심각하게 살이 찐 45세의 사업을 하는 여성이었는데, 특별한 와인과 치즈를 파는 두 개의 가게를 운영하였고, "이봐요, 선생님. 선생님은 천재잖아요. 나를 이 엉망진창의 상황에서 좀 꺼내 달라구요"라고 말하기를 좋아했다. 그녀가 도움을 받으러 온 이유는 그의 엄마가 하루에도 몇 번씩이나 전화를 하거나 심지어는 가게에 갑자스럽게 찾아와서는 애기를 좀 하자며 조르는 통에 그녀의 사업마저도 방해를 받는 것 때문이었다. Terry는 옛날에는 엄마가 이렇게 하는 것을 그냥 내버려 두었었는데, 왜냐하면 엄마가 오랜 시간 동안 실직한 상태로 우울증에 시달려왔기 때문이었다. 그러나 나를 찾아올 당시에는 그의 첫 번째 가게가 성공적으로 운영되고 있었고 이제 두 번째 가게도 막 열려던 시점이었다. 이 두 가게는 그녀의 자기 가치를 보여주는 중요한 근원이었고 엄마에 대한 그녀의 의존도도 급격하게 줄어들었다. 그 결과 그녀는 엄마와 오랜 시간동안 지속해왔던 관계를 변화시키려고 노력하고 있었던 것인데, 즉 엄마가 한때는 자신의 욕구를 충족시켜주는 사람이었지만 이제는 오히려 자신의 인생이 더 잘 뻗어나갈 수 있는 길을 방해하는 존재가 되었기 때문이다. 그녀는 한 때 자기 시간의 대부분을 이기적이고 절대 만족할 줄 모르는 엄마를 위해 썼었지만 이제는 자신의 사업을 위해 쓰고 있었다. 그녀의 엄마는 친구라고 한두 명 있을 리가 만무했고, 예전에 엄마와 딸이 서로를 벗 삼아서 대부분의 시간을 보내던 패턴으로 다시 되돌아갈 것을 점점 더 강하게 요구하였다. 그녀의 엄마가 하루가 멀다 하고 가게로 찾아와 고객들이나 거래처 사람들 앞에서 Terry를 난처하게 하면서부터 갈등은 시작되었다.

Terry의 엄마는 지극히 자기 중심적인 사람이었고, Terry를 한 명의 분리되어 있는 개인으로 여기지 조차 않았다.(한때 이런 관계가 있었던 것도 사실이었다) 뜬금없이 전화를 걸어서는 앞뒤 설명도 없이 그날 오후에 자기가 보고 있던 텔레비전 프로그램에 대해 설명하는 일도 있었다. 이럴 때마다 Terry는 용기를 내서 전화를 끊어버렸는데, 그러면 엄마는 다시 전화를 걸어서는 엄마를 사랑하지 않는 딸이라며 Terry를 심하게 나무랐다. Terry는 또한 엄마의 집을 청소하고 자신의 가게에서 무제한으로 가져올 수 있는 특별한 음식들을 엄마에게 가져다 드렸지만 엄마는 그것들이 자신에게는 "너무 고급스럽다"면서 대부분 거절했다. Terry가 살아있는 동안에는 늘 사랑받는 존재이기를 원하는 엄마의 희망으로 인해 딸에게는 전혀 무관심했던 엄마와 밀착되어 있느라 자신의 인생 절반의 시간을 보냈다는 것은 자명했다.

사업 상의 부담감 때문에 Terry가 엄마와의 연락을 제한하자 그녀의 엄마는 말도 안 되는 요구들을 하면서 Terry의 한계를 시험하는 반대 전략을 폈다. Terry가 엄마를 데리러 갔을 때 일부러 늦게 나온다거나, 엄마는 쉽게 "길을 잃어 버린다"는 핑계로 Terry로 하여금 동네를 돌아다니면서 사소한 심부름을 시킨다거나 하는 것이었다. 이런 것을 견디다 못해 Terry는 엄마에게 알람 시계와 도시의 길이 아주 자세하게 나와 있는 지도를 사주기까지 했다. Terry의 엄마가 이런 것들은 오히려 자신을 더욱 혼란시킨다며 둘 모두를 버렸다는 사실은 그다지 놀랍지도 않다.

Terry의 엄마는 성인의 신체를 가지고 있지만 발달되지 않은 성격을 숨기고 있는 사람의 완벽한 예이다. Terry는 자신의 엄마에 대해 말하기를 다른 사람들이 원하는 것에는 전혀 무관심하지만 자신의 삶에 대해서는 딸이 모두 사소하고 세심한 것까지 주의를 기울여 주기를 바라는 5살짜리처럼 행동하는 사람이라고 묘사했다. 그녀의 보채고 어린 아이 같은 행동은 지금은 그 사람이 나이가 들었음에도 불구하고 발달과정에서 충족되지 못했던 지지에 대한 굶주림이 여전히 계속되고 있으며, 어린 시절에 가졌던 만큼의 강력한 정도로 아직도 유지되고 있다는 것을 보여주는 것이다. Terry의 엄마는 마치 어린 아이가 그러는 것처럼 자신에게 모든 주의가 기울여지도록 서서히 조금씩 상황을 만들어갔다. 그러나 이제 70살이 된 노인의 성격이 그러한 한 번의 비중 있는 관심을 통해 다시 발달되기에는 너무 늦었었다. 정상적인 성인이 되어가는 과정으로서 다른 사람의 관심과 집중을 적절하게 사용할 수 없다는 뻔한 현실에도 불구하고 그녀의 발달되지 않은 성격은 여전히 끊임없는 주의와 관심을 갈망했다. 이것은 마치 어떤 사람이 한번 극단의 굶주림을 경험한 후 그 결과로서 끊임없이 과식을 함에도 불구하고 오늘 먹는 많은 양의 음식이 과거의 굶주림의 기억을 지울 수 없는 것과도 같다.

Terry와 그의 엄마는(Harrison과 그의 아버지가 그랬던 것처럼) 모두 같은 유형의 박탈경험으로 고통 받았다. 단 한 가지의 차이점이 있다면 그들의 세대와 관계에 근거하여 다른 역할들을 했다는 점이다. 나이 많고 지극히 자기 중심적인 Terry의 엄마가 자기 자신의 발달과정에서 마땅히 필요로 하는 요구들이 어느 일부분조차도 충족되지 못했고, 그것이 그녀로 하여금 심리적 활성화가 정지된 상태에 머무르게 했다는 점은 쉽게 예측할 수 있다. 그녀 역시도 자신의 어린 시절의 욕구들이 충족되지 못했던 시기를 보상받고자 자기 자신의 엄마로부터의 지지를 일부라도 받고 싶은 희망을 가지고 계속 엄마에게서 떨어지지 못하는 것이었다. 이러한 Terry의 의존성은 그녀의 엄마로 하여금 자신의 이익을 위해 아이와 같은 애착관계를 계속 이용할 수 있게 허용했다. Terry의 엄마에 대한 극단적인 욕구 역시 그녀로 하여금 엄마의 내면에는 다른 사람에게 줄 수 있을 만한 사랑이 전혀 없다는 사실을 보지 못하게 만들었다.

예전부터 자신을 방임했던 부모로부터 잘 분리하지 못하고 오히려 높은 의존도를 보이는 "성인" 환자들을 대할 때 나는 내가 그들에게 제안하는 독립적인 행동들이 불가능하고 잔인하며 혹은 지나치게 도를 넘어서는 것으로 보일 거라는 사실을 잘 안다. 그래서 나는 Terry가 오히려 자신의 엄마에 대하여 어떤 선을 긋는 것이 더 도움이 될 거라는 사실을 알았다. 그녀의 엄마는 Terry의 반쪽 정체성인 것처럼 행동할 것이 뻔했기 때문이었다. 그래서 나는 그녀에게 일주일에 두 번씩 나를 만날 것을 제안했는데, 이것은 Terry가 엄마와 함께 있을 시간을 더욱 제한하는 효과 뿐만 아니라 그녀와 엄마 사이에 존재했던 배타적인 두 사람만의 세계 "속으로" 나를 집어넣을 수도 있게 되었다. 또한, Terry가 나에 대하여 발달시킬 감정적인 애착이 그녀의 엄마에게 위협적인 것으로 인식될 것이라는 점도 알고 있었다.(실제로도 정말 그러했다) 3회 혹은 4회기 상담을 하고 있을 때 자동 응답기로 넘어가게 되어있는 내 전화가 계속해서 울리기 시작했다. Terry는 마시 못 해서 그깃이 자신의 엄미기 상담 시간 중간에 일부러 전화를 걸어서 나와 대화하는 것을 방해한다는 것을 인정했다. 나는 그 즉시 일어나서 전화기 선을 뽑아버렸다. "그러지 마세요!" Terry가 소리 질렀다. "엄마가 선생님을 죽일

거에요!" 나는 잠자코 아무 말도 없이 내 무릎을 내려다보다가 깊게 분노가 깔린 목소리로 말했다. "나는 당신 엄마 같은 사람을 아침밥으로 먹는다구요!" Terry는 두 눈이 휘둥그래진 채로 나를 쳐다보며 자신이 그토록 두려워했던 전지전능한 힘을 가졌다고 여겼던 엄마에 대항하여 나처럼 그렇게 대담해질 수 있는지에 대해 놀라워했다. 잠시 후 겁을 잔뜩 먹은 Terry가 말했다. "아, 그러니까 선생님은 내가 제대로 된 방향으로 갈 수 있도록 시야를 깨끗하게 해주는 힘이 센 사람들 중 한 명과도 같은 거군요, 그렇죠 선생님?" "네. 바로 맞췄어요. 나는 당신의 늙은 엄마가 손톱만큼도 무섭지 않아요." 내가 대꾸했다.

우리의 밝고 유머가 섞인 접근 방식은 그럼에도 불구하고 어른의 몸에 갇혀있는 어린 아이로서의 Terry에 대한 나의 분석에는 어떠한 부정적인 영향을 끼치지 않았고, 그 후 긴 시간 동안 우리는 여러 가지 작은 주제들, 이를 테면(그녀의 친구관계를 넓히는 문제를 비롯하여) 그녀를 겁먹게 하는 것들, 학업을 계속하도록 격려하는 것, 그리고 가장 어렵고 두려웠던 주제, 즉 연애의 세계로 들어가 보는 것 등에 대해 이야기를 나누었다. 그녀의 엄마는 끊임없이 나와 Terry에게 자신이 밀려났다는 사실에 대해 얼마나 분노하고 있는지를 상기시켰다. 자신의 존재를 부각시키기 위해, 또한 Terry가 점점 더 독립심을 키워가는 것에 대한 불만을 보이기 위해, 그녀의 엄마가 나의 1층 사무실 바로 옆에 차를 주차시키고는 상담을 하는 시간 내내 차 엔진을 계속 켜두고 있었던 날도 있었다. 6개월 동안의 상담

후, Terry는 자신의 엄마에게 영업시간 동안 다시는 마음대로 가게에 들어와서 고객에게 훼방을 놓는 일을 다시는 하지 말라고 말했다. Terry의 엄마는 Terry가 얼만큼 발전했는지를 보았고 그래서 어떠한 복수나 원한 없이 그 조건에 순응했다. Terry에 대한 자신의 통제력이 점점 더 줄어들고 있는 것을 스스로도 깨달았기 때문이다. 지난 3년 동안 Terry는 엄마의 끊임없는 방해에 대항하여 그 전투를 점차적으로 승리해 나갔다. 그녀의 인생 처음으로 그녀는 자기 스스로의 힘으로 서서 이제 그녀 인생의 중심 초점이 된 친구 관계의 폭을 넓히는 일에 매진할 수 있을 만큼 보다 건강한 정체성을 발달시킬 수 있었다.

제 2 장

우리의 방어기제는 현실과 어떻게 숨바꼭질 하는가?

- 분열방어
- 상상 속의 실패경험들에 대해 자기 자신을 비난하기
- 책임에 대한 복잡한 문제
- 희망자기의 붕괴

- 제 2 장 -

우리의 방어기제는 현실과
어떻게 숨바꼭질 하는가?

> 향수는 인간의 정신 안쪽 깊은 곳에서 흐른다... 그것은 건전한 불만을 보다 더 쉬운 상황으로, 모든 투명한 순수함 속에 있는 천진난만하고 행복한 아동기의 기억을 위하여 격세적 바램으로 정교하게 바꿔 놓는데, 왜냐하면 그것은 결코 존재하지 않기 때문이다. - Peter Gay -

이번 장에서도 계속해서 아동기의 의존성에 대해 살펴볼 것이다. 우리가 어렸을 때에 얼마나 절박하게 의존적이었는지에 대해 기억하는 것은 불가능하지만 한 가지 상식이 이러한 인간 전반의 현실에 대해 다시금 관심을 가지게 할 것이다. 얼마 전 내가 큰 마트에서 장을 보고 있었다. 어디선가 요란한 울음소리를 들었는데, 이제 막 걸음마를 하기 시작한 아이가 엄마를 찾지 못해서 우는 것이었다.

한 통로를 지나 코너를 돌자마자 그가 보였다. 2~3살 정도로 보이는 엄청난 불안감에 휩싸인 어린 아이가 자신의 그러한 불안한 마음을 목청껏 보여주고 있었다. 몇몇 주변에 있던 어른들이 그 아이를 달래보려고 했지만, 그들은 당연히 그 아이의 엄마가 아니었으므로 오히려 더 크게 울게 만들뿐이었다. 마침내, 난처한 표정의 한 여성이 그보다 조금 더 큰 두 아이들을 데리고 나타나서는 "토-미!"하고 크게 불렀다. 그녀의 목소리는 즉시 효과가 있었다. 주위를 둘러보더니 엄마를 보는 순간 바로 울음을 그쳤다. 그 순간 이 소년의 세상은 완전하고 안전해졌고, 엄마를 향해 그가 낼 수 있는 가장 빠른 속도로 뒤뚱거리며 걸어갔다. 이 큰 매장의 어느 누구도, 아무리 숙련된 돌봄의 기술을 가지고 있다 할지라도, 그에게 있어 가장 중요한 그 엄마를 제외하고는 그 소년을 공황상태에서 구해낼 수 있는 힘을 가지지 못했다. 우리는 각자가 모두가 한때 그 어린 아이처럼 의존적이었다는 사실을 잊고 산다.(나와 내 주변의 친구들을 비롯하여) 아동기 시절 부모에게 방임을 당했거나 학대(abuse) 받은 경험이 있는 사람들은 우리의 정서적인 욕구에 대하여 당한 방임과 거부가 무심코 저질러졌다 하더라도 부모와의 정서적 심리적인 애착관계를 유지할 수 있게 하는 기술들을 발견해야만 했을 것이다.

방임과 학대는 서로 다르지만 눌 다 우리의 발달을 지연시킨다는 점에서는 가깝게 연관된 요소들이다. 방임하는 것은 단독적으로 행해질 수도 있고, 아니면 학대의 부산물로서 나타나기도 한다. 한 아이가 학대를 받을 때 그는 발달과정을 방해하는 두 가지의 사건으로부터 동시에 고통을 당한다. George와 그의 엄마 사이의 가족 간 역동의 사례를 다시 생각해보면, George와 그의 여동생이 억지로 저녁을 먹도록 강요받는 동안(학대), 그들은 동시에 그들이 마땅히 저녁 식사시간에 받을 것으로 기대한 부모의 지지와 감정적인 양육을 박탈당하는(방임) 경험 역시 하고 있는 것이다. 저녁 식탁에서 George가 자신의 상처받은 자기를 나타내며 순종하지 않았을 때, George는 분노와 수치심을 느끼기도 했지만 동시에 엄마와의 유대관계가 깨진 것에서 비롯된 엄청난 외로움을 느끼기도 한 것이다. 그 순간 갑자기 이 우주 전체에서 그가 안전하고, 안정적이고, 언제나 원하는, 그렇게 의존할 수 있는 그 사람을 잃어버린 것이다. 그는 매우 중요하면서도 풀리지 않는 갈등에 직면했던 것이다. 일상생활에서 안전하고 안정적인 느낌을 받기 위해서는 엄마와의 친밀한 관계가 필요하지만, 매일 저녁마다 그의 엄마는 식탁에서 그에게 엄청난 수치심을 느끼게 하는 것이었다. 그가 느낀 강렬한 분노와 그가 자신의 엄마를 어린 시절의 불확실성의 바다 한가운데서 지지할 수 있는 닻과 같은 존재로 여기는 것이 서로 양립할 수 없었기 때문에 그는 그에게 안정감을 주는 존재로서의 엄마를 매일 저녁 시간마다 잃어버릴 수밖에 없었다.

그 저녁 식탁에서 George는 방임 당했고 동시에 학대를 받기도 했다. George보다는 그래도 나은 돌봄을 받는 아이들도 있겠지만 방임당하는 경험은 언제나 계속해서 누구에게나 일어난다. 방임당하는 경험이 학대 당한 경험에서 받는 상처보다 덜 심한 것처럼 들릴 수도 있지만 언제나 그런 것은 아니다. 자녀들은 자신들이 방임당하는 경험을 중립적인 사건으로 경험하지 않는다. 오히려 방임당하는 경험이 정서적으로 자신이 필요로 하는 부모에 대해 강렬한 갈망과 욕구를 만들어낸다. 이는 앞으로의 그들의 성격발달에 엄청난 결과를 가져온다. 자녀를 방임하는 것은 자녀를 굶게 하고 있는 것과 마찬가지이다. 어린 아이가 먹을 것 없이 지내는 시간이 길어질수록 그는 자신의 배고픔에 점점 더 집중하게 되고, 점점 더 그 욕구를 환상을 통해 충족시키려고 한다. 자녀를 방임한 바로 그 보호자의 존재는 배고파하는 아이에게 유리벽으로 둘러싸인 뷔페를 보여주는 것과 마찬가지인 것이다. 그 음식들이 아이가 자제심을 잃기에 충분할 만큼 안달 나게 만드는 것처럼 자녀에게 제대로 된 돌봄을 주지 않은 그 부모의 존재도 절박하게 그의 지지와 돌봄을 필요로 하는 아이에게는 같은 결과를 가져온다.

짜임새 없는 가정에서 자란 아이들이 그들의 부모를 바꿀 수는 없다. 그들이 할 수 있는 유일한 일은 그들이 어쩔 수 없이 살도록 주어진 그 현실 가운데에서 지나치게 걱정하면서 살지 않도록 스스로 심리적인 방어기제를 발달시키는 것뿐이다. 방임당하고 학대당한 다른 아이들을 포함하여, George 역시 자신의 엄마를 마음 속에서나마 사랑이 풍부한 엄마로서 다시 생각할 수 있을 심리적인 방법을 찾아야만 했다. 그 해결책 가운데 하나가 어렸을 때의 방임당한 최악의 기억들을 자신의 상처받은 자기 안에 고립시키고 무의식으로 억압하는 것이다. 이 과정은 그 관계의 파괴적인 분노와 상처를 없애준다.

거의 어떠한 지지도 제공하고 있지 못하는 가정의 현실 가운데에서 아이가 다시 희망을 회복시키는 것이 두 번째 과정이다. 이 두 번째 방어기제는 부분적으로나마 자신의 엄마(혹은 아버지)가 미래의 언젠가는 나아질 것이라는 망상을 만들어냄으로써 자녀로 하여금 자신의 부모를 완전히 버리지는 않도록 한다. 이처럼 편안함을 주는 망상은 상처받은 자기의 무의식적인 측면을 유지시키는 평형추와 같은 역할을 하게 되고, 이것은 모든 방임당하고 제대로 된 돌봄을 받지 못한 아이들이 심한 우울증과 심각한 심리적 붕괴까지는 경험하지 않도록 붙잡아 주는 것으로 작용한다. 동일한 방어기제의 이러한 두 번째 부분은 "희망자기(hopeful self)"라고 불린다. George가 창조해 낸 희망자기는 그의 엄마가 자율적이고 싶은 자신의 욕구를 미래의 언젠가는 지지해 줄 것이고 자기에게 더 큰 사랑을 보여줄 좋은 부모라는 헛된 믿음이었다. 그는 매우 드문 경우이기는 했지만 실제로 정말 경험했던 엄마의 지지에 대한 기억을 바탕으로, 즉 그가 하키 선수로서 좋은 성적을 거둘 때 엄마의 지지가 있었던 것을 기억하고 그것을 극대화하고 과장해서 그 망상을 창조해냈다. 감정적인 지지에 대한 모든 아이들의 끊임없는 욕구는 그들로 하여금 미래에 대한 희망을 잃어버리지 못하게 하고 그들의 충족되지 못한 발달적 욕구들은 그들의 부모가 실제보다 훨씬 더 좋은 사람들이라는 정교하면서도 강력한 망상을 창조하는데 큰 동기가 된다. 희망자기는 상처받은 자기 속에(대부분 무의식적으로) 꼭꼭 담고 있는 것보다는 엄마의 "현실"을 바라보는 관점이 덜 심각하다는 점에서 대안이 될 수도 있다. 모든 아이들이 창조하는 환상은 자신들의 부모가 사랑할 수 있는 잠재력을 가지고 있다는 것, 그래서 그것이 그들이 스스로를 사랑할 수 있게 할 것이라는 내용을 가진다. 상처받은 자기가 대개의 경우 부모들이나 다른 권위를 가진 어른들이 자신을 거부했던 측면을 파괴하는 데 온 힘을 쏟는 것에 반해, 희망자기는 이러한 괴롭고 질투로 가득찬 상처받은 자기를 구원할 수 있는 치료약과 같은 역할을 한다.

엄마 혹은 아버지에 대한 희망자기의 잘못된 해석은 상처받은 자기와 짝을 이루는 상호적인 "파트너"로서 아동기의 근본적인 방어기제의 양 축으로서 함께 작동된다. 희망자기는 부모로부터의 사랑이나 지지에 대한 실제적인 희망을 통해(거의 없는 것이나 마찬가지인 희망이지만) 아동이 자신의 참을 수 없는 현실에 대항하여 저항할 수 있도록 도와주는 반면, 상처받은 자기는 고통과 절망의 기억들을 무의식 속으로 꼭꼭 숨겨두는 역할을 한다.

잘 알려진 사람 가운데 희망자기를 발달시킨 탁월한 사례를 Doris Kearns Goodwin이 쓴 Eleanor Roosevelt(역자 주 : 미국 제 32대 대통령 Franklin D. Roosevelt의 부인)의 자서전, "일상적이지 않은 시간(No ordinary time)"에서 찾을 수 있다. 엘레노어(Eleanor)가 겪은 전형적인 부모역할의 실패의 사례를 보면, 어느 날 그녀와 -매력적이지만 알코올중독자였던- 그녀의 아버지가 세 마리의 개와 함께 뉴욕시를 산책하던 중 Knickerbocker club 앞을 지날 때였다. 그녀의 아버지는 몇 분 후에 바로 나오겠다고 말하고는 클럽 안으로 들어갔다. Eleanor는 세 마리의 개와 함께 무려 다섯 시간 동안이나 미성숙하고 자기중심적이었지만 분명 그 말은 진심이었을 아버지를 기다렸다. 마침내 아버지가 다시 나타났을 땐 이미 너무 심하게 취해 있어서 다른 사람들이 그를 집까지 데리고 가야만 했다. 아버지가 술에 취해 있지 않을 때는 그녀를 무척 사랑했지만 술에 취하기만 하면 그는 잔인하게 그녀를 실망시켰다. 이처럼 극단적인 반대의 경험들이 그녀의 희망자기 속에 자신은 사랑받고 있다는 환상을 쌓았고, 이와 동시에 그녀의 상처받은 자기는 반복되는 강렬한 실망감의 기억들을 계속 모으고 있었다. Eleanor는 자신의 억압된 상처받은 자기 속에 아버지가 한 부모역할의 실패 기억들을 숨겼던 반면, 아버지의 그럴 듯하고 무한한 사랑의 약속의 기억들은 자신의 희망자기 안에 자각하며 기억하는 것이었다.

그녀의 엄마는 거의 완벽하게 그녀를 거부하는 사람이었기 때문에 아버지와 그녀의 관계가 절대적으로 중요했고 그러므로 기억되어야만 했다. 사실, Eleanor의 아름다운 엄마는 어린 Eleanor의 똑똑함에 패배당하는 것처럼 느꼈고 그래서 그녀를 "할머니(granny)"라는 별명으로 부르며 그녀에게 수치감을 주었다. Eleanor가 7살이 되었을 때 아버지는 알코올중독을 치료하기 위해 요양소로 떠나서 살게 되었고 그녀는 자신을 사랑하는 아버지에 대한 욕구를 아버지가 자신에게 쓴 편지에 기초한 희망자기를 만들어서 충족시켰다.

Eleanor의 8살 생일 날, 그녀는 아빙든(Abingdon : 아버지가 입원해 있는 요양소가 있던 도시)에서 사랑이 넘치는 긴 편지를 받았다. "나의 소중한 딸에게. 아버지가 너를 사랑하지 않기 때문에 네 옆에 함께 있지 않는 것이 아니야. 진심으로 온 맘으로 사랑한다. 아버지가 곧 나아서 건강한 모습으로 돌아가면 예전에 그랬던 것처럼 함께 즐거운 시간을 보내자꾸나." (93-94)

오직 그녀에 대한 사랑으로만 가득 찬 이 편지들을 너무 사랑한 나머지 그녀는 잠자기 전에 편지에 뽀뽀를 하고 잘 정도였다고 훗날 Eleanor는 고백했다.

다행히, Eleanor가 세 번의 큰 상실경험을 하게 되면서 그녀는 잘 발달된 강력한 방어기제를 가지게 되었다. 그녀의 8번째 생일이 지난 지 한 달 만에 그녀에게 유일하게 접근 가능했던 보호자인 엄마가 죽었다. 아버지가 알코올 중독 치료를 위해 요양소에 남아있는 동안 그녀는 할머니에게로 보내져서 그곳에서 살게 되었다. 그 다음 해, 네 살 된 남동생이 죽었고, 얼마 지나지 않아 그녀가 너무 사랑하던 아버지마저 돌아가셨다.

Eleanor는 이렇게 회상했다. "고모가 나에게 그 말씀을 해주셨지만, 나는 정말이지 믿고 싶지 않았어. 한참 울다가 잠이 들었는데, 그 다음날 예전과 다를 바 없는 내 꿈속의 세상에서 깨어난거야. 그 때부터 나는 오히려 아버지와 더욱 가깝게, 아마 아버지가 살아 계실 때보다 훨씬 더 가깝게 지낸거야." (95)

Eleanor는 태어나면서부터 감정적으로 버림받는 연속적인 심리적 외상의 경험들을 해야만 했고 그래서 그녀는 강력한 방어기제들을 발달시켜서 자기 자신을 심리적 붕괴로부터 지켜야만 했다. 그녀와 아버지의 애착관계는 엄마와의 관계보다 훨씬 더 강력한 것이었는데, 이는 아버지의 삶보다도 더 큰 약속들이 그녀의 희망자기가 계속해서 살 수 있도록 해 주었기 때문임과 동시에 그녀의 엄마는 그녀가 희망자기의 환상을 만들어낼 만한 사랑의 기억들을 거의 준 적이 없기 때문이었다. 그녀는 엄마의 죽음에 대해서는 매우 초연했는데 왜냐하면 그 당시 그녀의 모든 애착욕구는 곧 치료를 끝내고 집으로 돌아올 것이라고 믿었던 아버지에게만 집중되어 있었기 때문이었다. 아버지가 죽고 난 이후에도 그녀의 희망자기는 심리적인 안정성을 계속 유지할 수 있었다. 이것은 그녀의 어린 시절 사랑에 대한 환상으로 가득 찬 꿈의 세상에 그녀 자신을 몰아넣었기에 가능했다.

역기능적인 가족에서 자란 아이들은 그 집이 가난하든 부자이든 상관없이 자신들의 성격 전반이 무너지는 것을 막기 위한 방어기제로서 희망자기에 의존한다. 내가 최근에 만났던 매우 똑똑했던 30살의 한 여성은 매번의 심리치료 회기 때마다 자신의 아버지가 10살 생일 때 주었다는 천사 모양의 작은 도자기 장식품을 가지고 왔다. 그녀가 아버지의 사랑을 나타내는 강력한 상징물을 소중히 여기는 것은 분명했다. 그것은 그녀가 아버지에게서 받은 유일한 선물이었고 이것을 주춧돌로 삼아 그녀는 자신의 희망자기를 만들었다. 그녀는 내가 만지는 것조차 허락하지 않았는데, 자신의 귀하디 귀한 유품을 행여라도 망가뜨릴까 두려워서였다. 그녀는 자신이 식탁에 놓여 있던 이 선물을 발견했던 날의 아침을 묘사하면서 울기 시작했다. 그녀의 아버지가 선물을 통해 자신에게 의미하는 바는 굉장히 중요한 것이었다. 왜냐하면 그녀의 엄마는 신체적 물리적으로 자신을 학대했고 마치 자신이 엄마보다 낮은 계급의 사람인 것처럼 대했기 때문이었다.

그러나 심리치료 세션을 몇 달 진행한 후, 나는 그녀가 털어놓은 자신의 아버지에 대한 또 다른 고통스러운 현실이 있다는 것을 알게 되었다. 그녀는 나에게 그 작은 천사를 보여줄 때면 언제나 나라는 존재는 무서울 만큼 무시되었다. 아버지에 대해 그녀가 결코 가질 수 없었던 현실은 그녀의 상처받은 자기 속에 억압되었고, 이것은 희망자기가 그녀를 지배했던 상담 회기 동안에는 완벽하게 감추어졌다. 아버지에 대한 또 다른 현실이란 그녀의 아버지가 그녀가 어린 아이였을 때에는 철저하게 무시하였다는 점, 더 끔찍한 것은 그녀가 성적으로 매력 있는 젊은 여성이 된 그 순간부터 아버지의 행동이 갑작스럽게 친절하게 변했다는 점이었다. 엄마가 친구들과의 모임이 있어서 나가면 그의 아버지는 그녀에게 자신의 성적인 욕구를 드러내놓고 보였다. 그녀는 이러한 갑작스러운 변화가 당연히 너무 무서웠고 그때부터 그녀는 가능한 한 아버지를 피하기 시작했다. 그녀가 10대 소녀가 되었을 때 그녀의 반항적인 상처받은 자기가 드러났고 남자친구의 아이를 임신하게 되었다. 그녀의 임신 사실을 안 아버지는 그녀를 집에서 내쫓고 방 한 칸을 마련해서 살게 했는데 왜냐하면 그녀가 "가족의 이름"에 먹칠을 했다는 이유였다. 이 이기적인 남자에게 자기 딸의 안녕은 본인 자신의 성적인 욕구 혹은 친척들과 이웃들의 의견보다 훨씬 덜 중요한 것이었다. 이러한 고통스럽고 화가 치밀어 오르는 모든 기억들은 그녀가 그 작은 천사를 보여줄 때에는 전혀 나타나지 않았다. 왜냐하면 아버지에 대한 이러한 모든 부정적인 기억들은 그녀의 상처받은 자기의 깊은 무의식 속에 억압된 채 감춰져 있었기 때문이었다. 그녀의 순진하고 낙천적인 희망자기가 그녀의 현실감각을 지배할 때, 이러한 고통스러운 배신의 기억들은 고립되었고 무시되었다.

어른이 되어도 우리를 사랑해주는 부모의 환상에 대한 욕구는 사라지지 않는다. 대부분의 성인들은 그들이 어렸을 때 사랑을 받았었다는 환상을 계속 지니고 있으려 하는데, 이는 가혹했던 어린 시절의 현실에 대한 정직한 관점이 그 동안의 슬픔과 분노를 너무 강력하게 휘몰아치게 해서 그들의 삶이 심각할 정도로 파괴될 수도 있기 때문이다. 내 환자의 희망자기가 가졌던 환상은 그녀의 상처받은 자기 속에 숨겨져 있던 기억들에게 끊임없이 도전을 받았다. 이러한 두 개의 반대의 관점은 서로 떨어져 있어야 하는데, 그렇지 않으면 아슬아슬하게 유지하던 평형상태가 무너질 수도 있기 때문이다. Eleanor Roosevelt처럼 나의 환자 역시 자신의 대부분의 애착욕구를 자신의 아버지에게 집중시켰고 자신이 "어른"이 되었다는 사실에도 불구하고 이제는 돌아가신 아버지가 한 때 자신을 사랑했었다는 환상을 잃을 수 있다는 가능성을 견디지 못해 그 환상을 계속 필요로 했다.

30살의 "성인"으로서 현실과 마주하는 것이 힘들다면 이것이 10살짜리 어린 아이에게는 얼마나 말도 안 되게 불가능한 일일지 상상해 보라! 부모의 일상적인 지지는 모든 자녀들이 제대로 기능할 수 있게 하는 능력을 발달시킴에 있어서 필수적이고 그러므로 그들을 계속 성장시키기는 데 필요한 충분한 만큼의 환상들을 창조하는 것이다. 이것이 제대로 사랑받지도 못하고 감정적인 지지도 경험하지 못한 아이들이 그들의 부모에 대해서는 가장 정교하고 비현실적인 환상들을 가지고 있다는 역설적인 관찰의 이유이기도 하다. 이처럼 비현실적으로 극단적인 희망자기를 가짐으로써 자신이 어린 시절 가족 내에서 거의 경험하지 못했던 진짜 사랑이나 지지에 대한 희망을 계속 붙들어두는 것이다. 한 아이가 자신의 희망자기에 의해 통제될 때 그 아이는 자신의 부모가 자기가 힘들어한다는 사실에 전혀 무관심했다는 사실을 믿지 않으려고 할 것이다. 즉, 이 사실은 마치 낙하산을 메고 뛰어내리려는 사람에게 낙하산의 줄이 다 엉켜버리겠지만 그래도 어쨌든 반드시 뛰어내려야만 한다고 말하는 것과 같다. 이것을 알기 때문에 생기는 불안은 단순히 참기에는 너무 심한 것이다.

일단 희밍자기가 생기면 그깃은 이제 성인이 된 젊은이가 자신의 역기능적인 가족으로부터 분리하려고 하는 노력을 파괴시킨다. 나의 다른 책인 "경계선 성격의 치료(The treatment of the borderline personality)"에서 내가 인용했고 이제 또 인용할 사례는 희망자기가 한 개인이 자신의 파괴적인 가족으로부터 분리하려는 노력에 대해 얼마나 파괴적일 수 있는지를 보여줄 것이다.

25살의 젊고 아름다운 팸(Pam)이라는 여성이 자기 가족과의 갈등 때문에 치료를 받으러 왔다. 그녀의 아버지는 매우 성공한 건축업자로서 Pam의 다른 두 남자 형제들은 아버지에게 고용되어서 일하고 있었지만 Pam은 어린 시절에도 그렇고 지금 성년이 된 후에도 아버지에게 완벽하게 무시당하고 있었다. 우리의 치료과정의 일부로서 Pam이 그녀의 행복하지 못한 가족으로부터 떠날 수 있을 만큼의 충분한 용기를 가질 수 있도록 몇 달에 걸쳐서 치료를 진행했고 비서로서 일하면서 봉급의 일부를 저축하여 독립해서 살 아파트 월세를 지불할 수 있을 만큼의 돈도 모았다. 막상 그녀가 집을 나오려는 순간, 그의 아버지는 제발 집을 나가지 말아달라며 그녀에게 사정을 했다. Pam은 아버지의 그런 행동이 너무 혼란스러웠고 고민이 됐는데 왜냐하면 그녀가 집에 사는 동안 아버지는 자신에게는 철저하게 무관심했었기 때문이었다. 그녀의 상처받은 자기(즉, 더 이상은 억압되어 있지 않고 우리 치료에서의 주요한 주제로 다루어졌던)는 딸로서 자신이 마땅히 원하고 바랬던 욕구들에 대해 아버지가 어떻게 거절했었는지에 대해 너무나 잘 기억하고 있었다. 그의 그러한 놀라운 행동의 변화는 그녀가 지금까지 가져왔던 관점과는 전혀 맞지 않는 것이었다. 그는 그녀에게 부탁을 하는 것도 모자라 전혀 그의 아버지와는 어울리지 않게 "사랑하는 내 딸에게"라고 시작하는 카드까지 보내서 그녀에 대한 자신의 아버지로서의 깊은 사랑을 확인시켜 주었다. Pam과 그녀의 엄마는 아버지와 두 남자 형제에게 거의 하인처럼 취급됐었기 때문에 이 상황은 충분히 당황스러웠다. 그들은 늘 모든 집안일을 해야 했고, 매일 저녁은 물론 그 다음 날의 점심까지도 준비해서 싸주어야만 했다. 심지어 그의 아버지는 다른 두 남자 형제와 함께 대화하는 경우에만 겨우 Pam과도 이야기할 뿐 그렇지 않으면 Pam에게는 전혀 눈길조차 한번 주지 않는다는 것을 깨달았다. Pam의 엄마는 이처럼 자신에게 무심하고 철저히 무시하는 남편에 대한 자신의 문제를 거의 매일 밤 술에 쩔어서 쓰러지고 마는 자기 파괴적인 방법으로 해결했다. Pam이 암묵적으로 해야만 했던 집안일들 중에는 술에 취해 혼수상태에 빠진 엄마를 위층으로 모셔다가 침대에 눕히는 일도 있었다.

우리의 치료에도 불구하고, Pam의 어린 시절의 충족되지 못한 욕구들은 희망자기를 창조해냈고, 이것은 그의 아버지가 교묘하게 계획한 카드와 전화에 조종되고 말았다. 그녀의 아버지가 카드에서 보여주었던 약속된 사랑을 거부할 만한 능력이 그녀에게는 없었고 이전에 그녀를 지배했던 상처받은 자기의 아버지에 대한 관점은 억압되어서 어린 시절에 경험했던 아버지로부터의 거부의 기억들은 자각할 수 없게 되고, 그 관점은 이제 희망자기의 관점으로 대체되었다. 예상했던 대로, 새 아파트에서 혼자 살기 시작한 지 한 날 만에(비록 사랑을 경험했던 건 아니었지만), 익숙했던 가족들이 곁에 없어서 느끼는 외로움이 아버지가 약속했던 사랑과 겹쳐져서 그녀로 하여금 다시 원래의 집으로 돌아가도록 부추겼다 그녀의 마음을 되돌려놓기 위해 내가 할 수 있는 일은 전혀 없었다. 엄마는 과장스럽게 기뻐했고 아버지 역시 예전보다 훨씬 더 Pam에게 가까워진 것 같았다. 그녀는 자신이 문제라고 여겼던 가족과의 관계가 모두 해결된 것으로 생각하고 나와의 치료를 종료하였다. 약 두 달 후, 그녀는 아버지가 더 이상은 자신에게 전혀 주의를 기울이지 않고 그녀의 엄마는 그 전보다 훨씬 더 큰 부담이 되었다고 말하며 다시 왔다. 약 몇 주 전만해도 굉장히 강한 것 같았던 Pam의 희망자기는 자신의 가족 내에서의 역할이 하녀와도 같다는 것을 깨닫게 되자 그러한 절망적인 거부의 현실을 참아낼 수 없었다. 시간이 지나면서 희망자기는 도망갔고 다시 상처받은 자기로 채워졌다. 다시 상처받은 자기가 그녀의 현실을 지배할 수 있게 되자 그녀는 자신의 아버지가 어린 시절 자신에게 얼마나 무관심했는지를 기억해낼 수 있었다. 나의 지지와 격려 가운데, 그녀는 다시 또 다른 집을 구해서 살 수 있을 비용을 모으기 시작했고, 두 번째로 집에서 독립하였다. 나는 Pam에게 그녀의 아버지가 다시 집으로 돌아오라고 애걸할 것이라고 말해줌으로써 그녀를 아버지의 예상할 수 있는 조종에 준비시켰다. 집에서 나온 지 일주일 만에 그녀는 아버지로부터 다시 꽃다발과 카드를 받았다. 카드를 받고 난 후, 희망자기와 상처받은 자기의 싸움은 다시 시작되었고, 나의 최선의 노력에도 불구하고 자신의 욕구를 원천으로 하는 그녀의 희망자기에 나는 다시 한 번 지고 말았다. 그녀는 자신의 아버지를 잠재적으로 자신에 대한 사랑으로 가득 차 있는 사람으로 보았고 이와 동시에 그를 이용하고 조종하는 사람으로서의 아버지에 대한 그녀의 보다 정확한 관점은 다시 한 번 상처받은 자기의 무의식 속으로 억압되었다. 살고 있던 아파트를 포기하고 다시 집으로 돌아갔고 이 패턴은 다시 시작되었다.

Pam의 사례는 희망자기의 극단적이고 비현실적인 결정들이 얼마나 지배적일 수 있는지를 잘 보여준다. 어린 시절의 충족되지 못한 욕구들은 Pam이 상처받은 자기에 의해 통제될 때는 잘 드러나지 않지만 억압되어 있던 희망자기가 힘차게 나타날 때 그녀는 아버지가 보여주는 사랑의 약속이라는 유혹에 대면하게 되는 것이다. Pam의 잘못된 선택은 현실이 아닌 그녀의 환상과 욕구에 근거했다. 자기 자신이 만들어낸 환상에 너무 도취하여 빠져나올 수 없었던 것이다.

Pam의 아버지에 대한 애착을 설명하기 위해 많은 독자들이 "중독"이라는 용어를 사용했다. 그녀의 희망자기는 마약과 같이 작용해서 그녀가 아버지의 무관심이라는 현실 −오직 상담 회기 동안에만 겨우 알아차릴 수 있는 그 무관심− 을 보지 못하게 했다. "중독"이라는 용어는 사실 이것이 단순한 관찰에 불과한 경우라면 그 상황을 설명하기에는 피상적이고 남용되는 용어이다. Pam을(자신의 아버지에게) "중독된" 사람이라고 묘사하는 것은 기저에 흐르는 그녀의 심리학적인 역동에 대해서는 우리에게 아무 것도 말해주지 못하고, 그녀의 희망지기의 존재에 대해서뿐만 아니라 이와 같이 자기 파괴적인 방어기제를 사용하도록 부추기는 그녀의 발달단계에서의 충족되지 못한 욕구들에 대해서 역시 아무 것도 설명하지 못한다. 또한 이 용어는 이처럼 너무 이상하고 자기 패배적인 애착을 불러일으키는 과정을 이해하는 데에 아무런 도움이 되지 못하며, 우리가 단순히 피상적인 관찰의 결과를 묘사할 때마저도 우리가 이에 대해 어떤 설명을 하고 있는 것이라는 잘못된 인상을 줄 수도 있다.

🔲 분열방어

 희망자기와 상처받은 자기가 동일한 사람 안에 함께 존재하기는 하지만, 서로에 대해 자각하지 못하게 하는 복잡한 방어기제를 "분열방어(splitting defence)" 혹은 줄여서 "분열(splitting)"이라고 한다. 이것은 어린 아이(그리고 나중에는 어른까지)로 하여금 다른 사람을 볼 때 단 두 개의 반대되는 고립된 관점을 통에서만 보게 한다. 분열방어를 사용하는 사람들은 그들의 부모(혹은 의미 있는 다른 사람)에 대한 관점이, 즉 희망자기의 관점에서 상처받은 자기의 관점(혹은 반대로도)으로, 단 몇 초만에 갑자기 바뀌기도 한다. 의존적이고 정서적인 굶주림에 시달인 아이는 자신의 박탈경험을 심리적으로 분리하려고 애쓰지만, 동시에 엄마(혹은 아버지)라는 한 사람을 두 명의 전혀 다른 분리된 사람, 즉 화를 불러일으키며 자신을 거부하는 모습의 사람과 정서적으로 갈망하는 자신을 사랑하는 모습을 가진 사람으로 보려고 한다. 이러한 분열방어는 그들의 마음 속에서 한 사람에 대한 두 개의 반대의 관점이 계속 유지되도록 사용된다. 나의 환자였던 Pam이나 어린 Eleanor Roosevelt 두 사람 모두에게 있어서 자신들의 상처받은 자기 속의 방임 받았던 기억들은 그들의 희망자기 속의 비현실적인 환상을 대면하게 할 수 없었다. 만약 그들의 상처받은 자기 속의 아버지에 대한 기억들이 희망자기의 전혀 반대의 환상과 만나서 대면했다면, 상처받은 자기의 기억들은 그들이 창조했던 아버지에 대한 "달콤한" 환상을 압도하고 파괴했을 것이다. 상처받은 자기의 기억들은 "진짜" 기억들로서 실제로 일어났던 사건들이 상처받은 자기 속에 기억되어 있는 반면, 희망자기의 환상들은 자신이 바라는 희망과 꿈에 근거하여 만들어진 환상에 불과하다. 분열방어는 이 두 개의 반대되는 자기가 서로 만나지 못하게 함으로써 희망자기의 비현실적인 낙관주의가 상처받은 자기에 의해 파괴되지 않도록 보호하는 것이다. Pam의 사례에서 보면, 그녀의 상처받은 자기는 아버지가 계속 자신을 무시해왔고 하인처럼 자신을 이용하려고 했으며 진정으로 자신을 돌보는 데에는 무관심했다는 사실을 알고 있었다. 만약 이러한 현실이 그녀의 희망자기와 억지로라도 만나게 됐었다면 상처받은 자기의 기억들은 희망자기의 환상들을 모두 파괴했을 것이다. 일단 이러한 현실이 드러나면 Pam은 유기공황, 즉 슈퍼마켓에서 엄마를 잃어버린 아이가 경험하는 것과 같은 굉장한 공포감에 빗댈 수 있는 상황으로 빠져들었을지도 모른다.

분열방어(splitting defence)는 "분열성격(split personality)"이나

"다중성격(multiple personality)"과는 다른 것이다. 분열성격이라는 개념은 자신들의 감정을 자신들의 언어에서 "분리시킨" 정신분열증 환자(schizophrenic patient)들에 대한 초기 연구에서 비롯된 것이다. 정신분열증 환자가 슬픈 이야기를 하면서 낄낄 웃는 것이 그 예이다. 이 개념은 소설이나 영화에서 종종 나오기는 하지만 정신건강의 영역에서는 이제 거의 찾아보기 힘들게 되었다. 다중인격은 매우 드문 심각한 성격장애의 하나로서 어린 시절의 심각한 학대의 결과 나타나는 경우가 대부분이다. 여러 다른 감정들을 참아내기 위해 어린 아이가 여러 분리된 자기들(selves)을 만들 수밖에 없는 것이다. 이렇게 발달된 각각의 하위성격들은 모두 서로 다르고 서로에 대해 그 존재의 여부조차 모르는 경우도 많다. 하지만 발달된 각각의 하위성격은 하나 하나 기능적이며 상대적으로 완벽한 성격이다. 다중성격장애를 가진 환자는 어느 날 아침 전혀 모르는 이상한 장소에서 잠을 깰 수도 있고, 자신이 모르는 이상한 옷(자신의 다른 성격에게 "속한")을 입고 있을 수도 있지만, 무슨 일이 있었는지는 모른다. 이처럼 매우 드문 다중성격장애와 달리 분열방어는 매우 일반적이고 또한 하나의 자기가 동일한 성격을 가지는 것으로서, 다른 사람을 바라보는 현재의 관점에만 그 차이가 있을 뿐이다. 희망자기의 부모에 대한 관점은 장미 빛이고 비현실적인 반면, 상처받은 자기의 관점은 고통으로 가득 차서 부정적이다.

분열방어는 새로운 방식으로 생각하거나 느끼는 것이 아니라 성숙하지 못한 감정의 유아기적인 형태가 나타나는 것이라 말할 수 있다.

우리는 모두 3~4세의 어린 아이가 "엄마, 사랑해요"라고 말하다가 갑자기 마음을 바꿔서 "엄마, 미워"라고 말하는 식의 감정적인 변화에 대해 익숙하다. 이러한 감정의 급격한 동요는 매우 어린 아이들에게서 나타나는데, 이는 그들이 엄마에 대해 좌절스러운 경험을 한 그 상황에 이전의 자기를 사랑해주는 엄마로서의 이미지를 기억할 능력이 없기 때문이다. 그러므로, 어떤 좌절경험을 했을 때 지금 그 상황에만 온전히 몰입해 있는 어린 아이는 약 2분 전 너무 잘 반응해주는 사랑하는 엄마에 대한 사건은 전혀 기억할 수 없는 것이다. 이 아이의 감정은 사랑과 분노 사이를 몇 초만에라도 왔다 갔다 한다. 이처럼 미성숙한 감정의 방식은 사랑받은 경험이 없는 아이들의 평생의 삶에 걸쳐 남아있게 되는데, 그들의 상처받은 자기가 보유하고 있는 산처럼 많은 고통스러운 기억들이 그들이 필요로 했던 부모와의 애착관계를 파괴하기 때문이다. 그러므로 분리의 목적은 어린이 혹은 심리적인 붕괴를 경험하여 어린 시절의 욕구가 제대로 충족되지 못한 어른을 어린 시절 그가 정말로 제대로 사랑받지도 돌봄을 받지도 못했다는 현실세계로부터 숨겨주는 데 있다. 화목한 가정에 대한 환상이 지속되는 한, 그 사람은 그의 현실의 삶 속에서 기능 할 수 있을 것이다.

이러한 방어는("도움을 주는" 치료자의 해석까지 포함하여) 다른 사람들의 압력에 저항한다. 예를 들어, 만약 내가 나의 환자에게 계속해서 그녀의 아버지가 그녀에게 성적인 목적을 가지고 접근했다는(지금은 억압되어 있는) 사실을 상기시킨다면, 현재 희망자기의 통제를 받고 있는 나의 환자는(진심으로) 상처받고 내가 자기를 전혀 이해하지 못한다고 느낄 것이다. 이렇게 되면 나는 나의 시간을 낭비하는 것임과 동시에 나의 환자를 밀어내는 것이다. 그녀의 아버지가 그녀를 성적으로 유혹하려고 했다는 "현실"은 분열방어에 의해 철저하게 억압되어 있어서 그녀는 어떠한 경우에도 그 기억에 도달할 수 없다. 현재 그녀를 지배하고 있는 희망자기를 통해서만 그녀가 자신의 아버지에 대해 창조해 놓은 자신을 사랑하는 아버지라는 환상에 접근할 수 있을 뿐이다. 그녀에게는 오직 이것만이 "진실"인 것이다.

그러나 이러한 방어를 사용하는 사람은 큰 대가를 치뤄야 한다. Pam의 사례에서 보았듯이, 자신을 사랑하지 않는 가족으로부터 분리하려는 젊은이의 시도를 파괴 당할 수 있다. 둘째, 상처받은 자기에 억압되어 있다가 나타나서 그 사람이 실제로 통제할 수 없게 하는 행동들은 그 사람의 사회적인 명성을 해칠 수도 있다. George의 경우를 보자. 우수한 예비학교 학생이었던 George가 자신의 폭력적인 엄마와의 관계에서 비롯된 고통스러운 기억들로 가득 찬 적의가 그의 상처받은 자기 안에 있기 때문에 권위 있는 대상을 상대로 자기 파괴적인 게임을 하며 심지어 내 사무실에서 이런저런 물건들을 훔치는 사람이 되는 것이다. 우리의 상담 회기 동안, George는 계속해서 자신의 희망자기의 환상을 통해 자신의 어린 시절을 보았고, 그래서 그가 복수를 목적으로 하여 학교의 교수들과 나의 사무실에서 물건을 훔치는 것은 그의 이러한 문제들과는 전혀 상관이 없는 것처럼 보였던 것이다.

지금까지 살펴본 것처럼, 어린 시절 계속된 박탈경험을 한 사람은 그 결과로서 두 개의 분리된 자기들을 발달시키고 함께 발달된 분열기제가 이 둘의 자기들을 서로 분리시켜 놓는 것이다. 분열방어의 결과는 부모역할을 실패한 그 부모에게 끊기 어려운 깊은 충성심으로 나타난다. 그러므로 "나쁜 대상에 대한 애착"이라는 페어베언의 개념은 분열방어의 양쪽 모두에 의해 더욱 힘을 얻는다. "사랑" 혹은 더욱 정확하게는 애착이라는 "욕구-추구(need-driven)"의 측면은 개인마다 그 강도에 있어서 차이는 있지만 희망자기의 영역이다. 부모역할에 실패한 부모에 대한 애착이라는 두 번째 영역은 상처받은 자기의 분노와 복수라는 측면으로 통한다. 사람마다 상처받은 자기는 모두 다르고 독특한데, 그 이유는 어린 시절 방임 당하거나 혹은 학대 받은 각각 다른 경험들이 분노와 절망의 기억들 가운데 모두 다른 강도를 형성하기 때문이다. 상처받은 자기는 어차피 자신에게 엉망으로 했던 부모를 더 나은 누군가로 바꿀 수 없다는 것을 잘 알기 때문에 자신을 방임했던 부모일지라도 포기하고 싶어 하지 않는다. 그 부모를 향한 이러한 감정의 집중은 어른이 되더라도 바뀌지 않는다. 오히려, 상처받은 자기는 처음에는 그러한 부모를 고쳐서 자신을 사랑하는 부모로 바꾸려고 노력한다. 몇 년 동안의 실망을 경험한 후에는 자신들의 희망자기의 환상을 포기하고 그 대신 상처받은 자기의 기억들에 더욱 집중한다. 그들은 부모가 사회적 공공의 장소에서 그 진짜 모습이 탄로나게 되거나 상처받게 될 것을 바라며 그들에게서 떠나지 않고 남아있는 것인데, 이는 자신들의 평생을 바쳐 회사나 정부의 부패를 폭로하는 것을 목표로 삼은 "밀고자(whistle blowers)"에 비교할 수 있을 것이다. 상처받은 자기는 희망자기가 사랑해주는 부모에 대한 환상에서 떠나지 못하고 바라는 만큼이나 자신을 거부했던 부모에게서 떠나지 못한다. 8~9살 난 아이가 박탈경험을 아무리 많이 했더라도 그 가족을 떠나지 못하는 것만큼이나 그들은 자신을 거부했던 부모와 분리되는 것에 관심조차 없다.

 부모역할에 실패한 부모와의 유아기적인 관계를 설명할 때 "사랑(love)"이라는 용어보다는 "애착(attachment)"이라는 용어가 더욱 적절한 것 같다. 이 두 용어는 서로 쉽게 혼동되고, 둘 모두 다른 의미를 부가시켜 핵심적인 주제를 흐릿하게 할만한 위험요소를 가졌다. 우리가 "애착"이라는 용어를 쓸 때, 이는 대개 긍정적인 의미로 쓰인다. 그러나 부모로부터 계속 방임 당했던 아이들이 그들의 발달시기 동안 거의 어떠한 사랑도 받지 못했음에도 불구하고 그들의 부모와의 애착관계에 남아있기도 하는 것이다. 박탈경험이 많음에도 불구하고 정서적인 애착관계에서 벗어나지 못하는 것은 충족되지 않은 발달적 욕구가 아주 많다는 것에서 기인한다. 이때의 애착은 건강한 것이 아니지만, 그럼에도 불구하고 매우 강한, 절박할 정도로 강력한 애착이다. 이미 설명했듯이, 욕구에서 비롯되는 애착은 시간이 지날수록 그 강도가 점점 세지는데, 이는 충족되지 못한 욕구들은 결코 만족하는 법이 없기 때문이다.

🔲 상상 속의 실패경험들에 대해 자기 자신을 비난하기

　페어베언은 분열방어를 넘어서는 보다 복잡한 두 번째의 방어기제에 대해 설명한다. 이 방어는 어린이들에 의해 일상적으로 사용되는 것으로서 "도덕방어(moral defense)"라고 불린다. 간단히 말해, 어린 아이가 상상 속에서 잘못한 경험한 것에 대해 스스로를 비난하고 이러한 상상 속의 실패 경험이 그에 대한 부모의 처벌이나 무관심을 정당화하는 것이다. 이 방어기제는 자신이 거부당한 것에 대한 비난을 직접적으로 그 자신에게 돌림으로써 자녀가 그 부모와의 애착관계에서 벗어나지 못하게 한다. 분열방어의 자동적인 활동과는 달리(잘못되었지만 논리적이기는 한) 도덕방어는 논리에 근거하고 있고 그 자녀는 자신의 삶에서 일어나는 불행한 일들에 대해 의식적으로 이해할 수 있는 시도를 할 수 있는 것이다.

어떻게 7살짜리 어린이가 이처럼 심리학적으로 의미 있는 작업을 할 수 있는 것일까? 사실 매우 간단하다. 그가 해야 하는 것이라고는 부모가 자신을 방임하거나 폭력적으로 행동하는 것을 야기한 자기 자신을 비난하는 것뿐이다. 만약 그녀가 도덕적으로 잘못했다면 그녀의 부모의 행동은 그 잘못에 대한 합리적이고 당연한 반응이 되는 것이다. 즉, 만약 자녀가 자신이 옷을 더럽혀서, 준비를 늦게 해서, 멍청하거나 혹은 건방져서 벌을 받을만하다고 스스로 생각한다면, 그 행동이 실제 현실에서는 결코 용납될 수 없는 것임에도 불구하고 그녀는 부모의 행동에 대한 이유를 스스로 만들어내고 있는 것이다. 이러한 자기 비난은 그 부모를 나쁜 부모로 만들 "기회를 아예 주지 않고," 동시에 부모를 필요로 하는 이 어린 자녀가 그녀 자신이 다시 만들어낸 "좋은" 부모의 곁에 남아 있으면서 부모로 하여금 어떠한 걱정이나 고민도 없이 계속해서 나쁜 부모의 역할 행동을 하는 기회까지 마련해준다.

그 반대의 경우는 불가능하다. 만약 7살 난 어린 아이가 자기 부모의 거절, 학대, 혹은 방임 등이 그들의 무관심이나 아니면 정말 진정한 의도에서 나왔다는 것을 분명하게 이해할 수 있다고 하더라도, 그렇게 되면 그 아이는 그런 것들이 불안해서 그들에게 안정적으로 맺어진 관계에 더 이상 머무를 수 없게 될 것이다. 당신을 해치고 싶어 하거나 당신이 원하는 것에 전혀 무관심한 누군가에게 무기력하게 의존해야 한다는 사실보다 더 공포스러운 일은 없다. 그러므로 모든 자녀들은 계속해서 부모의 방임을 자신들이 잘못했기 때문이라고 스스로를 비난하고 이미 취약해져 있는 스스로의 자기에게 점점 더 큰 비난의 짐을 지우게 되는 것이다.

　도덕방어는 아이가 나이가 들어가면서 나타나기 시작한다. 주로 언어 발달이 끝난 시점과 자신이 말도 안 되게 혼날 수도 있다는 것에 대한 자각이 나타난 후가 그 시기이다. 어떤 7~9살의 어린 아이들도 자신들의 부모가 아주 악한 사람들이거나 자신들의 욕구에 전혀 무관심한 사람들이라는 것을 의식적으로 받아들일 수는 없으므로 그들은 자기 부모의 자신에 대한 거부의 행동들에 대한 변명을 만들어내야만 하는 것이다. 자신들을 사랑하지 않는 부모의 자식들은 다른 어떤 선택도 할 수 없다는 것을 다시 한 번 상기하자 – 새로운 부모들을 찾을 수도 없고, 부모를 강요해서 자신들을 사랑하도록 만들 수도 없는 것이다. 더 나쁜 것은, 박탈경험을 만성적으로 한 아이가 부모로부터 좋은 지지를 받고 자란 아이보다 훨씬 더 나쁜 "자신을 싼 값에 팔아넘기는" 위치에 있게 되는 것인데, 이는 그녀가 자신의 충족되지 않은 발달적 욕구를 위해 엄청나게 크게 울어대며 그것이 충족되기를 바랐음에도 불구하고 그렇게 되지 못한 경험으로 그녀의 정서적 역사가 가득 차있기 때문이다. 이렇게 억눌린 욕구들은 그녀로 하여금 그녀의 부모, 그녀를 망쳐 놓은 바로 그 부모에게 향하여 강렬한 희망을 집중하게 만든다. 반대로, 충분한 지지를 받고 자란 아이는 자신의 과거 성공의 경험에 의지할 수 있다. 그들은 자신의 성격을 발달시킬 수 있는 기반을 스스로 형성하고 스스로 설 수 있게 만든다. 역설적이지만 이는 그녀가 그녀의 부모에게 의존적이지 않기 때문에 가능한 것이다.

도덕방어는 의식적인 방어로서 자녀는 자기 자신의 하나 혹은 그 이상의 도덕적 실패에 대하여 탓하면서도 동시에 자신에 대한 부모의 거절행동들에 대해서는 논리적인 변명들을 만든다. 여기서 다시 한 번 Kathryn Harrison의 통찰을 빌려 어떻게 도덕방어를 통해 부모의 결점들이 최소화되고 무시될 수 있는지에 대해 살펴보자. 다음은 그녀의 소설 "물보다 진한 것(Thicker than water)"의 일부이다.

나 자신에게 큰 소리로 이렇게 말했을지도 모른다. "우리 엄마는 자기 목적을 달성하지 못한 불행한 사람이에요." 아니면 "엄마는 언제나 자신이 발레를 하지 못했다는 것을 후회해요." 좀 더 대담하게 말한다면, "엄마는 나를 사랑했지만, 단지 아이를 가질 준비가 아직 되지 않은 거였어요. 엄마가 나를 사랑하지 않은 게 아니라, 엄마는 단지 어리고 좀 이기적이었을 뿐이에요. 왜냐하면 나라는 존재가 엄마에게 아버지를, 간혹 엄마에게 친절하게 대하지 않았던 그 아버지를 떠올리게 했거든요…"(88)

자신의 부모는 계속해서 "좋게" 만들려고 하면서 자기 자신은 "나쁜" 아이로 보이게 하려고 끊임없이 노력하는 자녀의 모습을 정확하게 보여준다. 이 소설의 인물은 자신의 엄마가 보여주었던 자신에 대한 거부의 행동들에 대해서는 변명거리를 찾고 축소시키면서 엄마가 미워했던 엄마의 남편을 떠오르게 한다는 이유로 자기 자신을 비난

한다. 현실은 전혀 그렇지 않았으면서도 자신은 좋은 엄마를 가졌었다는 점을 계속 강조한다. 만약 그녀가 심리적 변환에서 성공하지 못했다면 그녀는 자신이 철저하게 버려졌다는 느낌과 마주 대해야 했을 것이다. 도덕방어는 부모의 말도 안 되는 행동에 대해서마저 자녀가 계속해서 변명할 수 있게 하는데, 이는 그들과의 환상적인 관계일지라도 그것을 잃어버린다는 것은(만약 진실이 마침내 받아들여진다면) 엄청난 괴로움을 야기할 것이기 때문이다.

다음의 사례는 내가 장기간 상담했던 환자의 경우로서 부모의 학대에 대해 스스로를 비난하는 기제로서 벗어나게 하는데 몇 년의 시간이 걸렸었다.

리차드(Richard)는 중산층의 엔지니어와 교사 사이의 세 아들 중 첫째였다. 그의 가족은 동네의 모든 행사에 적극적으로 참여하고 있었지만 그는 언제나 심한 소외감을 느꼈다. 그의 아버지는 폭력적인 석공의 아들로서 Richard가 하는 거의 모든 것에서 잘못된 점을 찾아냈다. 대부분의 부모와 마찬가지로, 그의 아버지는 자신이 Richard가 더 나은 학생이 되도록 돕는다는 합리화로 가장하고 아들을 잘못된 방식으로 대했다. 사실, 그는 자신의 폭력적인 아버지와의 관계 속에서 참아왔던 것을 그대로 반복하면서, 단지 자신이 어린 시절에 경험했던 아버지의 신체적인 잔인성을 자신은 지적, 정서적 잔인성으로 바꾸어 사용할 뿐이었다. Richard의 아버지는 자신이 얼마나 고통스러운 과거를 가지고 있었는지 그 구체적인 부분은 거의 잊은 것 같았다. 그러나 그의 상처받은 자기는 지금 자신의 어린 시절에 느꼈던 축적된 분노를 풀어낼 한 희생자를 발견한 것이었다. 저녁식사 시간에 아버지는 Richard에게 그 날 학교에서 무엇을 배웠는지 말해보라고 했고 그런 후 아버지는 그 주제에 대해 질문을 하고 아들에게 퀴즈를 냈다. 예를 들면, 만약 그 주제가 세계사였다면, 그의 아버지는 알렉산더 대왕이 그 나라를 몇 년 동안이나 통치했는지를 묻는 것이었다. Richard는 거의 언제나 아버지의 말도 안 되는 적대적인 질문에 당연히 대답하지 못했고, 그러면 그 결과로서 바로 식탁을 떠나서 그 답을 찾을 때까지는 돌아올 수 없었다. 많은 독재적인 성향의 부모가 그러하듯이 그의 아버지도 자신의 학습 "프로그램"에 대해 다른 가족들이 칭찬하고 존경하도록 강요했다. 자연히, 가족의 이러한 반응에 Richard는 혼란을 느꼈고, 그는 자신이 거부당하고 고문당하고 있다고 느꼈다. 그는 아버지의 이러한 방식을 가족들이 용인하는 것에 대한 자신의 분노와 자기 증오의 감정을 해결할 수 없었다. 시간이 지날수록 Richard는 도덕방어를 사용해서 자신과 아버지와의 애착관계를 보호하려 했다. 스스로를 정신적으로 조금 모자란, 그래서 아버지가 주는 심히 부당한 대우도 당연히 받을 만한 존재로 여기기 시작했다. 그는 자신이 사실은 외국인인데 이처럼 수준이 높은 성공적인 가정에 실수로 잘못 보내진 거라고 생각했다. 그는 내서널 지오그래픽 잡지(National Geographic)의 뉴기니(New Guinea)의 원시부족의 사진이 실린 기사를 읽고 이런 결론을 내렸다. 그는 자신이 그곳의 어떤 특정한 부족의 얼굴 형태와 비슷하다고 생각했고, 그러므로 자신이 아버지의 질문들에 대해 대답하기 어려운 이유가 바로 거기에 있다고 결론 내렸다. 태어난 병원에서 바뀌어서 지금 이 곳에 와 있는 것이고, 그러므로 자신이 이렇게 수치감을 느끼는 것도 당연하다고 여긴 것이다.

Richard가 자신의 유전적 요소에 대해 결론내린 것을 말했을 때 그의 도덕방어에 대해 매우 강하게 대면했다. 그는 자신이 병원에서 바뀐 것이 분명하다고 절대적으로 믿고 있었고, 이것은 그가 생각하는 지적인 능력의 제한을 완벽하게 설명해 준다고 생각했다. 이처럼 도덕방어를 정교하고 독창적으로 사용함으로써 그는 자신을 향한 아버지의 잔인하고 폭력적인 면들에 대해 완벽한 변명을 찾은 한편 스스로는 모자라는 사람으로 결론내린 것이었다. 대학 입학시험에서 높은 점수를 받은 것과 같이 자신의 결론과 어긋나는 현실의 결과들에 대해서는 시험을 주관한 회사의 실수로 그렇게 된 것이라며 무시했다. 당연히(본인이 얼마나 폭력적인지에 대해서는 아무런 생각이 없는), 그의 아버지는 Richard가 높은 점수를 받은 것이 자신의 훌륭한 교육 프로그램 덕분이라고 스스로 뿌듯해했다. Richard의 아버지의 상처받은 자기는 거의 통제되지 않은 채 스스로에 대한 가학적인 행동을 하면서 이것을 겉으로는 결코 인정하지 않았고, 그러므로 아버지와 아들 어느 쪽도 아버지가 얼마나 형편없는 방식으로 아들의 자기감(sense of self)을 지배하고 있었는지를 볼 수 없었다.

예상했던 대로, 빈약한 Richard의 발달 이력들은 그의 전체 가족을 뒤 따라다니며 괴롭혔다. 그가 대학에서 첫 학기를 보내는 동안 그는 철저한 정서적 붕괴를 경험했다. 이것은 그가 스스로를 자신의 폭력적인(그러나 아직도 자신이 필요로 하는) 부모와 분리할 만큼의, 혹은 학교의 요구사항들을 대처할 수 있을 만큼 충분한 정체성 혹은 내면의 힘을 가지지 못했기 때문이었다. 그는 첫 학기를 낙제한 채 집으로 돌아와서 수많은 시시콜콜한 직업들을 가졌지만 그의 상처받은 자기는 자신을 향한 비판에 너무 민감했고 심지어 자신의 상사에게까지 거리낌 없이 반항하게 해서 해고되기가 일쑤였다. 이것은 의존적이고 분노가 많은 젊은 남성들에게서 매우 흔하게 보이는 패턴으로서 그들은 자신들의 좌절경험을 발산할 수 있을 만큼 "안전한" 권위 있는 존재를 향해 자신들의 상처받은 자기 속의 엄청난 분노를 직접적으로 표현한다. 고용주나 상사는 부모에 비할 때 훨씬 안전한 사람들일 수밖에 없는 것이, 한번 해고당하고 마는 것과 가족 간의 유대가 깨질 것을 걱정해야 하는 것에는 매우 큰 차이가 있기 때문이다. 더 구체적으로 말하면 Richard는 집에서 독립해서 나갈 것을 요청받은 적이 한 번도 없었는데 이것은 그가 공공시설을 관리하는 회사에서 계기사로 일을 하다가 해고당했기 때문이었다. 그 직업은 가족들이 생각하기에도 Richard의 능력에 비해 훨씬 못 미치는 것이었던 것이다. 이제, Richard의 충족되지 않은 의존에 대한 욕구들과 분노감은 그가 스스로 독립하여 살아가야 할 때를 훨씬 지나서도 여전히 부모로부터 경제적인 도움을 받아도 괜찮다고 생각하게 만들었다. 그는 또 다른 옳지 않은 만족감을 얻곤 했는데, 명망이 높은 부모들이 Richard의 성공에 대해 거짓 이야기들을 만들어 놓았다가 어떤 사회적인 상황에서 실제로 Richard는 가족의 수치라는 것이 드러날 때 그러했다. 나와 함께 상담을 하면서 그가 부모에 대해 가지고 있는 방어적인 애착관계의 중심이 되는 그의 부모는 늘 "선"이어야 한다는 환상에서 벗어나기까지 1년이 걸렸다.

도덕방어는 분열방어와 함께 자녀가 자신들의 정서적 및 발달적 욕구들을 충족시켜주는 데 실패한 부모들에 대하여 그들이 어려서 그리고 후에 성인이 된 후에도 애착관계에서 벗어나지 못하도록 작용한다. 이러한 방어의 가장 불행한 결과는 자녀가 어렸을 때나 훗날 자녀가 성인이 되었을 때 스스로에 대한 자신감을 상실하게 하는 것이다. 도덕방어를 사용하는 많은 자녀들은 스스로를 비난하는 방식에 너무 길들여져서 그들이 마침내 세상 밖으로 나갔을 때에도 그들은 정서적 착취의 대상이 되어버린다.

🗌 책임에 대한 복잡한 문제

 건강하지 못한 애착은 자신의 부모에게 집중되어 남아있거나, 아니면 가족 바깥으로 옮겨가기도 한다. 가족에게 사랑을 받지 못한 아이가 가족으로부터 분리하려고 시도할 때, 그가 자신의 충족되지 못한 희망자기의 욕구는 물론 상처받은 자기의 억압된 분노까지도 새롭게 집중할 수 있는 첫 번째 사람은 낭만적으로 선택한 그의 배우자이다. 청소년기 후반에 나타나는 가장 흔히 들을 수 있는 이야기들 중 하나는 가정에서 방임 받았던 아들 혹은 딸이 무의식적으로 이 두 고립된 자기의 힘에 이끌려 전혀 말도 안 되는 사람을 미래의 배우자 상대로 집에 데려와서는 그 사람과 사랑에 빠졌다고 선언하는 것이다. 부모의 눈에는 전혀 맞지 않는 상대라는 것이 분명한데도 그런 사람을 데려와 결혼하겠다고 하는 아들 혹은 딸을 어떻게 설득해야 하는지 도움을 요청하는 걱정에 빠진 많은 부모들을 만나보았다. 예를 들면, 내가 일하는 분야의 연구자 중 한 사람이 자신의 딸의 문제로 나에게 상담을 요청한 적이 있었다. 그의 딸은 그 당시 지역사회의 대학을 막 졸업한 상태였다. 그녀는 전화기를 파는 회사에서 조수로서 일을 시작했었고, 그 회사의 스타 판매원인 복잡한 사생활과 경력을 가진 남자와 결혼하겠다고 결정했다. 그는 고객들을 귀찮게 졸라서 그들이 신용카드 계좌를 열게 만드는 방법으로 전화기를 사게 만들어서 성공을 거두었다. 이런 일에 매우 좋은 수완을 보였다. 그녀의 미래의 남편이 될 사람은 마약 중독자였었고 과거에 여성을 학대한 경험이 있다는 것도 인정한 사람이어서, 매우 저명하고 성공한 부모로서 딸을 그런 사람과 결혼시키는 것은 말도 안 될 일이었다.

나는 이 가족의 여러 구성원들을 만나보는 것으로부터 시작해서, 결국 이 딸이 무의식적으로 이 남성을 미래의 남편감으로 선택한 이유는 그 남성이 이 딸의 숨겨진 두 개의 자기 속의 모든 강렬한 감정을 그대로 표현할 수 있도록 내버려두는 것이라는 사실을 알게 되었다. 그녀의 어린 시절은 그들을 돌보아주는 사람이 끝도 없이 바뀌는 경험의 연속이었는데, 이 영역에서 전문가로서 요구되는 바쁜 삶을 살아야 하는 아버지와 마찬가지로 그에 비하는 사교 생활로 바쁜 엄마에게 그녀를 돌볼 수 있는 시간을 내는 것은 불가능했기 때문에 그것은 어쩔 수 없는 상황이었다. 내가 그녀를 인터뷰하면서 그의 미래의 남편이 가지는 과거의 그 두 문제에 대해 질문했을 때, 그녀는 나에게 자신의 순수한 희망자기가 보는 그에 대한 관점을 보여주었다. 간단히 말해, 자신은 그 남자의 부정적인 특성들을 주의 깊게 볼 수 없었다는 것이었다. 그러나 시간이 지나면서 우리의 긴밀한 상담으로 그녀는 자신의 상처받은 자기를 드러내는 것을 허용하였고 자신이 어린 시절에 경험했던 지속적인 좌절경험과 끝없는 버려짐의 경험에 대해 분명히 설명했다. 그녀는 또한 그녀가 원래 결혼하기로 했었던 사람은 매우 자기 중심적이고 자신을 완전히 무시하는 경우도 종종 있었다고도 말했다. 나와의 상담에서 그녀의 상처받은 자기가 그녀의 의사 결정과정에서 훨씬 더 영향을 미치고 있는 희망자기 만큼의 동일한 역할을 하도록 강하게 제안했다. 그녀의 상처받은 자기는 자신이 새롭게 만나는 남자가 강력한 반대자가 될 것이라는 사실을(무의식적으로) 알았다. 그는 사랑을 제대로 표현하지 않는, 그녀가 그의 여러 면들을 고치려는 노력을 해볼 수 있는, 그리고 그녀의 상처받은 자기가 자신이 어린 시절부터 가져왔던 옛날의 분노들을 마음껏 퍼부을 수 있도록 지속적인 좌절경험의 근원을 가진 사람이었던 것이다. 쉽게 말해 그녀의 상처받은 자기는 이 젊은 남성이 자기 부모들만큼이나 불가능한 약속을 하는 사람이라는 것을 알아챘던 것이다. 그는 또한, 그녀가 어린 시절에는 계속 방임하다가 이제 와서 관심을 기울이는 자신의 부모가 보여주었던 자신에 대한 거절의 요소들에 대해 복수할 수 있는 하나의 눈에 보이는 매개체로도 매우 적당했다. 그녀의 부모가 그 남성에 대해 직접적으로 비닌했을 때 그녀는 일빙직으로 그를 지지했고, 그럴수록 더욱 그와 강한 유대를 형성함으로써 결국 부모가 한때 그녀에게 일방적으로 사용했던 그 힘을 무력화시킬 수 있었다.

사랑을 받지 못한 가정에서 자란 자녀들은 자신들의 상처받은 자기를 계속 무의식 속으로 억누르려고 노력하고, 그럼으로써 그들의 희망자기는 대부분의 경우 그들의 성격의 의식적 부분이 된다. 이 젊은 여성의 부모는 겉만 번지르르하고 자기도취에 빠진 이 남성과의 잠재적인 사랑과 애정밖에 볼 수 없는 딸을 대하게 된 것이다. 분열방어를 사용하지 않았던 그의 부모는 딸이 선택한 남성의 성격 전반을 볼 수 있었다. 이 남성에 대한 딸의 낙관적이고 뭔가 잘못된 확신은 그들을 미치게 했다. 그녀의 외로운 어린 시절 동안, 이 여성의 희망자기는 강렬한 환상의 세계에서 발달한 것이고, 그녀가 선택한 이 남성은 현실적인 삶의 특징보다 훨씬 더 과장된 사람이라는 점에서 그녀의 욕구들을 충족시켰다. 겉이 번지르르하고 나서기 좋아하며 과장이 심한 남성들은 장기적인 관계를 놓고 봤을 때 최악의 선택인 경우가 대부분이지만, 그들은 이 여성의 희망자기의 환상적인 세계에는 완벽하게 맞는 조합이었다.

비난과 책임 그리고 복수는 상처받은 자기의 중요한 부분들이고, 결과적으로 자신들의 문제가 많은 가족을 떠나려고 시도하는 성인들에게는 흥미로운 주제이기도 하다. 이 사례에서, 우리는 어떤 방식으로 비난을 봐야 할까? 결국 그녀의 부모는 지금은 그녀를 도우려고 노력하고 있다. 그들과의 상담 기간 동안 분명해진 사실은 그들의 딸의 대부분 잊혀진 어린 시절의 기억이 누가 봐도 어울리지 않는 남성에게 끌리고 있다는 점에 주요한 책임이 있지만, 그들은 자신들이 제대로 된 사랑과 지지를 준 적이 없다는 것에 대해 전혀 자각하지 못하고 있었다는 점이다. 이 사례는 또한 인간관계가 어디까지 복잡해질 수 있는지에 대한 현실을 보여준다. 딸이 어렸을 때 상처를 주었던 그 부모가 이제는 그녀를 도우려고 애쓰고 있었다.

이 사례의 남성을 가리켜 나쁜 놈이라고 말할 수 있을지도 모르지만, 사실 그의 자기 파괴적인 성격은 모든 가능성을 생각했을 때 그의 원 가족으로부터 버림받았거나 학대당했거나 아니면 방임당한 발달과정의 결과라고 말할 수 있을 것이다. 이처럼 계속 진화하는 인간관계의 재앙은 그녀의 잘못이 아니었다. 왜냐하면 그녀는 자신이 알고 있는 유일한 방식으로 행동하고 있었기 때문이었다. 그녀의 남자친구가 그녀에게 그토록 매력적으로 보였던 이유는 그의 의식적인 그리고 무의식적인 성격적 특성들이 그녀의 희망자기와 상처받은 자기 모두에 의해 활성화되었기 때문이었다. 그녀 또래의 "평범한" 남성들은 재미가 없거나 둔한 사람일 수 있지만, 다소 적대적이고, 과장이 심한, 뻥을 잘 치는 남성들이 매력적으로 보일 수 있었던 것이다.

이 전형적인 사례에 대한 공정한 평가는 우리가 이 여성의 부모가 책임을 져야 하는 위치에 있다는 결론을 내리게 한다. 왜냐하면 그들이 자신들의 딸을 방임한 것에서부터 이 모든 일이 시작되었기 때문이다. 사랑을 받지 못한 가정에서 자란 젊은 성인의 삶을 들여다보면 그들의 성격에 미치는 손상의 정도는 도둑질이나 구타 혹은 잔인한 강도질보다 −감옥에 들어가야만 하는 이 세상의 어떠한 범죄보다도- 훨씬 더 크다는 것이 분명해진다. 그러나 이전에 자녀를 방임했던 부모도 그리고 방어하지 못한 채 당했던 자녀도 이 문제의 근원을 확실히 알 수는 없다. 이 부모는 그들의 딸이 왜 이렇게 어울리지 않는 남성과 사랑에 빠졌는지 결코 알 수 없었다. 자신들이 딸에게 "좋은" 어린 시절을 보내게 해줬을 거라는 그들 스스로의 환상은 그들이 딸에게 그녀의 발달시기 동안 어떤 성격적 손상을 줬는지를 감추어 주었다. 이 딸은 분열방어와 도덕방어 모두로 인해 아무것도 볼 수 없게 되었고 그래서 자신의 문제의 근원이 어디에 있는지를 역시 볼 수 없었다. 자신들의 이해의 영역을 벗어나는 미스터리를 마주 대하고 있는 것이다. 이것은 계속 반복되는 인간사의 비극과도 같아서 끊임없이 계속 일어나고 오직 인간 성격 내부의 억압된 자아가 가지는 힘을 인식한 후에만 온전히 이해할 수 있다. 책임이라는 개념은 대개 누군가가 자신의 책임을 제대로 이행하지 못했을 때 그것을 회복시킨다는 부담감의 뜻을 가진다. 그러나 안타깝게도 인간관계에서는 이러한 일반적인 개념을 따르지 않는다. 이 부모의 예전의 실패는 이제라도 그들의 딸을 도우려고 노력하고 있다는 사실에 의해 다소 용서가 될 수 있다. 그러나 그들이 할 수 있는 일이라고는 상대적으로 너무 적은 것이 사실인데, 많은 인간관계의 비극이 그러하듯이, 이것은 과거로부터의 정서적인 지지를 주지 못한 것에서 비롯된 결과, 즉 자녀에게도 부모에게도 더 이상은 무엇을 어쩌기에는 명확하지 않은 실패이기 때문이다. 그들은 자신들이 예전에 모르고 했던 여러 실수들을 고치려는 노력을 하고 있는 중이다. 우리의 발달시기의 실패가 우리 부모의

"잘못"이라는 사실에도 불구하고 결국 우리 삶에 대한 궁극적인 책임은 각자에게 있다. 무관심이나 방임, 학대 등에 의해 희생되어 온 사람들이라 할지라도 남은 인생에 대한 책임은 그들에게 있다. 우리는 우리의 과거를 이해하기 위해 우리에게 상처 주었던 과거로부터 가능한 한 성공적으로 벗어나기 위해, 그리고 앞으로의 멋진 인간관계를 추구하기 위해 최선을 다해야만 한다.

🔲 희망자기의 붕괴

지금까지의 내용을 토대로 볼 때, 제대로 된 돌봄을 받지 못한 자녀들은 그 정도에 상관없이 모두 그들의 부모에게 의존하게 된다는 결론을 유추할 수 있을 것 같다. 극단적으로 봤을 때 그 결론은 옳다. 그러나 일부 부모들은 너무나 무관심하고 폭력적이어서 자녀가 아무리 강력한 방어기제를 사용한다 할지라도 결국 정서적으로 애착관계에 남아있지 못하는 경우도 있다. 이는 희망자기가 처음 발달하기 시작할 때 발달을 시작 할 만큼의 지지조차 해주지 않기 때문이다. 비극적인 일이지만, 어떤 아이들은 오랜 시간동안 정말 심한 거부경험을 겪어서 그들의 부모로부터 사랑받을 것에 대한 희망을 아예 포기하기도 한다. 이런 일이 생겼을 때 그 아이의 성격은 그 전체가 엄청난 복수를 꿈꾸는 상처받은 자기로만 구성된다.

일단 아이가 부모와의 모든 정서적인 애착을 포기하면, 그 후에는 부모가 아닌 사회 속에서의 어느 누구와도 애착관계를 맺기 어려워진다. 이러한 아이들은 계속해서 내면의 공허감과 자기 증오의 감정을 경험하는데, 이는 그들을 사랑했었어야 하는 사람들에게 버림받았기 때문이다. 그들의 부모에 대한 믿음의 부재는 그들이 정서적으로 "연결될 수 없는" 사람들로 만든다. 종종 다른 사람들의 좋은 의도를 조롱하거나 공격하기까지 한다. 위대한 개츠비(The Great Gatsby)의 작가이자 알코올 중독자였던 핏츠제랄드(F. Scott Fitzgerald)에 대한 유명한 일화가 있다. 그가 친구들과 파리 시내를 걷고 있었는데 어떤 할머니가 자신의 가게에서 직접 만든 페스트리와 예쁜 과자들을 진열해놓고 파는 것을 보게 되었다. Fitzgerald의 친구들이 그 과자들을 존경의 눈빛으로 쳐다보고 있을 때, 그는 갑자기 그 쟁반을 발로 차버려서 과자는 모두 바닥에 떨어져버렸다. 다른 사람의 최선의 노력에 대해 이런 식으로 의도적인 파괴를 하는 행위가 상처받은 자기가 분노로만 가득 차 있는 전형적인 경우이다.

다른 사람들과 어떠한 정서적인 애착관계도 가지지 못하는 아이들 혹은 청년들은 그들의 삶에 대해서도 어떠한 의미조차 줄 수가 없고, 마음의 안정과 성취감을 얻는 비인간적 자원으로서 약물, 술, 난잡한 성생활, 혹은 그들의 내면의 공허감과 고통을 잠시라도 막아줄 수 있는 어떤 것이라도 추구한다. 이러한 비극적인 결과는 Francine Du Plessix-Gray가 뉴요커 잡지에 영화 "아이들(Kids)"을 보고 개재한 "굶주린 아이들(Starving Children)"이라는 기사에 잘 나타나 있다 :

영화 "Kids"에서, 한 10대 그룹이 뉴욕시의 거리에서 섹스와 마약, 술 등을 찾아다닌다. 동성연애자들을 조롱하고 지나가는 사람을 아무나 붙잡아 패기도 하는 이 십대 청소년들의 잔인함, 자기들의 여자 친구를 자기 발 앞에 엎드려 순종하게 만들 때 그들을 "개 같은 년"이라고 부르기까지 하는 비인간성, 인간을 비하하는 용어들과 그들의 대화에서 흔히 쓰이는 용어들은 머리를 어지럽게 한다. 영화의 마지막 장면이 아직도 잊혀지지가 않는다. 그 장면에서 그들의 몸뚱아리들은 마치 로마시대 황제의 쾌락을 위해 바쳐진 청소년들처럼 맨하튼 아파트의 꽤 넓직한 아파트에 이리저리 보기 흉하게 서로 겹쳐져서 나뒹굴고 있다. 그들이 매일 사료처럼 먹던 –술병과 버려진 고깃덩이들, 타코, 살사 그릇에 담겨 적셔진 도리토스와 같은– 찌꺼기들은 그들의 추잡한 파티의 광경을 대변한다. 영화의 주인공들 중 한 명이 가죽 소파와 추상화로 장식된 맨하튼의 한 아파트에서 밤새도록 술파티를 한 후에 일어나서는 카메라를 보자마자 "무슨 일 있어?"라고 묻는 장면과 연결되어서, 그들의 야생적이고 거칠고 볼품없는 식생활을 보여주는 이 마지막의 디테일이 계속 마음에 남았다.

이 아이들은 다른 사람들과의 애착관계에 대한 어떠한 희망도 잃어버린, 그럴 수밖에 없는 과거의 결과를 보여주는 살아있는 표본들이다. 그들의 내면에는 엄청난 공허감이 남아있지만 그것은 끊임없는 혼란과 관심을 끌 대상들을 필요로 한다. 정서의 굶주림과 그들의 열등함에서 오는 고통으로부터 벗어나고 싶은 갈망은 어떤 강렬한 경험들을 하고 싶어 하는 것으로 변형되어서, 그들은 오직 자신들의 고통을 잠시라도 막아줄 수 있을 것 같은 충분히 강력한 경험들만을 바란다. 하루하루의 현실은 자신들의 막대한 상처받은 자기에 의해 지배당하고, 이것은 그들보다 약한 사람들을 향한 폭력과 증오로 잘못 변형되어 표현된다. 이와 동일하게, 그들 자신에 대한 완벽한 무시(왜냐하면 그들의 부모마저 버린 것을 자신들이 가치 있게 여길 수는 없기 때문에)는 그들은 물론 다른 사람들까지도 계속해서 위험한 상황에 놓이게 한다. 왜 이 젊은 청년들이 공허함을 느끼고 분노로 가득 차 있었는지 기억하자. 그들이 서로를 바라볼 때면, 그들의 부모가 가치 있게 여겼던 것은 아무것도 발견할 수 없다. 그들은 버려졌고, 복수를 향한 그들의 열망은 그들이 가장 약했던 순간에 받았던 심리치료에 대한 반작용일 뿐이다. 이처럼(부유할지는 몰라도) 불행한 아이들이야말로 자기 파괴로 향하는 지름길 위에 있는 것이다.

이러한 청년들에 대해 어떠한 동정심도 느끼지 못하는 독자들도 있을지 모른다. 어쩌면 대부분의 사람들이(만약 그들이 그래도 아직은 철저하게 파괴된 인간들이 되지 않았다면) 이 아이들을 혼내주고 싶지, 이미 이 아이들이 충분히 심하게 벌을 받았다는 사실을 이해하지 않으려 할지도 모르겠다. 우리의 문화는 두 개의 사건이 서로를 쉽게 연상시킬 수 있는 범위 내에서 일어나지 않는 한 그 사이의 인과관계를 연결하지 못 하는지도 모르겠다. 이 젊은 청년들의 부모들은 자신의 자식을 완벽하게 맞춰놓았지만 우리는 아직도 결백해 보이는 부모를 처벌할 수 있을 만큼의 용기가 없어서 여기에서의 인과관계를 연결시키려는 노력 자체를 안 한다. 방임 속에서 살아 왔던 어린 시절의 날들과 청소년기에 아무에게나 자신들의 적대감을 마구 쏟아내는 아이들 사이에 지나온 시간이 그 부모들을 마땅히 받아야 하는 비난으로부터 보호한다. 그들은 자식들이 "나쁜 친구"들과 어울려서 그렇게 되었다고 주장할지도 모른다.

안타깝게도, 이 젊은 청년들은 그 동일한 인과관계의 구조에서 잊혀졌다. 그들은 그들이 두 살, 세 살, 혹은 네 살 때 무슨 일이 일어났는지 분명히 기억하지 못한다. 더 안 좋은 소식은 그들의 발달과정의 현실이 분열방어와 도덕방어의 결과로 인해 흐릿해지고 부인되어 왔다는 점이다. 이러한 심리적 음모의 결과는 이러한 희생자에게 하나, 오직 단 하나의 길을 열어놓았다. 무의식적으로 다음 세대 자신들의 자식들과 이와 동일한 파괴적인 패턴으로 행동하는 것이 그것이다.

제 3장
집에 머무르기

- 집을 떠나기 위해 도움이 필요했던 세 명의 젊은 성인의 이야기
- "반복강박" : "그 일"을 하고, 또 하고, 계속 하는 것

- 제 3 장 -

집에 머무르기

만일 가족 중 한 사람이 그의 체계에서 "가족"을 제외시키거나 자신 안에서 "가족"을
분해시킴으로써 가족을 떠나기를 원한다면 위기에 봉착하게 될 것이다. 가족 내에서
"가족"은 세상 전체로 느껴질 수 있다. "가족"을 파괴시킨다는 것은 남을 죽이는 것
보다 나쁘거나 자살하는 것보다 더 자기중심적이라고 느낄 수 있다. 딜레마가 도처에
생긴다. 내가 나의 "가족"을 파괴시키지 않는다면 그 "가족"이 나를 파괴시킬 것이다.

 - R. D. Liang -

 이번 장에서는 집으로부터 독립할 수 없어 상담치료를 받으러
왔던 세 명의 젊은 성인들에 대해 살펴볼 것이다. 앞의 두 장에서
논의되었던 발달상의 원리들이 이 세 명의 환자에게 모두 드러났다.
그들은 모두 정서적으로 꽉 채워지지 못한 느낌을 가졌고, 미래에는
사랑받을 수 있을 것이라는 약속과 그들의 부모들이 곧 개선 되어

나아질 것이라는 숨겨진 열망 때문에 집에서 떠나지 못하고 있었다. 마찬가지로, 세 명의 환자들 모두 분열방어와 도덕방어를 함께 사용했는데, 처음에는 이 두 방어기제가 그들을 구원하는 것 같았지만, 결국 그들이 성인으로서 살아가는 데 더 큰 어려움이 되었다.

나는 이 장을 R. D. Laing의 "가족과 '가족'(The family and 'The family')"의 일부분을 인용하는 것으로 시작했는데, 이 부분에서 그는 그들의 부모로부터 독립할 수 없는 자녀들이 입는 정서적인 상처가 얼마나 큰지에 대해 잘 인식하고 있다. 행복하지 않은 많은 가족들은 사랑 혹은 긍정적인 애착관계 때문이 아닌 두려움 때문에 억지로 함께 사는 경우가 많다. 그러한 가족의 구성원들은 바깥의 세상으로부터 자기 자신을 보호하려는 목적으로 서로를 대한다. 많은 경우, 이러한 가족의 자녀는 발달상 정체성 확립에 문제를 겪게 되는데, 왜냐하면 그의 발달과정이 그 부모가 스스로를 보호하려는 목적을 성취하기 위한 것에 초점이 맞춰져 있었기 때문이다. "내가 나의 '가족'을 파괴하지 않는다면, 그 '가족'이 나를 파괴할 것이다." 한 사람의 잘 성장한 어른이 되기 위해서 정서적으로 제대로 된 돌봄을 받지 못한 가정의 자녀는 가족에 대한 자기 자신의 애착을 포기해야만 한다.(Laing의 용어로는 "파괴해야만" 한다) 이는 스스로를 구하기 위해서이다. 그 가족의 다른 구성원들은 그 자녀가 떠나는 것이 남은 가족들의 안전을 위협한다는 것 때문에 그가 집을 떠나는 것을 막으려 할 것이다. 내가 앞서 두 장에서 지적했던 대로 무시당하거나, 박탈경험을 가지고 있거나, 학대당한 경험을 한 자녀들이 집을 벗어나게 될 가능성이 훨씬 적은데, 이는 그의 충족되지 못한 발달상의 욕구들이 그로 하여금 바깥 세상으로부터의 보호는 물론 앞으로 혹시 있을지 모르는 사랑받을 것에 대한 비현실적인 희망을 계속 갖게 하기 때문이다.

🔲 집을 떠나기 위해 도움이
필요했던 세 명의 젊은 성인의 이야기

    이 장에서는 내 환자들 가운데 자신의 원가족으로부터 큰 상처를 받아 도움이 필요했던 세 명의 환자들에 대한 임상사례에 초점을 맞출 것이다. 일반적으로 말해, 정서적으로 박탈의 과거를 가지고 있는 대부분의 자녀들은 성인이 되어서도 가장 취약한 정체성을 갖게 되고, 결국 그들은 어쩔 수 없이 그들의 부모와 계속해서 가깝게 지낼 수밖에 없게 된다. 이제부터 살펴볼 사례들은 그 순서대로 강도가 가장 약한 것부터 강한 것으로 제시될 것이다.

    첫 번째로 논의할 환자인 줄리(Julie)는 젊은 거식증 환자였다. 그녀는 계속 집에 머물러 있었고, 그 가족의 중요한 이슈는 그녀가 하루하루 식사를 하도록 하는 것이었다. 여기에서 우리는 그녀가 얼마나 약한 성격의 소유자인지를 볼 수 있다. 두 번째 환자인 윌리엄

(William) 역시, 여전히 집에서 살기는 하지만 어느 정도 스스로의 기능은 하고 있었다.(집 밖에서 직업을 가지고 있었다) 그는 Julie보다는 강한 자기에 대한 인식을 가지고 있었지만, 여전히 스스로 집으로부터 독립하기 위해서는 도움을 필요로 했다. 세 번째 사례의 주인공인 샌디(Sandy)는 이 셋 중 가장 강한 성격의 소유자였는데, 자신의 부모로부터 떨어져 살 수 있을 만큼 강한 정체성을 가지고 있었다. 그러나 그녀는 그녀의 망각을 방패로 현실을 참아내지 못했고, 그녀에게 제대로 된 돌봄을 주지 못한 부모와의 애착관계를 깨끗이 잘라내지도 못했다. 결국, 그녀의 부모에 대한 진실이 무엇인지로부터 그녀를 보호하기 위해 개발되었던 그녀의 방어기제들은 오히려 그녀와 다른 사람들과의 관계를 위협하게 되었다.

거식증 : 분리하기의 실패

어느 한 때, 내가 만난 총 25명의 환자들 중 무려 5명이 거식증을 앓고 있었던 적이 있었다. 이 경험을 통해 나는 이 어려운 장애에 대해 많은 것을 배웠고, 다음의 사례는 그들 중 두 명의 사례를 섞어 놓은 것이다.

처음 봤을 때부터 나는 Julie가 심각한 거식증 환자라는 것을 알 수 있었다. 그녀의 코 옆면이 아주 오랫동안 먹지 않고 굶었다는 것을 보여주는 심각한 표시로서 함몰되어 있었기 때문이다. 26살인 Julie는 좋은 대학을 졸업한 학력을 가지고 있었음에도 불구하고 아직 아무 직업이 없이 부모와 함께 살고 있었다. 그녀는 자신의 과거에 대해 말할 때, 자신이 삶을 알아서 헤쳐 나가려는 욕구들이 계속해서 엄마에 의해 방해 받았다고 표현했다. 그녀가 어렸을 때 엄마 때문에 억지로 음식을 먹어야 했었고, 그가 음식 먹기를 거부하면 엄마는 그녀의 얼굴을 접시에 처박아 버리곤 했다. Julie의 자율성에 대한 엄마의 지나친 간섭(그리고 이 때 그녀의 아버지가 그녀를 보호하지 않은 것)으로부터 그녀의 정체성은 너무 심한 상처를 받아서, 이제 그녀는 이 세상에서 스스로 독립적으로 살기에는 자신이 너무 약하다고 느끼고 있었다. 거식증은 많은 경우 청소년기에 앓는 장애로 알려져 있다. 그러나 Julie는 26 살이었고, 그녀의 거식증은 그녀가 자신의 가족에게 심각하게 애착된 상태로 남아 있다는 것을 보여주는 분명한 증거였다. 병원에 입원하여 식이장애를 치료하는 특별 프로그램에 참여하기도 했지만, 늘 집으로 돌아오자마자 자신의 식사를 스스로 파괴하는 패턴은 다시 시작되었다.

Julie는 과거에 자신의 몸무게가 늘 때 스스로에게 벌을 주었던 적이 있고, 이것은 거식증 환자에게는 흔한 일로서 환자의 과거 발달사를 들여다 볼 수 있게 하는 창이 되곤 한다. 그녀의 몸이 자신의 두 개의 다른 자기(상처받은 자기와 희망자기)를 나타내는 표상이 되었고, 그녀는 자신이 어렸을 때 부모가 자신과 관계 맺던 방식과 동일하게 이 두 자기와 가지는 관계를 만들었다. 몸무게가 늘 때에는 스스로를 상처받은 자기의 관점에서 바라보고 심하게 운동을 하거나 설사약을 먹어서 지나치게 몸무게를 줄이는 방식으로 복수하듯이 스스로를 훈련시켰다. 자신의 신체에 대한 그녀의 심한 공격성은 그녀의 강요가 심한 엄마를 기쁘게 하지 못했을 때 어떻게 스스로에 대해 느끼고 벌을 주는지에 대해 잘 보여준다. 반대로 몸무게가 주는 경우, 그녀는 희망자기의 관점에서 자신의 신체를 경험함으로써 사랑받을 가능성이 있다는 것을 느꼈다. 실제로 그녀의 몸은 매우 쇠약한 상태에 있었음에도 불구하고(극도로 저체중인 상황에서 체중을 더욱 줄이는 것은 매우 힘든 성취이기 때문에), 자신의 "성공"에 대해 자신감이 생겼다. 그녀가 체중을 줄였을 때 자신의 외모에 대해 얼마나 자랑스러워하는지는 나에게 계속해서 도전으로 다가왔는데, 내가 이에 대해 지나치게 비판적이면 그녀는 분명 치료를 그만둘 것이었기 때문이었다. Julie는 마치 밀러(Alice Miller)의 책 "For your own good"의 한 페이지에서 막 나온 사람 같았다 :

> 그녀의 부모는 그들이 균형 잡힌 결혼생활을 하고 있고, 그들의 딸이 의식적으로 지나치게 음식을 먹지 않으려는 노력에 대해 매우 겁을 내고 있다고 주장했다. 이는 특히, 그들이 자신들의 기대를 저버렸던 적이 한 번도 없었던 딸과 전혀 문제가 없었기 때문에 더욱 그러했다. 자기 스스로를 노예화시키는 방식으로, 지나치게 엄격하고 제한적이다 못해 스스로를 파괴하는 방식으로, 그녀는 어린 시절에 자신에게 무슨 일이 있었는지를 말하고 있었다.(131)

Miller는 엄마와의 심리적 관계에 대한 모노드라마에서 어린 시절에 한번 경험했던 강렬한 정서가 거식증을 통해 재창조되고 있음을 주목했다. 거식증 환자의 부모는 자신들이 딸과 매우 깊은 관계를 맺고 있는 것처럼 보이지만, 사실 그들은(학업에서이든 스포츠에서이든 예술분야에서든 상관없이) 자신들의 딸의 성취의 측면에 더 깊이 관여되어서 딸을 훈련시키고 강요한다. 그들은 딸이 정말 원하는 친밀한 관계와 지지, 무조건적인 사랑은 무시한다. 거식증 자녀의 희망자기는 영민하고 남들보다 나은 성취로 인해 자신이 사랑받았던 실제의 기억들을 바탕으로 형성된다. 그러나 그녀는 자신이 받았던 사랑이 얕은 것이었고, 자신이 부모의 기준에 맞추어 살지 못할 경우 그 사랑은 한 순간에 사라진다는 것을 너무 잘 알고 있다. 반대로 실패해서 벌을 받았던 기억들은 그녀가 실제 경험했었던 부모로부터의 거부에서부터 오는 고통과 분노를 모두 포함한 크고 활동적인 상처받은 자기를 만들어낸다. 다시 한 번, 분열방어는 자신의 상처받은 자기에 숨겨져 있던 매우 많은 수의 심각한 거절의 경험들에 의해 파괴되는 혹은 오염되는 것으로부터 희망자기를 보호한다. 체중이 늘었을 때 그녀가 스스로를 취급하는 이 안타까운 방식은 그녀가 부모의 지나친 요구들을 만족시키지 못했을 때 늘 경험했던 부모로부터의 거부의 경험을 그대로 보여준다.

Julie는 그녀의 부모와 거의 "융접되어" 있었다. 첫 번 째 회기 이후, 그녀는 집으로 돌아가서 내가 했던 말들을 숨김없이 모두 부모에게 말했다. 이를 통해 나는 그녀가 매우 어린 시절의 단계에 고착되어 있음을 알 수 있었다. 왜냐하면 그녀는 자신의 발달에 걸림돌이 되었던 바로 그 사람들로부터의 심리적인 분리를 견뎌낼 힘이 전혀 없었기 때문이었다. Julie는 또한, 나더러 체중계를 사서, 자신이 내 사무실에서 체중을 잴 수 있어야 한다고 고집을 부렸다. 나는 이렇게 하는 것이 나 자신을 그녀의 부모와 전혀 다르지 않은 사람으로 만들 것이라는 것을 잘 알고 있었다. 한 주도 빠짐없이 그녀의 체중의 증감에 대해 논의하게 될 것이었기 때문이다. 역설적으로는, Julie를 한 때 지배했던 그녀의 부모가 이제는 그녀의 노예가 되어 있었는데, 그들은 Julie가 집을 떠나야 할 나이가 훨씬 지나서까지 계속 그녀를 돌봐야 했기 때문이었다. 한 때 Julie가 그들의 반응에 겁에 질려했었다면, 이제는 그들이 그녀의 섭생을 지켜보면서 그녀가 먹는 것을 거부할 때마다 겁에 질리는 것이었다. 부모가 썼던 방식으로 배우고 그것을 그 부모에게 그대로 되사용하는 이러한 방식은 사랑이 부족한 가정에서는 끊임없이 일어나는 현상이다.

나는 Julie의 체중 감소에 휘둘리지 않기로 결심하고, 매우 좋은 체중계를 두 개를 사서 기계를 잘 아는 친구에게 그 중 한 개의 스프링을 바꿔서 실제보다 훨씬 더 무겁게 계량될 수 있도록 바꾸어 달라고 부탁했다. 나는 Julie에게 내가 새로 산 체중계를 자랑스럽게 보여 주었고, Julie는 자신의 체중을 재자마자 창백해져서 소리쳤다. "이럴 수가! 100파운드(약 45kg)가 넘어요!" 그 당시 Julie는 약 95파운드 정도였다. 거식증 환자에게 5파운드가 더 는다는 것은 일반적인 사람에게 70파운드가 더 느는 것과 심리적으로 같은 효과를 낸다. "그거 안 됐네요." 나는 과장스럽게 유감을 표현했다. "세일하는 가게에서 산 체중계인데, 혹시 잘못 측정할 가능성도 있다고 했어요. 다음 회기 때 내가 다른 체중계를 준비해 놓을게요." Julie에게 체중은 죽을 만큼 중요한 문제였는데, 내가 너무 대수롭지 않게 말을 하자 그녀는 화를 냈다. 그녀에게 있어 체중은 그녀에게 힘을 주는 이 세상 단 하나의 근원이었고, 그녀는 마치 자신의 엄마가 자신이 어렸을 때 그랬던 것처럼 그것을 이용하여 나에게 폭군적인 힘을 발휘하고 싶었던 것이었다. 그 다음 주에 나는 다른 체중계를 내놓고 나도 체중을 한번 재보고 싶다고 말했다. 그녀는 언뜻 미소를 지었다. 나는 이 심각한 주제를 가지고 보란 듯이 장난을 치고 있었고, 그녀가 이것을 심각하게 받아들이는 것만큼 나는 이 문제를 재미있게 생각하기로 결심했었다. 그녀는 자신의 몸 상태에 대해 그리고 그것이 얼마나 생명에 위험할 수 있는지에 대해 여러 번 반복해서 말해줌으로써 나에게 자신의 파워를 다시 발휘하려고 했다. 그녀는 이런 방식으로 나 이전의 두 명의 치료자들을 겁주는 데 사용했었지만, 그녀가 자신의 체중을 가지고 우리의 관계를 지배한다면 어떤 성과도 없을 것이라는 것을 나는 잘 알고 있었다. "그래요. 그러면 당신이 좋은 체중계를 쓰세요. 나는 다른 것을 쓰죠." 내가 말했다. Julie는 내가 이렇게 하는 것에 대해 매우 불편해했는데, 그도 그럴 것이 체중은 그녀가 힘든 이 세상을 살아가는 데에 사용하는 가장 중요한 무기였는데, 내가 그녀의 체중이 아니라 내 체중에 관심을 가진다는 사실은 나의 관심이 그녀에서 벗이날 수 있음을 말해주는 것이었기 때문이었다. 중요한 것은 *그녀의* 체중이었지 나의 체중이 아니었던 것이다. 우리는 나란히 서서 각자의 체중계에 올라갔고, 내 체중은 그녀의 체중보다 100 파운드 이상이 더 나갔다. 그녀는 나의 "좋은" 체중계가 자신이 집에서 사용하던 것과 똑같이 맞는다는 사실에 기뻐했다. 그녀는 집에서 하루에 몇십 번씩 체중을 재기 때문에 잘 알고 있었다. 이 때 내가 나의 엄지발가락을 그녀의 체중계에 살짝 올려놓았고, 이 때문에 그녀의 체중계는 좀 더 높은 수치를 가리켰다. Julie가 으르렁거렸다. "이제 그만해요! 당신과는 끝났어요! 당신은 내 인생을 놀려먹고 있다구요!" 내가 대꾸했다. "무슨 인생이요? 내가 아는 한, 당신에게는 그런 게 없어요." 이 무시무시한 진실은 내 사무실을 폭풍전야로 몰고 갔다. Julie는 금방이라도 쓰러질 것 같았다. 그녀가 항변했다. "나에게도 인생이 있어요. 매우 좋은 인생이죠! 당신 인생보다 나을 걸요." 그녀가 "도움"을 청한 사람 중 가장 무능한 바보이자 멍청하고 실수하는 치료자인 나를 만나고 있다는 사실만 빼고서 그녀는 계속해서 반복하며 자신의 인생이 얼마나 멋진지를 주장했다. 그녀가 이렇게 흥분해서 화를 내는 동안 그녀는 자신이 나의 무능함에 대해 나를 비난하고 있다는 사실에 얼마나 기쁨을 느끼는지를 숨기지 못했다. 이 경험은 그녀로 하여금 간접적으로나마 자신의 상처받은 자기가 자신에게 무관심했고 무능했던(그러나 떠나기에는 너무나 소중한) 부모에 대해 가지고 있던 분노를 털어낼 수 있도록 도와주었다. 나는 그녀 부모의 실패를 안전하게 상징하는 대상이었고, Julie는 나의 "기법", 내 사무실, 내 옷에 이르기까지 나의 모든 것을 비판했다. 놀랍게도, 그녀는 정말 재미를 느끼고 있었다! 우리는 일 주일에 두 번씩 만나기 시작했고, 그녀는 매 회기를 나에 대한 신랄한 비판으로 시작했다. 이 비판은 그녀가 어렸을 때 고통 받았던 것들이거나 아니면 체중이 늘었을 때 스스로에게 벌주었던 것과 같은 것들이었다. 예를 들면, 나는 내 환자들이 다니는 보도위의 얼음을 바로 보고 없애는 것을 제대로 하지 못했다는 것, 내 사무실의 난로 위에 위험한 세균으로 가득 찬 빵이 먼지가 덮힌 채로 놓여있다는 것, 벽에 걸린 그림들이 너무 낡았는데 그것들은 수치심으로 뭉쳐 있다는 것 등이었다. 이런 불평들은 계속되어서, 결국 그녀는 자신의 인생을 들여다보고 부모와의 관계에 대해 고민하게 되었다. 그 후 몇 년에 걸쳐 점차적으로 나에 대한 그녀의 공격은 줄어들었고, 반대로 그녀는 자신의 새로운 정체성을 형성해나갔다. 결국 그녀는 새로운 세상을 향해 모험을 할 수 있을 만큼 원천적으로 충분히 강한 정체성을 가지고 직장도 구하고 자신만의 독립적인 인생을 시작하게 되었다.

윌리엄(William), 지하실에서의 인생

가족으로부터 분리하지 못한 대부분의 어른들은 그들의 또래들이 성인다운 인간관계를 가지며 독립해 나가는 시기가 한참이나 지난 후에도 여전히 집에 머물러 있다. 이는 대부분의 확대가족에서 흔히 볼 수 있는 풍경이다. 피터 윌슨(Peter Wilson)의 "자기도취적 상처(Narcissistic Wounds)"에서 인용한 다음의 글은 앞으로 닥쳐올 문제를 암시하는 가장 대표적인 사인이 어떤 것인지를 보여준다.

> 그들은 자기 자신을 그들만의 갇혀진 내면의 세계, 자기 혼자만이 알고 있는 환상과 같은 세계, 혼자서만 활동하고 혼자의

생각으로만 가득 차 있는 세계 속에 머무르기로 선택한 것이다. 많은 경우 학교나 직장을 그만둔다. 학업을 포기하고, 말 그대로 자기 방에만 틀어박혀서 하루 종일 침대 속에서만 머무르는 경우가 대부분이고 아주 가끔씩만 집밖을 겨우 벗어날 뿐이다. 이와 같은 자기 압박적인 고립이 물론 자기 자신에게만 절대적인 것은 아니다. 어쩔 수없이 그들에 대해 걱정해야 하는 가까운 사람들에게도 영향을 끼친다. 그들 주변에 있는 사람들에 대한 반항이자 고문의 수단으로서 사용되는 것이다. 역설적으로 이것에 대해 저항하면 할수록 문제는 더욱 심각해진다.(55)

위의 내용은 신경증적 거식증을 앓고 있는 여성들에 대한 묘사와 놀라울 정도로 유사하다. 두 경우 모두, 가족이라는 울타리 안에서 자신들의 일상적인 생활로부터 철수하여 그 자녀에게(의식적으로) 원하지 않는데도 점점 더 많은 관심을 쏟게 되는 것이다. 십대 자녀의 이러한 철수는 아직까지 바깥 세계에 맞설 준비가 되지 않았다는 뜻인데, 이는 그들을 망가뜨린 장본인이지만 여전히 그들이 필요로 하는 부모로부터 분리할 준비가 되지 않았기 때문이다. 오늘날, 가족 울타리 안에서 스스로를 철수시킨 많은 젊은이들은 공상과학 소설이나 언더그라운드 음악, 혹은 인터넷 등에 빠져있다. 나는 하루에도 몇 시간 동안이나 백일몽을 꾸며 자신의 일상생활로부터 철수해있는 사람들을 만나보기도 했다. 어떤 환자는 아주 완벽한 환상의 세계를 만들어서 그 안에서 스스로가 시장도 되어보고, 경찰서장이나 스타 농구선수가 되어본다고 말하기도 했다.

가족 내에서 스스로를 고립시키는 이러한 젊은 성인들은 사실 이미 지칠 대로 지쳐 있는(그게 아니라면 이미 무관심해진) 부모가 그들이 창조한 새로운 세계의 벽을 뚫고 들어올 것을 유혹하고 있는 것이다. 다시 말하면, 이러한 젊은 성인들의 상처받은 자기는 부모에게 싸움을 걸고 있는 것이다. 갈등이 일상화된 가족인 경우, 상처받은 자기는(그 관계를 고치려고 하거나 혹은 복수하고자 하는 욕망을 바탕으로 하는) 애착관계가 된다. 왜냐하면, 오랜 시간 동안의 실망의 경험 후에 상처받은 자기는 이미 희망자기보다 더 강해져 있기 때문이다. 이렇게 되었을 때, 이 젊은 성인은 대개 자신이 필요로 하지만 한편으로 증오하기도 하는 부모에게 대항하거나 싸움을 거는 형태로 자신의 노력의 방향을 바꾼다. 그 가족 내에서의 이러한 형태의 철수(withdrawals)는 그 자녀의 희망자기가 가지는 환상이 이전에 가지고 있던 부모의 사랑에 대한 환상에 비해 너무 극단적이고 현실과는 너무 괴리가 있을 수 있다는 문제가 있다. 이러한 환상들이 현실에 기반을 두는 경우는 거의 없고 다른 사람들에 대한 정서적인 애착도 더 이상 포함하지 않는 것이 대부분인데, 이는 그들이 자신들의 부모에 대해 이미 너무 깊이 실망했기 때문이다. 다시 말하면, 이 자녀들은 인간 집단에 대해 어떠한 정서적인 지지에 대한 희망도 가지지 못한 채, 그 희망을 무제한의 파워나 명예 등에 대한 헛된 환상으로 대치하는 것이다. William도 이러한 환자 중 하나였다. 그는 하루의 대부분을 잠자는 데 쓰는데도 계속 피곤하다는 이유로 상담을 받으러 왔었다. 그는 자기 부모 집의 지하실에 살고 있었고, 심야에 동네 슈퍼마켓에서 상품을 진열하는 일을 해서 아주 약간의 생활비를 벌고 있었다. Julie에 비해 그는 높은 단계의 발달 수준에 있었는데, 그가 집 밖에서 직업을 가지고 있다는 사실이 이를 증명한다. 그러나 여전히 그도 발달상으로 청소년기 이전의 단계에 고착되어 있었고, 막대한 양의 정서적 지지를 필요로 했다.

William은 매우 비싼, 그렇지만 낡고 허름해진 정장을 입고 왔다. 긴 턱수염과 거칠고 초롱초롱한 눈빛이 마치 기성세대에 반항하는 시인처럼 보였다. 그는 고등학교에서 음악을 가르치는 교사였지만, 교사 일을 시작한 지 얼마 되지 않아 인원감축이 있었고 그때 그만두게 되었고, 그 이후로는 그보다 못한 일을 하게 되었다. 그가 하는 슈퍼마켓 일은 그가 사람들을 대하는 짜증스러운 일을 하지 않아도 된다는 점에서 그가 별다른 걱정을 하지 않고 일할 수 있는 엄청난 자유를 주었다. 비록 그가 얼마 벌지 못해도 그가 자신의 수입에 대해서는 걱정할 필요가 없었는데, 왜냐하면 그의 부모가 매달 보태주었기 때문이다. 그는 만성적인 우울증과 그가 꿈꾸는 무한대의 파워가 자신의 실생활을 위협하는 지경에 이르게 되어 치료를 받으러 오게 되었다. 달리 말하면, 그는 자신이 미쳐가는 것 같다는 걱정을 한 것이다.

William은 유럽 이민자 부모의 외아들이었는데, 그의 부모는 한 때 매우 부유했지만 미국으로 이주한 이후에는 자신들이 과거에 누렸던 사회적 경제적인 지위를 회복하지 못하였다. 그들은 이 나라에서 불안정하고 불안하다고 느꼈고, 자신들의 분노와 좌절감을 유럽 문화의 모든 것을 이상화하는 한편 미국 문화의 모든 것을 평가절하 하는 것으로 숨기려 했다. William이 어렸을 때 그는 음악에 대단한 재능을 보였었다. 음악 선생님에게 상당한 관심을 보였고, 음악 선생님 역시 뛰어난 재능을 보이는 학생을 갖게 된 것에 기뻐했다. 그러나 그의 부모는 이러한 열정에 공감하는 대신 그의 음악적 성취에 대해 완전히 적대적이거나 아니면 냉소적이었다. 그의 부모는 그가 자신의 잠재력에 대해 계속해서 불안함을 가지도록 무의식 중에 아들에게 계속 수치감을 주었다. 아들이 성공하면 자신들이 이제껏 성취해온 것을 능가할 수 있다는 위협감을 느꼈고, 그렇게 되면 그들은 자신들이 열등하다는 것을 다시 한 번 대면해야 했기 때문이었다. 만약 이 시기 동안 William이 격려와 지지를 받았다면, 그는 사회적으로 분명 불안정하고 부적절한 부모로부터 독립하여 자신만의 정체성을 가지고 데이트도 하고 집으로부터 벗어나 살 수 있었을 것이지만, 그러나 그것은 그의 부모에게는 또 다른 위협적인 상황이 되었을 것이다. 끊임없이 그를 내리깎고 무시함으로써 그의 부모는 그의 정체성을 약화시켰고 부모로부터 분리하지 못하도록 막았다. William이 받은 많은 비판들이 분열방어와 도덕방어를 동시에 발달시켜서 부모에 대한 애착을 계속 갖게 하고, 이러한 방어기제들에 의한 행동이 후에 그가 가족으로부터 벗어나는 것을 막는 방해물이 되있음은 쉽게 예측할 수 있다.

William이 대학에 지원했을 때, 그의 부모는 그들이 살고 있는 주가 아닌 곳에 있는 학교에 지원하는 것을 모두 반대했는데, 그 비용이 많이 들 것이었기 때문이었다. William은 크게 불평했지만 그에 순응했는데, 그것은 지금까지 자신감을 계속해서 파괴해 온 가족이지만 한편으로는 자기 자신도 가족으로부터 떨어진다는 것에 대한 걱정이 컸기 때문이었다. 동네의 전문대학에 다니는 동안, William은 학교의 교수들로부터 좋은 평판과 지지를 받았고, 이는 그가 자기 자신에 대해 긍정적인 인식을 발달시킬 수 있도록 도와주었다. 이러한 긍정적인 힘은 그가 자신의 공격적이고 자신을 무시하는(그러나 여전히 분리하지는 못한) 아버지에게 도전할 수 있도록 도와주었다. 그와 그의 아버지가 아침에 다투는 일은 거의 일과처럼 되어 있었다. 그의 아버지는 매일 아침 일하러 나가기 전 아들이 사는 지하실로 내려와서 아들이 늘 늦잠을 자는 것 때문에 자신이 얼마나 짜증이 나는지를 불평하였다. 그는 William을 가리켜 게으른 "미국 상놈"이라고 무시했는데, 이는 아버지가 이상적으로 여기는 유럽 전통의 예의바르고 제대로 교육받은 젊은이와는 심히 동떨어진 모습이 되는 것이었다. 그의 음악적 재능 외에도 William은 매우 뛰어난 순발력을 갖고 있어서, 그처럼 화를 내는 아버지에게 늘 곤란한 질문을 해서 아버지를 더욱 화나게 만들곤 하였다. 예를 들면, 그가 아버지에게 "아버지께서는 무엇보다 우선적으로 기독교인이십니까, 미국인이십니까, 아니면 그냥 남자이십니까?"라고 물어보면, 논쟁하기를 좋아하는 그의 아버지는 이 질문에 대답하려고 애썼다. 대답이 무엇이건 간에 William은 아버지의 대답을 어처구니 없는 것으로 만들어버렸다. 이 상황은 그의 어린 시절의 상황이 뒤바뀐 것과도 같은데, 어린 시절 William이 하는 말들의 대부분은 그의 불안정한 부모에 의해 늘 놀림거리가 되곤 했던 것이다. 사실, 이러한 질문이 William에게는 부모와의 애착관계를 맺는 중요한 부분이 되었는데, 왜냐하면 이를 통해 그는 자신의 상처받은 자기가 품고 있는 분노를 표현할 수 있었다. 시간이 지나면서 William은 적대감을 표현함에 있어서 부모보다 훨씬 더 교묘해졌고, 그는 이미 아들에게 약이 올라있는 아버지를 더욱 약 올리고 화나게 하곤 했다. 때로 그가 아버지의 화를 너무 돋구어서, 아침의 대면이 뺨을 한 대 맞거나 아버지에게 밀침을 당하는 것으로 끝나기도 했다. 지금의 뒤바뀐 이 상황은 앞서 소개되었던 Julie의 사례에서 뒤바뀐 상황과도 비슷한데, 부모의 모든 의견에 의해 종과 같이 되었던 Julie가 후에는 먹지 않는 것을 무기로 부모를 자신의 종처럼 바꿨던 일과 유사하다.

졸업 후 William의 부모는 William에게 차를 한 대 사주었고 집세 없이 공짜로 집에서 머물러도 좋다고 허락했다. 적대적인 태도에서 지나친 친절을 베푸는 이와 같은 갑작스러운 변화는 화목하지 못한 가정에서 흔한 일인데, 이는 자녀를 집에 붙잡아두기 위한 부모의 전략이 바뀌기 때문이다. 많은 부모들이 그들의 자녀가 집에 머무르는 한 암묵적으로 자녀에게 의지한다. William은 집을 떠날 수도 있었지만, 부모의 이러한 갑작스러운 친절이 어린 시절에 충족되지 못한 그의 발달적 욕구들에 큰 힘을 발휘했다. 그가 오랫동안 원했던 어느 정도의 지지를 드디어 받을 수 있을 것처럼 느껴졌고, 다른 한편으로는 자신의 강하지 못하고 의존적인 정체성으로는

집에 머무르기 • 165

바깥 세상에서 독립적으로 살 수 없을 거라는 생각이 들기도 했다. 그 결과 그는 스스로를 합리화하여, 자신이 어렸을 때 받았던 모든 적대적인 경험들이 집에서 무료로 삶으로써 어느 정도 갚아질 수 있을 것이고 자신에게 그럴 만한 자격이 있다고 생각하게 되었다.

그는 큰 성공을 불러일으킬 것을 기대하며 교사직을 시작하였다. 교사 첫 해 동안, William은 음악적으로 재능이 있는 학생들을 위한 대안 교육 프로그램을 몇 개 개발했다. 그가 이 프로그램들에 대한 개요를 동료 교사들에게 보여주었을 때, 그들은 모두 William의 창의력에 대해 높이 평가했다. 이러한 좋은 평가는 그의 비현실적인 희망자기를 자극하였고, 그는(사랑을 주는 부모로서 표상되는 새로운 존재로 느껴지는) 교육감 역시 자신이 한 일에 대해 칭찬할 것이라고 상상하게 되었다. 그의 희망자기는 지나치게 허황되어졌고, 결국 전국적으로 음악 교육을 혁신하겠다는 환상까지 가지게 되었다. 그의 희망자기는 그가 갈망했었지만 얻지 못한 부모로부터의 지지와 격려를 대신하는 존재였던 동료로부터 그가 들은 좋은 평가를 과장한 것이다. 그가 상상한 이 대단한 성공은 그로 하여금 그가 속한 주의 교육부 담당자를 만나는 자리로까지 이끌었다. 그는 이 미팅이 교육감은 물론이고 그의 참모직원들까지 모두 참석하는 큰 미팅일 것이라 혼자 짐작했다. 그러나 그가 약속장소에 나갔을 때, 그는 단지 비서를 보았을 뿐이고, 그 비서는 그의 제안서를 받더니 며칠 내로 그에게 전화가 갈 것이라고 알려주는 것으로 끝이었다. 그리고 그 전화는 결코 오지 않았다. 그의 희망자기는 그 건물을 나서면서부터 무너졌고, 쓴 고통을 맛 본 자신을 증오하는 상처받은 자기에게 그 자리를 내주게 되었다. 그는 자신의 아버지가 했던 말을 다시 생각하며 집으로 돌아오는 길에 심각하게 자살에 대해서까지 고민했다. 집에 도착할 때쯤, 그는 스스로에 대해 심한 수치감을 느꼈고, 동료들을 볼 수 없어서 직장도 그만 둘 수밖에 없었다.

William은 아무것도 할 수 없는 심각한 우울감을 겪었고 이는 그의 아버지가 그에게 늘 이야기해 왔던 대로 자신은 결점 투성이라는 그의 근본적인 믿음을 재확인시키는 계기가 되었다. 그의 우울증은 그를 유순하게 만들었고 친절하게도 그의 부모는 다시 일하러 나갈 만큼 충분히 회복되기까지 잘 추스려야 한다고 달래주었다. 1년 동안의 휴직 후에 그의 교사 계약직은 만료되었고 그는 결국 학교에서 해고당했다. 그는 그의 원가족 내에서 괴롭고 화가 나지만 여전히 분리할 수는 없는 상태로 깊게 얽혀 있었다. William은 어린 시절을 제대로 보내지 못해 결과적으로 그들의 가족으로부터 분리하지 못하는 성인들에게서 자주 보게되는 패턴을 그대로 보여주었다. 별 볼 일 없는 주변적인 삶을 살면서 때때로 비현실적인 헛된 꿈을 꾸는 경우이다.

William이 가진 이러한 불행과 좌절감이 그로 하여금 부모로부터 분리될 수 있도록 정신건강 전문가의 도움을 기꺼이 원했을 것이라고 생각할 수도 있을 것이다. 그러나 이것은 실제와는 전혀 반대되는 예상이다. William은 그의 발목을 붙잡고 있는 모든 질문들은 물론 빈정대는 태도, 어처구니 없는 헛된 망상까지 모두 나와의 치료 회기에 가져와 보여주었다. 그는 자기 아버지에게 했던 것처럼 나에게도 동일한 수법으로 공격적인 질문들을 해댔다. 우리의 첫 번째 회기가 시작된 지 15분 만에 나는 그가 쓰는 공격적인 언어들 때문에 방어적이 되었고 좌절감을 느꼈다. William의 상처받은 자기가 차지하는 엄청난 비중과, William에게 "지정된 조언자"로서 아무 잘못도 없는 나와 관계 맺기 위해 그가 자신의 상처받은 자기를 사용하는 방식은 우리를 책임감의 문제에 대해 토론하도록 이끌었다. 그의 냉소적이고 도전적이며 화를 돋구는 행동들이 그가 자신의 아버지에게 했던 것과 똑 같은 영향을 불러 일으켰다. William은 그의 과거사에서 과연 희생자였을까, 아니면 자기 스스로 인생을 망가뜨린 파괴자였을까? 둘 모두 맞는 해석이지만, 우리가 나이를 먹으면 먹을수록 우리 삶의 행동에 대한 책임은 점점 더 우리 자신에게 전가되는 것이 사실이다. 다른 사람들의 화를 돋구는 행동들을 함으로써 William은 그가 관계를 맺는 사람이 좋은 의도를 가지고 있는지와는 아무 상관없이 언제나 인간관계에서의 갈등으로 가득차 있는 자기만의 세계를 재창조할 수 있었던 것이다.

그와의 많은 상담 회기 가운데 나는 계속된 적대심과 불신감을 느끼게 된 후, 그를 돕는 일에는 덜 관심을 가지게 되었다. 이는 심리학자가 반드시 자각하고 극복해야만 하는 인간의 정상적인 반응이기도 하다. 나는 다른 사람들을 즐겁게 하는 것을 좋아하는 사람이었고, 만약 이런 종류의 즐거움을 우리의 상담 회기에서도 경험할 수 있다면 William을 나의 환자로 계속 만나는 것을 포기하지 않을 수도 있을 것 같았다. 나는 그에게 그가 적대적인 비판으로 나를 정말 화가 나게 하는 횟수가 얼마나 되는지 그 점수를 매겨볼 것을 제안했다. 마치 농구 경기에서 각각의 슛이 다른 점수를 내는 것처럼, 그의 공격 역시 다른 "수준"으로 책정되었다.(1점, 2점, 3점 혹은 홈런 등) 이 전략은 그가 무례하게 나를 공격하던 자세를 하나의 게임을 하는 것과 같은 자세로 바꾸어 놓았고, 역설적이게도 William이 자신의 적대감을 더욱 증가시켜서 높은 "점수"를 낼 수 있도록 동기를 부여했다. William은 매우 극적으로 대꾸했다. "당연하죠, 선생님의 그 사이비 과학에서 겨우 끄집어내는 어떤 그럴듯한 기술들이라도 나는 상관 없어요." 5분 후에 우리는 그의 이러한 잔인한 대꾸가 어느 정도의 효과가 있는지에 대해 뜨겁게 토론하였고, 내가 이에 대해 2점을 주면 William은 홈런을 주어야 마땅하다고 우기곤 했다. "글쎄, 정말 심판이라도 구해야겠는걸." 내가 말했다. 이런 방식의 대화는 그가 나를 또 다른 방식으로 화를 돋구게 하기도 했는데, 그가 "제대로 점수 하나 못 매기는 소심한 성격의 족제비"같다고 나를 놀리는 것이었다. 나는 그의 독창적인 모욕의 방식에 매우 심취해서, 이런 새로운 공격에 대해서는 3점을 주곤 했다. 이러한 공격적인 언어의 패턴은 계속 되었지만, 이것은 이제 나와 싸우기 위해서가 아니라 그의 창의성에 대해 우리가 함께 싸우는 것이었다. 나는 나 자신을 그의 공격의 대상이 아닌 그의 공격성을 판단하는 역할로 그 위치를 바꾸었다. 이것이 나로 하여금 어느 정도 재미를 느낄 수 있게 해 주었고, 그가 끝도 없이 해대는 모욕적인 말들을 마음에 새기지 않은 채 넘길 수 있게 해 주었다. 그리고 결국 이러한 작업은 그와 내가 함께 그를 자신의 가족으로부터 풀어내는 과정을 협력해서 시작할 수 있도록 해 주었다. William에 대한 사례는 5장에서 다시 다루기로 하자.

샌디(Sandy) : 혼자 살기? 그러나 외로워

이제부터 다룰 Sandy의 사례는, William의 경우보다 한 단계 더 발달되어 있는 상황을 보여준다. Sandy는 발달과정에서 전혀 도움이 되지 않았던 실제가족을 떠날 수는 있었지만, 자신들의 방어기제가 너무 심하게 작용하여 성인으로서의 우정을 맺지 못하는 많은 성인들이 보이는 전형적인 사례라고 말할 수 있다. 사실 Sandy는 자신의 가족에 대해 매우 강렬하고 파워풀한 이미지를 머리 속에 가지고 있어서 다른 사람들을 대할 때에도 마치 그들이 자신의 가족 중 한 사람인 것 같은 착각을 하고 가족을 대하는 동일한 방식으로 대했다. 이처럼 다른 사람들을 대할 때에도 마치 가족들에게 대하는 것처럼 대하는 이러한 경향을 심리치료에서는 "전이(transference)"라 부른다. Sandy는 자신이 사회적으로 고립되었고 지나치게 많은 일을 계속해서 하고 있으며 얼마 되지도 않았던 친구들마저도 잃어버리게 되는 문제 등을 가지고 나를 찾아 왔다. Sandy는 이혼한 홀어머니 밑에서 자랐는데, 어머니는 한 전문대학의 음악 교수였다. 그녀가 어렸을 때, 엄마는 Sandy와 그의 여동생에게 매우 자주 신체적인 학대를 가했다. 엄마의 혼란스럽고 엉망진창이며 성공적이지 못한 삶이 자매 때문이라는 비난을 늘 들어야 했다. Sandy의 엄마가 늘 했던 말이, 그녀에게 이 자매라는 짐만 없었더라면 그녀는 세계적으로 명성 있는 연주가가 될 수 있었을 것이었다는 이야기였다. Sandy는 이러한 강압적이고 늘 자신을 거부했던 엄마에 대해 불평을 했지만, 성인이 된 아직까지도 엄마에 대한 애착은 여전히 강하게 남아 있었다. 하루도 빠짐없이 집에 전화를 했고, 그녀 스스로도 이 가족 모임이 "소름 끼친다"고 말을 하면서도 엄마와 함께 하는 일요일의 저녁 식사를 한 번도 빠진 적이 없었다.

Sandy는 영화 평론가로서 일했고 경제적으로 매우 성공한 삶을 살았다. 그러나 그녀는 자신의 성공에 대해 단 한 번도 만족한 적이 없었고, 자신의 이름을 영화 산업에 남길 수 있는 큰 "찬스"를 바라면서 끊임없이 그리고 미친 듯이 일했다. 이는 마치 그의 엄마가 음악으로 세계에서 명성을 떨치기를 바랐던 것과 유사하다. Sandy가 엄마와의 애착관계에 남아있기 위해 어린 시절의 거부 경험들에 의해 자신의 분열방어를 사용할 수밖에 없었다는 것은 충분히 예측 가능하다. 이 방어기제는 그녀 성격의 주요한 부분이 되었고 어른이 되어서까지도 계속 남아있게 된 것이다. 이러한 분열방어의 전제적인 특성은 그녀로 하여금 현실을 왜곡해서 보도록 만들었는데, 그로 인해 그녀는 자신의 친구들에 대해 전적으로 좋거나 전적으로 싫거나의 두 관점만을 가지고 바라보고, 이 관점마저도 어떠한 경고나 예측 가능한 사인도 없이 어느 한 순간에 자주 바뀌기가 일쑤였다. 이것은 방어기제의 역설에 대해 분명하게 보여준다. 즉 방어기제들은 우리의 어린 시절 동안의 걱정이 우리를 삼키지 않도록 보호해

주지만, 곧 우리 성격의 주요한 일부가 되어서 성인으로서의 삶에 큰 해를 끼치기가 일쑤인 것이다.

분열방어를 사용하는 많은 성인들이 그러하듯이, Sandy도 많은 인간관계의 문제들을 가지고 있었다. 어느 한 친구에게 좌절감을 느끼는 순간, 그녀의 상처받은 자기는 무의식의 숨겨진 곳에서 갑자기 나타나서는 그 친구에게서 한 순간에 "등을 돌리고" 그 관계가 가지는 다른 모든 좋은 면들은 싹 잊어버리게 만드는 것이었다. 이것은 두 살짜리 어린이가 엄마 품에 사랑스럽게 안겨 있다가도 3분 후에 무슨 이유 때문에 "나는 엄마가 미워!"라고 소리를 지르는 것과 똑 같은 것이다. 좌절경험은 모든 긍정적인 기억들은 지워버리고, 그 어린이는 그 순간의 감정에만 완전히 빠져서 헤어 나오지 못하는 것이다. 이러한 인식과 감정의 심각한 변화들이 Sandy가 가지고 있는 많은 인간관계 문제들의 원인이었다. 이러한 인간관계 문제는 비단 남녀 사이의 애정 관계에만 국한된 것이 아니었다. Sandy가 맺는 다른 여성들과의 관계도 갈등으로 가득 차 있었고, 그녀는 반복해서 갑작스럽게 그리고 예상치 못하게 생기는 갈등들로 인해 친구들을 잃어버리고 있었다.

첫 번째 회기에서 Sandy는 현재 자신의 가장 친한 친구에 대해 주체하지 못할 만큼 화가 나게 된 사건의 경위를 설명해 주었는데, 이는 그녀가 자신의 여동생에게 "모욕"을 주어서였다. 그녀의 친구가 회사에서 Sandy 여동생의 사진을 보게 되었는데, 이 사진은 여동생이 회사의 새로 온 남자 동료도 함께 찍은 사진이었다. 사진 속의 남성은 여동생보다 훨씬 나이가 들어 보였고 옷차림도 낡고 격이 떨어져 보였다. 그 사진을 보던 Sandy의 친구는 "잘 잡았네, 그래도 남자가 돈은 많아야 할 텐데!"라고 농담을 했다. 이에 대해 Sandy는 친구에게 아무런 예고도 없이 불같이 화를 내었고, Sandy의 여동생의 파란만장한 연애사에 대해 Sandy와 함께 늘 농담을 해왔던 이 친구는 깜짝 놀랄 수밖에 없었다. Sandy는 나와의 상담 회기에서도 자신의 여동생의 라이프 스타일에 대해 늘 농담을 하곤 했는데, 여동생을 부유한 남성들을 꼬시는 전문가로 비유하면서 동생은 만나는 남성들이 데이트를 할 때 얼마까지 쓰고 싶은지를 직접 결정하게 하는 "낭만적인" 결정을 한다는 것이었다. Sandy는 또한 아직까지도 집에 돈 한 푼 내지 않고 얹혀살면서 종종 엄마로부터 큰 돈을 빌려가면서 갚지도 않는 동생에 대해 수치스러운 감정도 당연히 느끼고 있었다. 동생에 대한 이러한 시각은 그녀의 상처받은 자기로부터 나온 것으로서 Sandy는 자신의 여동생이 자신이 좋은 의도로 한 많은 일들을 역이용하여 자기에게 유리하게 만들곤 했다는 많은 기억들을 가지고 있었다.

나는 Sandy의 인생의 어떤 일이 동생에 대하여 상처받은 자기의 관점으로부터 희망자기의 관점으로 갑자기 바뀌게 했는지에 대해 조사하기 시작했다. 그 대답은 즉시 나왔다. 그것은 곧 그녀의 아버지가 최근에 돌아가셨다는 것이었는데, 멀리 떨어진 다른 주에 살며 딸들과는 거의 교류도 없었고 딸들에게는 완벽하게 무관심하고 어떠한 돌봄도 주지 않았던 아버지였다. 논리적으로 볼 때, 자녀와 어떠한 관련도 되어 있지 않았던 부모 중 한 쪽(이 경우에는 아버지)의 죽음이 이미 "어른이 된" 자녀에게 주는 영향은 거의 없거나 혹은 전혀 없다고 봐야 한다. 그러나 Sandy는 어린 시절 부모 중 어느 한 쪽으로부터도 어떠한 정서적인 지지를 받아본 적이 없었기 때문에 아버지의 죽음은 아버지에 대해 자신의 희망자기가 조금이나마 남겨두고 있던 환상을 갑자기 불러일으킨 것이었다. 그녀가 가족에게 가졌던 애착은 가졌다 하더라도 매우 약한 것이었고 자신의 비현실적인 희망자기에 의해 유지되는 것이었으므로, 아버지의 죽음은 남아있는 두 명의 가족에 대한 애착을 이전보다 더 크고 강력한 환상으로 되어야 할 필요를 증가시켰다. 아버지의 죽음은 그녀의 희망자기의 환상을 더욱 강하게 만들었고, 그러므로 자기중심적인 엄마와 다른 사람들을 이용해먹는 여동생이더라도 그녀에게는 계속해서 좋은 "가족"이어야 했던 것이다. 동시에 그녀는 자신의 상처받은 자기의 기억들은 완전히 억압해 버렸다.

그러므로 아버지의 죽음이라는 사건은 그녀의 상처받은 자기를 희망자기로 바꾸어 놓았고, 이러한 갑작스러운 변화는 그녀의 친구에게 깜짝 놀랄 변화로 여겨질 수밖에 없었던 것이다. 그녀의 죄 없는 친구는 왜 갑자기 Sandy가 자신의 가족들에 대해 완전히 다른 마음을 먹게 되었는지 그 이유를 알 길이 없었고, Sandy가 보였던 심한 반응에 대해 그저 놀랍고 화가 날 뿐이었다. Sandy의 도를 지나치는 분노는 그녀의 친구가 지금 그녀에게 반드시 필요한 환상,

즉 그녀가 자신의 여동생과 가까운 애착관계를 형성하고 있다는 그 환상을 위협할 만한 사실을 만들어 주었기 때문에 생긴 것이었다. 친구에 대한 이러한 공격적인 반응은 그들의 관계를 급속도로 차갑게 만들었고, 결국 그녀는 그 친구를 잃게 되었다.

이처럼 갑작스러운 분노와 그에 대해 제대로 설명할 수 없는 일들이 그녀 주변의 다른 사람들을 혼란스럽고 기분 나쁘게 만드는 경우가 종종 있었다. Sandy는 친구에 대해 자신이 화를 낸 것이 당연히 정당하다고 느꼈는데, 왜냐하면 Sandy는 자신이 동생에 대해 가졌던 반대의 관점에 대해서는 자신의 상처받은 자기 속으로 억압된 이상 더 이상 기억할 수 없었기 때문이었다. Sandy의 분열방어의 사용은 그녀로 하여금 친구들과 끝없는 "오해"를 만들었고, 이는 결국 Sandy가 자신의 역기능적인 엄마와 동생에게 계속 애착관계를 유지하며 남아있는 것 외에는 어떠한 대안도 없도록 만들어 놓았다. 이 사례는 심한 방어기제의 사용이 젊은 성인이 가지는 외부의 다른 인간관계들을 얼마나 망칠 수 있는지, 그래서 결국 시간이 지날수록 점점 더 인간관계는 좁아지고 사라질 수밖에 없는 상황으로 만들 수 있는지를 보여준다. 그들을 지지할 수 있는 우정이라는 사회적 네트워크(network)나 배우자를 통한 안정적인 인간관계가 없이, Sandy와 같은 많은 사람들은 계속해서 극도의 외로움을 느끼고 단지 자신의 가족에게나 겨우 "의지하며" 사는 괴로운 삶을 살게 된다. 이는 이미 파괴적인 발달단계의 경험을 통해 충분한 고통을 경험한 많은 성인들로서는 참으로 슬픈 운명이 아닐 수 없는 것이다.

◻ "반복강박" :
"그 일"을 하고, 또 하고, 계속 하는 것

　어린 시절 계속되는 좌절과 거절을 경험했던 사람들에게서 나타나는 가장 큰 아이러니는 그 아이들이 성장하여 어른이 된 후에 맺게 되는 많은 친근한 인간관계들에서 자신들이 경험했던 것과 유사한 거부과 부정적인 상황들을 계속해서 만들어내는 경향이 있다는 것인데, 이 때 그들은 상대방이 자신들을 원가족으로부터 분리시키려는 속셈을 가지고 그렇게 하는 것이라고 생각하기까지 한다. 이것이 잘못된 발달경험을 가진 사람들이 겪는 가장 역설적인 결과물이다. "새롭게" 맺는 인간관계에서도 자신들의 원가족의 패턴을 답습한다는 것은 그들이 새로운 장소에 있지만 여전히 원가족과의 애착관계 그대로 남아있다는 것, 새로운 배우들과 하는 다른 연극이지만 예전과 동일한 배역을 맡고 있다는 것을 의미한다. 이처럼 흔히 일어나는 심리적인 사건을 가리켜 "반복강박(repetition compulsion)"이라 부른다. 고통스러웠던 어린 시절의 경험에 대한 건강한 해결책은 그 어린 시절의 고통스러웠던 경험과 허전함으로부터 가능한 한 멀리 도망가려고 하는 것이 당연한 것이다. 그러나, 이러한 건강한 해결책은 적절한 돌봄을 주지 못한 가정에서 자란 어른들에게는 닿을 수 없는 경우가 많은데, 이는 이 가족이 그 자녀들로 하여금 그들의 새롭고 건강한 정체성을 발달시킬 수 있을 만큼의 충분한 지지를 보여주지 않았기 때문이다. 오히려, 이 자녀들은 성장하여 어른이 된 후에도(상처받은 자기와 희망자기라는) 두 개의 반대 성향을 가진 불안정한 자기에 의해 생성된 내면의 극심한 공허감에 시달리게 되고, 다른 사람들과의 인간관계까지도 분열방어와 도덕방어에 의해 방해받는 것이다.

사람들이 왜 가장 어울려서는 안 되는 사람들과 어울리는 것인지에 대한 문제에 대해 내가 처음으로 접하게 된 계기는 경제적으로 어려워 변호사 비용을 댈 수 없는 사람들을 위해 변호 일을 해주던 지방 법원의 변호사가 나에게 여러 사건들에 대한 자문을 구해 왔을 때였다. 대부분의 사건들에서 나는 피고인들을 위한 심리검사들을 해주는 역할을 맡았고, 이것이 그 피고들을 변호하는 변호사를 돕는 일이었다. 한 사건에서 나는 방화죄로 체포된 한 젊은 남성을 만나게 되었는데, 구체적으로 말하자면 그는 자신의 여자 친구에게 복수하겠다며 여자 친구의 자동차의 기름통에 불을 붙였다. 그는 설명하기를, 여자 친구가 자신을 놀렸는데 그 정도가 심해서 그런 식으로 복수하는 것 외에는 다른 어떤 방법도 생각나지 않았다는 것이었다.

이 사건에서 내가 매우 놀라지 않을 수 없었던 점은 내가 유치장으로 "Tim"을 만나러 갈 때마다 바로 그 여자 친구가 자기 차를 불지른 남자 친구를 만나려고 면회시간 동안 늘 기다리고 있었다는 점이었다. 후에 그가 내 사무실로 왔던 적이 있었는데, 그 때 그녀 역시 함께 왔고 대기실에서 남자 친구를 기다렸다. 나는 자기 차를 분명한 목적을 가지고 일부러 불 지른 그 남자 친구에게 계속 애착관계를 가지고 있는 이 여성에 대해 궁금하지 않을 수 없었다.

Tim은 Carrie라는 이 젊은 여성과의 연인관계에 대해 폭풍 같고 엄청난 매력과 흥분이 가득한 관계라고 묘사했다. Carrie는 매력적이면서 변덕이 심한 여성이었는데, Tim에게 데이트를 하자고 한껏 유혹한 후에 마지막 순간에 보란 듯이 일부러 퇴짜를 놓곤 했다. 결국에는 퇴짜로 끝나는 이런 패턴의 약속들이 대부분의 젊은 남성들을 비롯하여 거짓으로 하는 약속에 익숙하지 않거나 별반 흥미를 느끼지 못하는 대부분의 사람들에게 매력적으로 여겨질 리가 없다. 그러나 Tim의 경우, 그는 자신의 부모들에 의해 거절당했던 경험을 극도로 많이 했었고 그 결과 그는 매우 강력한 희망자기를 발달시켜서 사랑에 대한 환상 속에서 살거나 그것이 아니면 그 반대로 동일하게 강력한 상처받은 자기 안의 분노 속에서 살아왔던 것이었다. Carrie의 그와 같은 놀리는 듯하며 수수께끼 같은 약속들은 Tim에게는 매력적이었을 것이 분명한 것이, 그녀가 Tim의 분열된 자기의 양쪽 측면 모두에게 어필했기 때문이었다. Tim의 희망자기는 그녀가 Tim과 데이트를 하러 가기 전에 그의 사랑을 증명해 보라는 그녀의 "테스트"에 의해 발동이 걸렸다. 이러한 테스트들은 그가 그의 엄마로부터 사랑받기 위해 노력하면서 직면했었던 많은 장애물들을, 그러나 오랫동안 묻혀있었던 기억들을 다시 생각나게 했고, 이것들이 그의 희망자기에게 다시 희망을 주면서 그가 그토록 원했던 그 사랑이 바로 눈앞에 있다고 확신하게 만들었다. 반대로 그의 상처받은 자기는 잔인한 거부에 매우 익숙해져 있었고, 그것이 다시 기억나자 Tim은 자신과 데이트하지 않겠다고 하는 Carrie의 변덕을 고치고 극복하기 위해 어떤 무리한 방법이라도 사용했던 것이다. 마치 모든 어린 자녀들이 그들 부모로부터 관심을 끌기 위해 어떤 행동이라도 하는 것처럼 하였다. 이제 이 옛날 여자 친구가 자발적으로 Tim에게 온갖 애정을 표현하게 되자 Tim은 그녀에게 아무 관심이 없어지게 된 것은 당연하다. Tim에게는 그것이 진심으로 느껴지지 않았기 때문이다.

Carrie가 자신의(어쩌면 가능한) 사랑을 얻기 위한 필수조건으로 Tim에게 말도 안 되는 비논리적인 것을 요구하면 할수록 Tim은 그 관계에 점점 더 빨려 들어갔다. Carrie의 Tim에 대한 거부들은 매우 치욕적이었고 잔인했고 Tim의 상처받은 자기는 그러한 Carrie를 고쳐보려는 엄청난 열망을 가지고 점점 더 열과 성을 다해 그 관계에 몰입했던 것이다. 그녀가 그를 거부할 때, Tim에게는 여자 친구의 마음을 돌려보겠다는 목적의 전략들을 가지고 있었다. 그의 희망자기 역시 Carrie의 약속들에 완전히 몰입되어 있었는데, 이는 비록 Tim에게 어떠한 확실한 증거가 있었던 것은 아니었지만 그래도 그녀에게서 자신을 위한 사랑의 신호들을 보았다고 믿었기 때문이었다. Carrie의 행동들이 이상하고 비합리적이며 가학적이 될수록 Tim은 점점 더 그녀에게 끌렸다. 내가 상담가로서 일하기 시작한 지 얼마 되지 않았던 그 때, 나는 내가 새로운 영역에 와 있음을 깨달았고, 인간의 무의식의 역동에 대해 배우기 위해 나의 수퍼바이저를 찾아 갔었다.

Carrie는 그 정도가 점점 지나쳐서 매우 심하게 Tim을 거부했고, 그것은 Tim의 상처받은 자기가 그녀를 바꾸어 보겠다는 모든 노력들을 포기하도록 만들었다. 그리고 그 좌절감에 사로잡혀서 Tim은 복수를 하겠다는 시나리오로 바꾸게 된 것이다. Carrie가 Tim의 참을성에 대해 너무 심할 정도로 한 것은, Tim과 만나겠다고 한 이후에 자신의 집으로 또 다른 괜찮은 젊은 남성을 일부러 초대하여 Tim으로 하여금 질투심을 유발하려고 했다는 점이었다. Tim의 분노는 폭발하였고, 그 즉시 Carrie의 차의 주유통에 구멍을 뚫어서 불을 붙였고, 그 과정에서 Tim 역시도 화상을 입었다. 보통의 여성이라면 이러한 적대적인 행위에 대해 겁을 먹을 터인데, Carrie는 Tim의 이러한 반사회적인 행동을 자신을 그만큼 사랑해서 하는 행동이라고 해석했다.

Tim이 이 일로 감옥에 가게 된 후, Carrie는 그에게 매우 헌신적인 가족의 일원인 것처럼 행동했다. 그녀는 Tim을 그 어느 때보다 훨씬 더 강하고 매력적인 남자로 보았다. 그녀의 이러한 큰 관심을 주는 행동들은 Tim의 희망자기를 다시 불러오게 했고, 반복강박 이면에 있는 복잡한 선택의 과정이 다시 진행되었다. 이들의 상호간의 희망자기는 Carrie의 사디즘적인 측면과 Tim의 폭력적인 복수의 기억들로부터 잘려져 나갔다. Tim과 Carrie 모두 두 개의 고립되고 반대 성향의 자기들을 가지고 있었고, 이 자기들은 그들의 모든 기운을 서로에게 쏟아붓는 것 뿐 아니라 둘 이외의 다른 어떤 평범한 인간관계에 대해서는 배척하는 형태의 관계를 맺게 했다. 이러한 감정적인 드라마는 이 둘 모두의 성격에 이미 존재하고 있었던 기제들과 관련되었다. 간단히 말하면, Tim의 어린 시절은 그로 하여금 이런 형태의 관계를 맺을 수밖에 없도록 만들었고, 이것은 Tim이 이와 같은 자신의 성격이 가지는 거대한 무의식의 측면에 별다른 관심을 보이지 않는 정상적인 파트너에게는 결코 편안한 감정을 느낄 수 없었기 때문이었다. 그는 Carrie의 자신에 대한 거부들을 그의 부모가 했던 것과 같은 것으로 받아들이고 도전의식을 느꼈다. 그의 상처받은 자기는 그의 내면에서 다시 상처를 받았고, 그러한 그녀에게 복수하거나 혹은 고쳐 보겠다는 열망으로 가득 차게 되었지만, 반면 그의 희망자기는 무제한적인 사랑을 받을 기대로 채워지고 있었다. 실제 현실에서 충분히 이상하고 역기능적인 여성임이 분명한 Carrie에 대하여 Tim은 그녀가 그 누구보다도 대단한 사람이라고 믿었고, 그래서 그는 자신이 그의 부모들을 원하고 바랐던 것만큼 그 똑같은 열정을 가지고 Carrie를 원했던 것이다. 이와 같은 역동은 내가 나의 또 다른 책 "사랑의 환상 : 어째서 학대받은 여성은 그녀의 학대자에게 되돌아 가는가(The Illusion of

Love : Why the Battered Woman returns to Her abuser)"에서 소개한 사례로서 학대받은 여성이 자신을 학대한 사람과의 애착관계를 끝내지 못하고 계속 책임감을 느끼는 것과 동일한 역동이다.

제 4장
변화를 위한 준비

- 상처받은 자기 속의 분노를 다스리기
- 꿈 속의 고통스러운 진실들을 받아들이기
- 도덕방어로부터의 자기 비난을 극복하기
- 죄책감에도 불구하고 부모에 대한 명확한 비전을 확립하기
- 불운을 받아들이기보다 숨겨진 의미를 찾아내기
- 대리부모 수용하기

- 제 4 장 -

변화를 위한 준비

사람을 자유롭게 만드는 진실은 대부분 사람들이 들으려고 하지 않는 진실이다.
- Herbert Agar -

앞서 살펴본 세 장에서는 우리를 우리의 가족에 매어 있게 하고 또한 정상적인 성인으로서 기능하지 못하게 방해하는 인간의 방어기제의 발달에 대해 다루었다. 이제 우리의 관심은 이 문제를 어떻게 해결할 것인지에 대한 것으로 넘어간다. 이러한 방어기제에 대항하고 극복하는 방법이 그것이다. 지금까지는 부모들의 "나쁜 점"에 우리의 초점을 맞추었지만 모든 변화는 우리의 자기(self)로부터 비롯되어야 하므로 이제 우리의 초점은 그 변화를 위해 우리가 취해야 할 태도, 행동, 활동들에 맞추어질 것이다. 이를 통해 우리는 우리의 원가족으로부터 우리를 어떻게 분리시킬 수 있는지 살펴볼 것이다.

🔲 상처받은 자기 속의 분노를 다스리기

　상처받은 자기는 어떤 식으로든 비난을 하고자 하기 때문에 우리를 제대로 돌보지 못한 부모와 우리 성격의 상처받은 부분 사이에서 그 분노의 애착관계를 유지시킬 수 있다. 이는 부모들을 고쳐보고 싶다는 열망과 그들에게 복수하고 싶다는 열망 둘 중 하나의 모습으로 나타난다. 이 지점을 극복하는 것이 중요한데, 그들을 비난하는 것을 중지하는 데 성공한 후에는 우리의 상처받은 자기가 담당하는 역할을 줄어들게 되고 그러므로 다른 사람들의 "나쁜 점"들에 대해 집착하는 것 역시 줄어들게 되기 때문이다. 이는 우리가 우리를 있는 그대로 보려는 바깥의 다른 사람들과 진정한 관계를 맺을 수 있도록 도와준다. 불행하게도 발달과정에서 무수한 박탈경험을 한 많은 성인들이 누군가를 비난해야 한다는 열망에 너무 사로잡혀서, 결국에는 마치 심리학적으로 뛰어난 경찰관처럼 행세하며 자신들이 어렸을 때 가졌던 그 이상들에게마저 훨씬 못 미치는 삶을 살게 되는 경우가 대부분이다. 2장에서 "책임"에 대해 언급했었지만, 우리의 부모들이 우리가 어린 시절에 경험했던 많은 실패와 거절의 경험들에 대해 책임이 있다는 사실은 자명하다. 그러나 교통신호를 위반한 수준과 정도에 맞추어서 적절한 과태료가 내려지는 단순한 원리와는 달리, 많은 경우 부모들은 사회로부터 어떠한 비난의 소리도 듣지 않으면서 자신들의 적절한 부모로서의 역할들을 수행하는 일에 "실패한다." 그들이 부모로서 실패한 이유는 그들 자신의 어린 시절, 즉 자신들도 모르는 채 답습할 수밖에 없었던 무의식적인 동기들로 가득 찬 자신들의 성격들 때문인 것이다. 둘째, 그들이 자녀가 건강한 성격발달을 하지 못하도록 한 일종의 "범죄"는 그들이 지금과는 다른 상황에서 지금과는 다른 사람의 모습으로 행해졌다고 말할 수 있다. 그리고 우리 자신이 어른이 되어서도 받아들이기 가장 어려운 사실은 우리의 부모들 역시 지식에 의해서, 또는 기본적 정서에 의해서 혹은 금전이나 사랑의 부족에 의해서 그렇지 않으면 자신들의 통제력을 벗어나는 많은 상황들에 의해 제한을 받는다는 점이다. 나의 환자들이 가장 이해하기 힘들어했던 것이 바로 이 점이었는데, 왜냐하면 부모는 어떤 식으로든 자신들이 원하면 늘 그들에게 충분한 사랑을 주어야 한다는 그들의 희망자기가 가지고 있는 환상에 위배되는 것이었기 때문이다. 단순히 말해서, 이것이 언제나 늘 가능한 것은 아니며, 이에 대해 토론하는 것이나 달래는 것, 가르치거나 심지어 애걸하는 방법마저도 그들에게 충분하지 못했던 부모들을 바꿀 수는 없다.

상처받은 자기가 가지는 위험요소 중 하나는 이것이 우리의 어린 시절의 발달과정 가운데 생겨나서 그 어린 시절에 우리가 가졌던 정서적인 태도와 사건들에 대한 경험들을 모두 포함하고 있다는 점이다. 이러한 기억들 자체는 소중한 것이지만, 어린 시절의 태도들을 그대로 어른이 된 후의 삶에 가져온다는 것은 위험할 수 있다. 다시 말해, 어린 시절에 그랬던 것처럼 우리는 아직도 우리의 부모가 가지는 중요성을 과장시켜서 생각하는 것이다. 성인으로서 정말 중요한 사람과 그렇지 않은 사람을 아는 것은 매우 중요하다. 성숙한 성인이라면, 자신이 화목하지 못한 가정에 태어나게 된 것은 단순히 불운이었을 뿐이고 이에 대해 복수를 하거나 보상을 받아야겠다는 생각 없이 이제는 자신의 삶을 개척해 나가야 한다는 현실을 이해하고 받아들일 것이다. 심리학자인 쉘돈 콥(Sheldon Kopp)은 자신의 많은 성인 환자들이 어린 시절 그들이 "속았다는" 사실에 대해 가지는 분노를 포기하지 못한다는 점을 지적했다. 자신의 책, "결백으로의 종결(An End to Innocence)"에서 그는 복수하고자 하는 열망으로 가득 찬 그의 환자들의 상처받은 자기에 대해 언급하고 있다.

스스로를 아직 끝나지 않은 동화 속의 영웅이라고 착각하는 낳은 사람들은 자신들을 실망시킨 악당들이 처벌받지 않은 채 풀려나거나 어떠한 비난도 받지 않고 희생자들에게도 별다른 보상이 주어지지 않는다는 사실을 믿을 수 없어한다.(믿지 않으려고 한다) 누군가는 반드시 그들에게 벌을 주어야 하고, 그들을 잘 보살펴야 하며, 누군가는 반드시 그 가족이 잘못된 것들을 바로 잡고 착한 자녀들에게는 상을 주는 일을 해야만 하는 것이다.(38)

이처럼 강하고 절대적으로 옳은 진술은 나의 많은 환자들에게서도 듣고 있다. 많은 환자들이 자신을 집어삼킬 것 같은 열등감과 유기감에 대한 반작용으로서 과도한 자기 존중감을 발달시켰다. 우리들 중 많은 수는 우리가 당하는 불운에 대하여 예측할 수 없는 우주에서 단순히 예측할 수 없게 일어난 일일 뿐이라고 받아들일 수 없는 대신, 우리의 정서적인 고통의 경험은 우리의 인생에서 가장 중요한 단 하나의 사건이 되는 것이다. 현실에서, 우리의 중요성에 대한 이와 같은 과장은 잘못된 것을 고치려는 혹은 그에 대해 복수하려는 상처받은 자기의 희망과 더불어 이 세상에 정의는 없다고 하는(특히 그것이 우리의 가족과 관련된 일이라면) 더욱 무서운 가능성으로부터 우리를 보호하는 환상이 된다. 현실에서, 우리의 가족 내의 지저분한 문제들을 해결하고 깨끗하게 청소해주는 사람은 어디에도 없으며, 어떠한 구원을 기다리며 혹은 백일몽에 사로잡혀 집에 오래 머무르면 머무를수록 우리의 인생을 새롭게 시작할 수 있는 기회와 확률은 점점 줄어든다. 화목하지 못한 가족 속에 발목이 잡힌 채 보내는 하루하루는 우리들 자신감을 점점 더 갉아먹을 뿐이다. 결코 일어나지 않은 기적을 기다리며 오랜 시간을 보낸 후에, 결국 그 상황에서 탈출하려는 시도를 하기에 이제는 너무 약해져버린 우리 자신의 모습을 받아들이고 포기하게 되는 것이다.

상처받은 자기의 눈으로 세상을 바라보는 환자들은 많은 경우 그들이 가지게 될 모든 종류의 잠재적인 지지에는(자신들의 부모가 그랬던 것처럼) 알 수 없는 취약한 부분들이 내재되어 있어서, 이는 결국 그들이 가지게 될 어떠한 인간관계라도 궁극적으로는 파괴하고 그들에게 실망감을 안겨줄 것이라는 가정을 가지게 한다. 이처럼 늘 다른 사람들을 비난하는 성향은 우리의 모든 관심과 주의를 바깥 세상에 고착되게 만들어서 다른 사람들과의 좌절스러운 관계, 그것이 우리의 부모가 됐든 혹은 새로운 관계가 됐든 동일하게 어려운 관계 가운데 계속 머무르는 것을 선택하도록 만든다. 제 3장에서 논의되었던 반복강박이라는 개념은 우리가 어떻게 무의식적으로 계속해서 실망스러운 인간관계를 맺게 하는지에 대해 보여주었다. 즉, 다른 사람들을 비난하는 것은 실로 유아적인 해결책이라고 말할 수 있는데, 왜냐하면 이에 대한 진정한 해결책은 우리가 계속해서 불평하는 관계에서 스스로 벗어나 보다 더욱 만족스러운 인간관계, 보다 건강한 "다른 사람들"과 관계 맺도록 하는 것이기 때문이다.

내가 만났던 많은 환자들이, 그들의 상처받은 자기가 이 세상을 지배적인 것으로 보는 관점을 가진 채로 희망자기와 상처받은 자기 사이의 관계에서 변화를 경험했다. 상호관계에서 실패한 경험이 많다는 점에서, 그들의 무의식적인 반복강박이 성인이 된 후에도 동일한 실패로 이끌 수 있다는 점에서 이를 이해할 수 있다. 상처받은 자기가 점점 더 지배적이 되어가기 때문에 많은 환자들이 자신들의 미래에서 성공적인 인간관계에 대한 가능성을 그들의 "아주 커다란 부담으로" 받아들이는 것이다. 다음에 제시될 Charlie의 사례가 이와 같은 정서적인 덫에 대해 잘 보여줄 것이다.

Charlie는 나와의 첫 번째 만남부터 그가 여성들과 가지는 여러 문제들에 대해 내가 어떻게 생각하는지를 알고 싶어 했다. 그는 이제 회복되어 가는 환자 집단원들 중 한 명이었고 오직 자신이 속해있던 그룹의 여성들하고만 데이트를 했다. 그러므로 그가 만나는 여성들은 매우 어려운 발달경험을 가진 여성들이었다. 그는 지금까지 그가 데이트했던 여성들의 목록이 적혀 있는 노트를 가지고 와서 자신이 첫 번째로 데이트했던 여성부터 설명하기 시작했다. 그는 그녀의 결점들은 물론 어린 시절 그녀가 어떤 안 좋은 버릇이 있었는지에서부터 그녀가 최근에 그녀의 우울증과 관련하여 어떠한 수치스러운 경험을 했는지에 이르기까지 아주 세세한 내용을 자세하게 설명했다. 그가 모든 설명을 끝내고 내가 그에 대해 어떤 언급을 하려고 하자 그는 손을 세차게 저으면서 아직도 더 많은 내용이 남아있고 그러므로 내가 자신을 방해할 수 없다는 것을 표현했다. 그의 손짓 때문에 나는 다소 화가 나기도 했지만 그대로 침묵을 지키면서 그의 목록의 다음 사람이(매우 잘 알려진 부동산 중개인이었다) 어떤 잘못들을 했는지까지 모두 들었다. 그는 그녀가 사실은 남몰래 술을 많이 마시고 라스베가스로 "출장"을 간다고 하고는 도박을 하다가 결국 많은 빚을 지게 되었다는 내용을 자랑스럽게 보고했다. Charlie는 다른 사람들의 도덕적인 잘못을 날카롭게 지적함으로써 자신의 상처받은 자기의 비난하는 모습을 보여준 것이었고, 이 과정에서 내가 그의 태도를 누그러뜨리려는 시도를 계속해서 막은 것이었다. 그가 이처럼 정직하지 못한 부동산 중개인에 대해 말하는 것을 거의 끝낼 무렵 나는 많은 이야기를 하고 싶었지만 역시 나에게 그럴 기회는 주어지지 않았다. 그 즉시 Charlie는 세 번째 관계, 즉 그의 담당 의사에 대한 비판으로 넘어갔다. Charlie는 그 의사가 자신이 약을 오용하여 생긴 증상들에 대해 제대로 알아차리지 못했다고 했다. 이러한 종류의 내용들은 대개 나와 같은 치료자를 우회적으로 비판하는 것으로 여겨지기에 "파생물(derivative)"이라고 불리기도 한다. 그러나 그것은 우리의 첫 번째 회기였고, 우리는 이러한 문제에 대해서까지 논의할 준비가 전혀 되어있지 않았다. Charlie가 모든 것을 끝냈을 때, 나는 마침내 내가 한 마디라도 할 수 있는 기회가 생기리라 기대했지만 그는 어떠한 틈도 주지 않고 자기 자신에 대해 부정확한 평가로 넘어가더니, 스스로를 인간의 조건에 대해 매우 날카로운 평가를 내리는 철학자이자 학생이라고 평가했다.

내가 환자를 처음 만나는 대개의 경우 나는 긍정적인 편인데, 이 환자의 경우 나는 Charlie가 매우 어려운 환자가 될 것 같다는 걱정을 할 수밖에 없었다. 그의 이와 같은 패턴은 그 다음의 두 번의 회기에서도 계속되었다. 그는 자신의 여자 친구들에 대한 결점들에 대해 끊임없이 비판하면서 우리의 대화를 계속 지배했고, 나의 이야기는 거의 듣지 않다가 마침내 나에게도 말할 수 있는 기회를 주었다. 우리의 네 번째 회기에서 나는 마침내 Charlie의 어린 시절에 대해 어느 정도 구체적인 이야기를 들을 수 있었다. 그는 방어적인 태도로 자신의 어린 시절이 "완벽했다고" 말했지만 나의 귀에는 부모의 실패를 말하는 것으로 들렸다. 그 회기가 있던 날 그는 나에게 음성 메시지를 남겨서 치료를 취소하겠다고 말했는데, 그 이유가 내가 "돌팔이 심리학자"로 그에게 비춰졌기 때문이라고 했다. 그러나 나에게는 우리의 관심사가 그의 발달사로 옮겨지게 되면서 더 이상은 그의 현재 혹은 과거의 연인 관계에 있던 많은 여성들의 결점들과 실패한 경험들에 대해 이야기하지 않게 된 순간 그가 위협을 느낀 것이 분명하게 보였다. 그의 희망자기는 자신의 부모에 대해 그가 가지고 있는 환상들이 행여라도 손상될 수 있다는 가능성을 참을 수 없었던 것이다. Charlie의 약한 정체성은 "좋은 부모"로부터의 지지를 필요로 했고, 그러므로 그 부모를 계속 유지하기 위해 자신의 상처받은 자기가 가지는 모든 분노를 그의 현재의 인간관계로 돌려서 표출하고 있었던 것이었다. 그의 상처받은 자기가 가지는 적개심은 언제나 대체 가능한 여성을 향했고, 그러므로 그가 자신의 원가족에 대해 가지는 환상이 손상을 입을 가능성은 전혀 없었다. 그의 모든 경멸과 분노는 언제나 안전한(가족이 아닌) 대상을 향했던 것이었다.

이처럼 분열방어를 극단적으로 사용하는 것은 Charlie의 상처받은 자기가 자신의 어린 시절의 실망감들을 현재 혹은 과거에 Charlie를 놓쳐버린 연인 혹은 그의 치료전문가에게 모든 분노를 쏟아놓는 것을 가능하게 한 반면, 그의 부모들은 그의 희망자기의 환상 가운데 잘 보호된 채로 남아있을 수 있었다. 이 당시 Charlie

는 자신의 삶에 대해 매우 방어적이었고 그래서 그는 자신이 심리치료에 적합한 사람이 아니라고 느꼈고, 진실을 대면하는 두려움이 치료를 끝내게 하였다. 그러나 이것이 모든 희망이 사라진 것을 의미하는 것은 아니다. 시간이 지난 후, 그는 또 다른 치료자를 찾아가서 자신의 어린 시절의 경험과 부모에 대해 다시 한 번 살펴보는 모험을 감행할 수도 있다. Charlie의 사례를 통해 우리가 배울 수 있는 것은 지나치게 강력하고 자기 정당화가 심한 상처받은 자기에 대해 신중을 기해야 한다는 점이다. 특히 이러한 상처받은 자기가 다른 사람들을 비판하는 것에만 집중하는 경우라면 더욱 그러하다. 앞에서도 지적했듯이, 상처받은 자기는 제대로 이해된 경우 매우 도움이 되는 가치 있는 도구가 될 수 있는데, 그것은 우리의 어린 시절의 경험들을 풀어내는 데에 결정적인 역할을 하는 중요한 기억들을 모두 간직하고 있기 때문이다. 그러나 이러한 상처받은 자기가 우리를 완벽하게 지배하여 우리의 현재의 인간관계를 형성하는 일에 우리가 할 수 있는 어떠한 역할도 못 하게 한다면, 결국 우리의 성격 그 자체가 아무런 역할도 하지 못한 채 묻혀지게 될 위험에 처하게 된다. 신중하고 정확하게 우리의 상처받은 자기를 사정하는 것은 우리로 하여금 그것 안에 있는 분노와 복수에 대한 욕구에 휘둘리지 않고 그것의 가치 있는 측면을 잘 이용할 수 있도록 도와준다.

나는 이 넓은 세계의 현실이 우리에게 어떠한 문제도 일으키지 않는다고 말하는 것이 아니다. 우리를 괴롭고 힘들게 할 수 있는 경제적 문제들, 뜻하지 않게 찾아오는 질병과 신체적인 아픔들,

그리고 그 밖의 온갖 문제들이 있다는 사실은 절대적인 현실이다. 그러나 인간관계의 문제들, 특히 다른 사람들과 지속적으로 반복되는 문제들의 패턴이나 다른 사람들에게 계속해서 좌절하고 실망하게 되는 종류의 문제들에는 분명한 "이유"가 있다. 앞 장에서 Tim과 Carrie가 방화사건을 계기로 서로를 알아차리고 발견하게 된 사례에서 살펴보았듯이, 이러한 문제들은 무의식의 매우 교묘한 조종의 결과이다.

우리가 우리의 가족으로부터 벗어나기 전에 반드시 정복해야 할 또 다른 방어기제가 존재하는데, 바로 우리 자신에 대한 환상에서 벗어나야 한다는 사실이다. 슬프게도, 우리가 부모의 좋음에 대해 창조해낸 환상들에서 벗어나기 어려운 만큼이나 우리들 자신에 대한 환상을 포기하는 것은 매우 어려운 일이다. 자기 중심성(self-centeredness)은 게으르고 태만한 부모 밑에서 자란 자녀들이 가지는 파괴적인 결과들 가운데 하나이다. 이러한 자녀들은 하루하루의 생존을 위해 이와 같이 극단적인 방어기제를 사용할 수밖에 없었던 것이다. 자기 중심성은 우리의 욕구들이 계속해서 박탈되는 경험에서 비롯된 결과로서, 결국 우리의 내면적 박탈이 우리 인생의 초점이 되는 것이다. 많은 자녀들이 자신의 합리적인 욕구들을 충족시키는 것에 매우 심취되어서 그들의 정체성은 괴로워했던 정서적인 외상들(traumas)을 중심으로 발달된다. 이는 나무가 그 주변을 둘러싸고 있는 철조망을 벗어나지 못하고 그 안에서 자라는 것에 비유될 수 있다. 그 결과로서 발달된 성격은 대부분 건강한 낙천성에 대해 매우 비판적이고, 다른 사람들을 신뢰하지 않으며, 심지어는 "정상적" 우정의 관계에 대해서마저 비관적이다. 그리고 이러한 성격이 불러 일으키는 피해는 대부분 다른 사람들에게도 즐겁지 못한 경험들이다. 그러므로 우리 자신에 대한 정직한 성찰과 반성은 더욱 어려워질 수밖에 없는데, 왜냐하면 우리가 우리들 자신에 대해 듣고 받아들여야만 하는 부정적인 종류의 정보는 대부분 우리가 싫어하고 잘 어울리지 못하는 사람들로부터 오는 경우가 대부분이기 때문이다.

그러므로 어린 시절의 많은 박탈경험이나 방임경험을 가진 젊은 성인들은 대개의 경우 극단적으로 일방적이고 이기적이다. 이러한 자기 중심성은 자신들의 충족되지 않은 어린 시절의 욕구들을 채우려는 노력에서 비롯되는 계속된 시도이고, 한편 다른 사람들에 대해 보이는 공격성은 그들이 다른 사람들과의 관계에서 늘 예상하고 받게 되는 수치감으로부터 스스로를 보호하려는 시도이다. 내가 경험한 많은 환자들 중 가장 일반적인 자기기만(self-deception)의 성향을 보이는 사례를 소개하고자 한다. 미혼의 남성이었는데, 그는 자신이 옳음에서 오는 적개심으로 가득 차 있으면서도 동시에 스스로를 "괜찮은 남자"라고 생각했다. 이러한 종류의 젊은 남성들은 그들의 성격을 형성하고 있는 가장 명백하고 중심축이 되는 성격의 부분으로서 자신들의 상처받은 자기가 얼마나 강력한지 전혀 깨닫지 못하고 있다. 예를 들면, 내 학생 중 한 명이었던 게리(Gary)라는 남성은 대학을 간신히 졸업하고 치료를 받으러 왔었다. 학부를 졸업하는데 6년이라는 시간이 걸렸는데, 이는 그의 상처받은 자기가 그가 다니는 대학 당국을 상징적인 가족이라고 여겨서 자신의 충족되지 못한 욕구들을 학교 내에서 충족시키기 위해 여러 가지 방식으로 학교를 개혁하고 고치려는 시도들을 긴 시간에 걸쳐 했기 때문이었다. 이러한 개혁가로서의 그의 학창시절은 자신의 수강변경으로 학장실에 불려갔을 때 시작되었다. 그의 전공은 생물학이었는데 자신의 전공필수 과목들은 전혀 듣지 않고, 그 학기에 네 개의 역사 전공과목을 듣겠다고 고집을 부렸다. 학장과의 면담에서 Gary는 학교의 정책, 즉 학생들로 하여금 매 학기 자신의 전공과목을 반드시 일정 학점을 듣도록 하는 정책에 대해 비판했다. 그는 결국, 전혀 다른 이유로 그 학교를 고소하고 싶어했던 지역의 한 변호사를 만나게 되었고, 그 변호사는 소송비용의 절감을 위해 Gary에게 협조하기로 동의했다. Gary는 학교 당국이 오랜 시간에 걸쳐 확립해 온 여러 정책들과 절차들에 대해 도전하고 비판하는 일에 자신의 대부분의 시간을 사용했고, 이러한 자신의 사명에 대해 매우 고취되어서 변호사와 함께 이런 일을 하는 데 집중하여 자신의 학업에 대해서는 소홀하였다. 그와 그 변호사는 학교의 커리큘럼과 학생복지, 심지어 등록금 등에 이르기까지 다양한 여러 정책들에 소송을 제기했고, 이러한 소송들은 단시간 안에 Gary를 지역의 악동이자 학교 내의 유명 인사로 만들었다. 그는 갑자기 자신이 그만큼이나 중요한 존재가 되었다는 사실에 매우 흥분해서 그의 야심은 보다 거대해졌고 왜곡되었다. 급기야 그는 자신이 새롭게 얻게 된 그 지위를 유지하기 위한 방법으로서 지역 정치에까지 눈을 돌리게 되었다. 졸업 후 1년 후에 치료를 받기 위해 나에게 왔던 이유는 졸업과 함께 그의 상처받은 자기의 적개심의 대상이었던 학교 당국이 더 이상 존재하지 않게 되었고 그러자 그의 정치적 발판 역시 사라지게 되면서 그의 인생 자체가 갑작스럽게 무너지게 되었기 때문이었다. 그가 첫 회기에서 대화를 시작했던 말이 "내가 학교를 떠난 그 순간 내 인생의 모든 의미들이 한꺼번에 사라져 버렸어요."였다. 그가 학교 당국을 대상으로 했던 그 모든 일들은 그가 어린 시절 그의 부모에게 하고 싶었던 일들의 재창조였다. 그러나 한 가지 다른 점은 이번 일의 경우 그가 어린 시절에는 결코 경험하지 못했던 일정한 지위와 자신의 중요성이 잠시나마 인정받았다는 점이었다.

Gary는 가장 첫 회기에서 자기 자신을 "괜찮은 남자"라고 소개하면서, 자신의 학부과정 중 나의 이상 심리학 강의를 매우 재미있게 들었던 점 때문에 나를 찾아왔다고 말했다. 그는 자신의 과거는 물론 자신의 인간관계의 역동을 알아가는 데에 매우 흥미가 있는 듯했고, 우리의 첫 번째 회기의 결과에 매우 만족해서 바로 그 다음날 상담 회기를 또 한 번 가지고 싶다고 요청했다. 나는 다른 환자들과의 상담 약속이 있기 때문에 그럴 수는 없다고 설명했다. 그러나 그는 매우 화를 내면서 내가 자신의 돈을 별다른 효과도 없이 뜯어먹는 고집불통의 엘리트라고 매도했다. 이러한 비난은 그 후 나와의 상담 회기 전체에 걸쳐 나를 공격하는 수단이 되었는데, 이는 그의 상처받은 자기에서 비롯된 것으로서 본래 그의 무의식에 숨어 있다가 내가 자신의 욕구를 채워줄 수 없다고 말하는 순간 그의 의식으로 나온 것이다. 존경의 감정에서 적개심으로 옮겨가는 이와 같은 빠른 변화는 분열방어의 전형적인 사인이라 말할 수 있다. 내가 그의 욕구들을 좌절시킨 그 순간에(그의 희망자기를 통해 나를 바라본) 나에 대한 이상화로부터 증오의 감정으로 변해버린 것이었다. 그의 끝없는 욕구들이 좌절되는 경험은 그 대상의 이상화와 양립할 수 없었고, 이는 무의식적으로 그가 그의 부모로부터 경험한 어린 시절의 무수한 박탈경험을 생각나게 한 것이었다. 이러한 좌절경험은 그의 상처받은 자기를 무의식으로부터 일깨워서 그의 희망자기와 대체되었다. 희망자기가 후퇴되면서 나를 좋은 사람이자 자신에게 도움을 줄 사람으로 봤던 관점은 순식간에 뒤엎어진 것이다. 그에게 지지와 사랑을 약속했던 부모의 대체자 역할로 나를 봤던 관점이 부모와 마찬가지로 좌절과 박탈경험 외에는 아무것도 제공하지 않는 사람이라는 관점으로 바뀌게 된 것이다.

Gary의 상처받은 자기가 그를 지배하게 되면서 그는 매우 어울리고 싶지 않은 사람이 되었다. 그의 상처받은 자기는 어린 시절의 많은 박탈경험을 씻어내려고 했고, 이것은 그를 언제나 관심의 대상이 되어야 하고 다른 사람들의 욕구는 아랑곳하지 않는 거만하고 유아기적인 어른으로 보이게 만들었다. 이러한 그의 행동들은 그가 묘사했던 자신의 아버지의 모습과 매우 닮아있었다는 사실은 그리 놀라운 일이 아니다. 상처받은 자기가 내포하고 있는 극단적인 정서들은 대부분 우리의 사교술과 다른 사람들에 대한 섬세함을 잃게 만드는데, 이는 우리가 느끼는 그러한 정서들이 매우 진지하고 요구적이기 때문이다. 이러한 감정들이 가지는 생생함과 그 강도는 오랫동안 경험되고 축적되어 있던 어린 시절부터의 좌절감이 다시 현실에서 경험될 때 그에 대응하여 다른 사람들에게 가혹하고 심하게 대해도 괜찮다는 환상을 심어준다. 이러한 방어기제들로부터 벗어나기 위해서는 우리의 행동에 대한 다른 사람들의 관점이 우리의 의식 속으로 파고들 수 있을 만큼(다른 사람들에 대한) 충분한 신뢰감을 발달시켜야 한다. Gary의 사례에서 그의 성격이 자기 중심적이고 이기적이라고 보는 나의 관점은 그가 스스로를 보는 관점, 즉 그의 동료 학생들을 학교 당국의 무자비하고 가혹한 행정으로부터 보호하기 위해 애쓰는 자기 희생적인 영웅이라는 관점과는 전혀 상반되는 것이었다. 그가 가지는 강력한 감정들이 비전을 가진 자신이 다른 사람들을 위해 노력함에도 불구하고 이 세상 모두는 귀머거리와 벙어리가 된 것이라는 자기 확신을 하게 만들었다. Gary의 사례는 5장에서 마무리 짓겠다.

우리가 주의를 기울여야 하는 또 다른 점은 우리의 상처받은 자기 속에 묻혀진 기억들이 매우 강력한 정서들을 가지고 있다는 점이다. 이러한 감정들은 우리에게 고통을 주었던 원가족 내의 사건들에 대해 우리가 가졌던 원래의 반응들에 대한 반영물이다. 커다란 외상을 주는 그러한 사건들 이후 오랜 시간이 흘렀음에도 불구하고 이러한 원래의 감정적 반응들은 변하지 않고 남아있고, 그 결과 이러한 감성들이 드러나는 경우 그것들은 매우 강력할 수밖에 없다. 우리의 희망자기가 무작정 낙관적임을 인식해야 하는 것과 같이 우리의 상처받은 자기들은 비현실적으로 분노에 가득 차 있고 복수를 원한다는 사실 역시 받아들여야만 한다. 부모로부터의 게으르고 방치되었던 돌봄의 기억들은 그러한 사건들이 일어났던 당시에 우리의 상처받은 자기에 저장되지만, 거기에서 비롯되는 감정들은 그러한 사건들을 경험했을 당시의 발달과정 동안에서만 적절한 반응인 것이다. 부모가 우리를 방임하거나 제대로 돌보지 않은 경험을 할 때 우리는 극도로 괴롭고 무기력해져서 우리의 삶 자체가 위협받고 있다고 느끼게 되고, 이러한 감정적 반응들은 우리가 느끼는 삶에 대한 위험성의 극단적인 정도로까지 확장된다. 예를 들면, 이러한 원초적인 정서들은 육남매 중 한 자녀가 큰 마트에서 부모를 잃어버렸을 때 느끼는 감정에 비유될 수 있다. 만약 그 어린이가 어른이 가지는 정서적 강도로서 이 사건에 대해 복수하려고 한다면, 그는 자신을 잃어버린 부모에 대해 가혹할 정도로 폭력을 행사할 지도 모르는 것이다.

상처받은 자기 안의 분노는 최근 들어 10대 학생들에 의해 계속 발생되는 학교 내 살인 사건들의 원인이라고 말할 수도 있을 것이다. 분노를 숨기고 있는 상처받은 자기를 가진 학생들은 자신들이 가지는 그 같은 감정들이 그들의 어린 시절에서부터 비롯된다는 사실을 인식하지 못한다. 학교 친구들로부터의 거부경험이 인생 자체를 위협하는 사건은 아니지만, 두 살 혹은 세 살 어린이로서 부모와의 관계에서 그러한 경험을 했다면 그것은 인생을 위협하는 것으로 느껴졌을 것이 분명하다. 그리고 이제 그 자녀들이 학교 내에서 현재 경험하는 거부의 경험들을 과거의 것으로 대체시켜 이해하는 것이 문제인 것이다. 이처럼 분노를 주체하지 못하고 폭력적으로 표현하는 경향이 최근 더욱 심해지고 있는 것은 온갖 위험한 무기들은 물론 내가 "교육적 비디오"라고 부르는 영상물들에 전적으로 노출되어 있는 것이 그 이유라고 여겨진다. 최근의 액션 영화들은 그들에게 무언가 잘못을 한 대상에게(대개 치명적인 최첨단의 무기를 가지고) 복수를 하는, 절대 죽거나 무너지지 않는 영웅들에 대해 그린다. 이러한 주인공들은 언제나 "정의의 편"에 서 있고 그들이 자행하는 많은 살인들에 대해 어떠한 부정적인 결과도 드러나지 않는다. 많은 십대 초반의 자녀들이 자신들의 거대한 상처받은 자기와 어린 시절의 정서적 유기에 대한 분노에 짓눌려 있고, 이러한 감정들은 때로 치명적으로 위험한 행동으로 이어지기도 한다. 상처받은 자기들이 취하는 이러한 행동들은 외부의 다른 사람들이 보기에는 이해 불가능한 것으로 여겨지기도 한다. 다시 말하지만, 상처받은 자기가 기억하고 있는 진실들은 어린 시절의 경험에서 비롯되는 강력한 분노의 감정들과 혼합되어서 이제 어른이 된 우리의 현실 상황에는 더 이상 정상적으로 적용될 수 없다는 점을 기억해야 한다.

🔲 꿈 속의 고통스러운 진실들을 받아들이기

내가 만나는 환자들은 모두 다르다. Charlie는 자신이 가졌어야만 하는 "좋은" 부모에 대한 환상을 지키려고 자신에게 상처를 주는 모든 사람들에게 복수하고 싶다는 열망에 빠져 있었다. Gary는 자신의 가족에 대해 그러한 환상을 가지지 않았다는 점에서 Charlie와는 다르다. 그러나 대신 그는 자신의 상처받은 자기 속의 분노에 지나치게 심취되어서 스스로를 정의의 사도로 여기는 또 다른 환상을 창조해냈다. 그 밖의 다른 환자들도 모두 다르다. 자신의 상처받은 자기와 연결되는 것을 두려워하는 환자들도 많다. 대개의 경우 이러한 사람들은 여전히 그들의 가족들과 깊게 연결되어 있으면서 그들 부모의 부정적인 측면을 보는 것을 두려워한다.

지금까지는 우리의 상처받은 자기들의 부정적인 측면이 가질 수 있는 위험한 요소들에 대해 살펴보았다. 그렇다면 이제부터는 이러한 성격이 가질 수 있는 긍정적이고 치료적 도움의 측면들에 대해 살펴보기로 하자. 우리의 꿈이 가지는 큰 능력 가운데 하나는 우리가 정상적으로 사용하는 방어기제들을 뛰어넘어 우리에게 진실이 무엇인지에 대해 말해주는 무의식의 능력이 그것이다. 조심스럽게 잘 설계되어 사용되는 방어기제들을 뛰어넘는 가장 강력한 방법 가운데 하나가 우리의 꿈을 잘 이해하는 것이다.

성인으로서 대부분의 인간관계에서 실패를 경험한 Charlie와 같은 환자들과 일을 할 때, 나는 그의 이야기들을 어린 시절 부모와의 관계에서 역시 실패를 경험했다는 것을 드러내는 엑스레이 사진으로 이해하고 받아들인다. 그의 부모와 내가 밝혀내야만 하는 감추어진 진실은 그가 기억하지 못하거나 인정하지 못하지만 그의 부모가 그를 키우는 과정에서 제대로 된 돌봄을 제공하지 못했다는 사실이고, 그러므로 궁극적으로 그로 하여금 부모에게서 경험한 실패의 경험을 인정하고 받아들이도록 해야 하는 것이다. 나는 환자의 어린 시절에 대한 매우 신중하고 구체적인 조사와 연구를 통해 이러한 미스터리에 접근한다. 만약 어떤 환자가 자신의 계속되는 연애관계의 실패에 대해 불평한다면, 나는 그의 원가족에 대한 질문에서부터 치료를 시작한다. 대부분의 환자들은 이러한 질문들이 별다른 관계가 없는 것으로 생각하는데, 그들의 빙어기제들이 그의 어린 시절의 인간관계와 성인이 된 후 가지는 인간관계의 문제들을 전혀 다른 것으로 따로 떨어뜨려 생각하도록 작용하기 때문이다. 그러므로 자신의 발달과정이 고통에 가득 찬 아주 괴로운 것이었다고 드러내는 환자는 매우 드물다. 그렇다면 내가 그들이 자신들의 가족으로부터 독립하지 못하는 것을 설명해내기 위해 온갖 박탈경험과 인식되지 못한 상처들로 가득 찬 하나의 이야기를 "꾸며내서" 환자들로 하여금 사실 그들은 어린 시절 내면에 상처를 받았던 것이라고 설득시키는 것일까? 정반대이다. 환자들이 조금씩 자신들의 어린 시절의 경험들, 즉 자신들이 지금까지 감히 직면하려고 하지 않았던 내용들을 드러낸다. 지지를 보내줌으로써 부모의 "대체 인물"처럼 행동하는 치료자가 강력히 존재하는 것은 환자들이 혼자서는 어려워서 결코 직면하지 못했던 감춰져왔던 현실들을 대면할 수 있도록 이끌기도 한다.

다행스럽게도, 방어기제를 매우 심하고 철저하게 사용하는 환자들에게도 빈틈은 있는데, 바로 그들이 꿈을 꿀 수 있는 능력이 있다는 점이다. 우리가 의식적으로 부인하는 고통스러운 현실들을 우리가 "볼" 수 있도록 상처받은 자기가 우리에게 직접적으로 말을 한다는 점에서 우리의 발달과정 속에 숨겨진 진실을 알아내는 데 꿈은 우리의 가장 강력한 동맹군 가운데 하나이다. 앞으로 살펴볼 두 가지의 꿈은 환자들의 상처받은 자기가(그들이 자신들의 희망자기의 환상을 포기한 채 살아갈 수 있는 여력이 아직 없었기 때문에) 인정할 수 없었던 그들의 가족들에 대한 진실을 말해주고 있다. 즉, 꿈 속에서 표현되는 상처받은 자기의 측면들에 대해 면밀하게 조사함으로써, 특히 심리치료가와 같이 냉철하게 관찰할 수 있는 사람의 도움을 통해 희망자기의 환상들로부터 벗어날 수 있다.

앤지(Angie)는 노동계층 대가족의 육남매 중 한 명이었다. 그녀의 아버지는 농촌의 농기구를 파는 사업을 했고, 그의 여섯 자녀들은 어려서부터 아버지의 고용인처럼 많은 일들을 해야만 했다. 특히 Angie는 숫자에 뛰어나서 그녀가 고작 11살이 되었을 때 그녀는 장부를 관리하는 일을 했다. 또한 그녀가 운전 면허증을 딸 수 있는 나이 훨씬 이전부터 큰 트럭을 몰고 다니면서 동네의 고객들은 물론 온갖 곡식과 건초, 잡초 등을 실어나르는 일을 해야만 했다. 그녀가 이러한 어른이 해야 할 일들을 어떠한 도움도 없이 스스로 해야만 했을 때 엄청난 두려움을 느꼈지만 그녀의 이러한 감정들을 알아주는 사람은 아무도 없었다. 특히 큰 트럭을 운전하는 일이 그녀에게는 소름끼치게 무서웠는데, 왜냐하면 그녀의 키가 너무 작아서 발이 트럭의 페달에 닿는 것조차 어려웠기 때문이었다. 브레이크를 밟을 때마다 그녀는 의자에서 미끄러져서 발을 뻗어야만 했고, 그럴 때마다 앞이 보이지 않는 것은 당연했다. 그녀의 아버지가 특별히 Angie만 더 심하게 일을 시킨 것은 아니었다. 가족의 다른 모든 자녀들도 이와 유사한 방식으로 그들의 아버지에게 이용당했다. 그러나 Angie의 엄마는 특히 Angie만 "나쁜 아이"라고 하면서 신체적으로 그녀를 학대했는데, 그것은 엄마 자신의 좌절감에서 비롯되는 경우가 대부분이었다. 그 결과 Angie는 어린 시절의 대부분을 엄마로부터 숨어지냈다. 그녀의 이러한 이야기를 들어주는 사람은 아무도 없었고 오히려 그녀와 다른 형제 자매들은 그들이 너무나 멋진 아동기를 즐기고 있는 것이라는 말들을 들으며 자랐다. 그녀의 이런 두려움들을 들어주고 인정해주는 사람이 아무도 없는 상황은 그녀가 경험했던 무자비한 착취의 경험이 그녀의 상처받은 자기에 정확하게 고스란히 기억되게 만들었다. 이제 성인이 된 그녀는 극도로 어려운 직업들, 다시 말해 엄청난 양의 업무를 소화해야 하지만 그 과정에서 어떠한 도움이나 지시 사항 등은 찾아볼 수 없는, 즉 그녀의 어린 시절의 경험들이 무의식에 의해 정확하게 재생되는 직업들에 끌리는 자기 자신을 발견하게 되었다. 그녀는 미친 듯이 일했고, 그러한 엄청난 일과 때문에 다른 사람들과 어떠한 정서적인 관계도 맺을 수 없었다. 이처럼 비정상적으로 정서적으로 고립된 그녀의 삶에서 단 한 가지의 예외가 있다면 그것은 그녀의 강아지였는데, 그 강아지에게 그녀는 자신의 모든 사랑을 쏟아 부었다. 그녀가 가지는 걱정들 중 하나는 자신의 강아지에게 정도를 넘어서는 매우 강렬한 감정, 즉 그녀의 남편이나 그녀 주변의 다른 어떤 사람들을 대할 때보다 훨씬 더 크고 강렬한 감정들을 느낀다는 점이었다. 추수감사절 전 주에 있었던 상담 회기에서 그녀는 바로 그 전날 자신이 꾸었던 꿈 때문에 큰 충격을 받은 채로 치료 회기에 왔다. 내가 지금까지의 사례에서 묘사했던 다른 많은 부모들과 마찬가지로 그녀의 부모 역시 그녀의 중요한 발달 시기 동안에 제대로 된 돌봄을 주는 데에 실패했음에도 불구하고 이제 성인이 된 자녀에게는 자신들에게 그녀의 책임을 다할 것을 요구했다. 매년 자녀들이 가족 당 추수감사절 음식을 하나씩 준비해서 부모의 집에서 추수감사절을 다 같이 보낼 것이 기대되었다. 그 날 Angie는 추수감사절 가족 모임 저녁 식사를 위해 그녀는 자신의 강아지를 죽여서 요리를 해서 가져가는 꿈을 꾸었다. 그녀는 자신의 무의식이 이 세상에서 자신이 가장 사랑하는 바로 그 대상을 해치도록 하는 무서운 운명을 보여줄 수 있다는 사실에 몸서리를 치며 두려워하였다.

이 꿈을 꾸기 전의 상담 회기들에서 그녀는 상당히 저항적이었다. 자신에게 너무나 많은 것을 강요하며 그녀를 착취하는 부모들에 대해서 온갖 변명들을 하면서 그들과의 애착관계를 포기하려 하지 않았었다. 나는 그녀의 꿈에 대해 매우 단순한 해석을 내렸다. 즉 그녀의 상처받은 자기는 그녀가 어린 시절부터 부모에게 어떤 대우를 받아왔는지에 대해 너무 잘 알고 있고 꿈을 통해 그것을 말하려고 한다는 해석이었다. 그녀가 그토록 사랑하는 그 강아지는 어린 시절의 그녀를 상징하는 것이고, 그녀가 부모에 대해 가지는 순수한 신뢰와 사랑은 그녀 스스로의 욕구들을 "희생하면서" 생기는 것임을 꿈이 말해주는 것이었다. 성인이 된 후 그녀가 다른 사람들에 대해 가지는(심지어 그녀 자신의 남편에 대해서까지 가지는) 의심과 불신은 그녀의 모든 사랑과 관심이 강아지에게 쏠리도록 만들었다. 자신의 긍정적인 애정의 표현을 감히 표현할 수 있는 단 하나의 대상이 오직 강아지였던 것이다. Angie의 사례는 그녀의 억눌렸던 상처받은 자기가(그 동안 희망자기에 의해 억눌려왔던) 그녀의 무의식이 완벽히 숨겨질 수는 없으며 그 나름의 방식으로 상처받은 자기는 표현된다는 점을 보여순다.

상처받은 자기 안에 숨겨져 있던 모든 상처와 분노에 대면해야 한다는 공포아 우리의 부모에 대한 욕구가 결합할 때, 그것은 어러 시절의 괴로웠던 경험에 대한 정확한 인식을 하지 못한 채 꿈으로만 제한되는 경우가 많다. Angie의 경우, 만약 그녀가 자신의 상처받은 자기 속의 분노와 슬픔의 현실을 받아들였다면 자신의 가족에 의해 버림받았다는 두려운 감정을 강렬하게 경험할 수밖에 없었을 것이다. 지금부터 살펴볼 세라(Sarah)의 경우, 그녀가 계속해서 현실을 왜곡하는 방어기제를 사용함으로써 자신의 고통을 의식적으로 인정하고 받아들이지 못하게 하는 주요한 이유는 그녀의 엄마에게 경제적으로 또한 정서적으로 끊임없이 의존한다는 점이었다. 그러나 그녀의 상처받은 자기가 치료를 통해 도움을 받게 되었을 때, 그 상처받은 자기는 엄마와의 관계에 대한 진정한 단면을 보여주는 꿈을 꾸도록 한다.

Sarah는 25살의 대학원생으로서 부유한 도시 개발업자이자 사회적으로 유명한 엄마를 가진 여성이었다. Sarah는 그녀의 엄마에 의해 제멋대로 통제되고 무시당하며 살아왔는데, 그녀의 엄마는 대부분의 시간과 노력을 칵테일 파티에서 보내면서 자신의 육체적인 아름다움에 대한 칭찬 듣는 것을 좋아했다. 그녀는 매우 똑똑하고 명석한 아이였지만 그녀가 어린 시절부터 경험한 부모로부터의 방임은 그녀 자신에 대한 분명한 정체성을 발달시키지 못하게 했다. 그녀의 엄마는 자신의 사교생활에서 딸을 필요로 하는 자리에만 데리고 감으로써 그녀를 자신의 부속물처럼 사용했을 뿐 그 외의 다른 모든 경우에는 Sarah를 무시했다. 10대가 되었을 때, Sarah는 무분별한 약물 복용과 결국은 실패로 돌아간 한 번의 자살 시도

등을 통해 이러한 현실에서 탈출하려고 시도했었다. 그녀가 결혼을 할 때에도 그녀의 엄마는 결혼 준비와 관련하여 모든 것을 마음대로 통제하였고 관련된 모든 결정도 엄마가 내렸다. 나와의 치료에서 Sarah는 결혼식 리허설 날의 저녁식사에 대한 꿈을 꾸었다고 보고했다. 그 저녁 식탁에는 엄마의 친구들만 잔뜩 와 있었을 뿐 자신의 친구는 단 한명도 없다는 꿈이었다. 그 식탁에서 엄마는 식탁의 가장 상석에 앉아 술을 마시며 주인 노릇을 하고 있었지만, 그동안 Sarah는 착한 딸 역할을 하며 그저 조용히 앉아 있었다고 했다. 이 때 엄마가 캠프파이어 게임을 시작했고, 이 게임을 하는 동안 테이블 위에 있던 나이프가 공중으로 뜨게 되었다. 그 나이프는 결국 Sarah 쪽을 향해서 그녀의 두개골을 꿰뚫었다. 이 꿈을 꾸는 동안 Sarah는 이것이 자신이 경험했던 전형적인 모습이라는 사실을 깨달았다. 즉 엄마는 스스로를 과시하며 즐거운 시간을 가지는 동안 자신은 착한 딸의 모습으로 조용히 앉아 있다가 결국에는 그 결과로 인해 상처를 입는 것이었다.

이와 같은 꿈들은 그들의 상처받은 자기로부터 직설적으로 표현되는 꿈들이다. Angie와 Sarah 모두 자신들의 가족으로부터 독립할 수 있는 충분한 안정감을 경험해본 적이 없었으므로 그들의 희망 자기에 의해 형성된 환상들을 쉽게 포기할 수 없었다. 그들의 상처받은 자기는 그들이 어른이 된 이후에도 계속해서 경험해왔던 상처와 분노, 고통들을 표현하도록 결코 허락하지 않았고, 그들의 어린 시절에 대한 진실은 고립된 채 무시될 수밖에 없었던 것이다. 다행스럽게도 두 사람 모두 지지와 격려 속에서 자신들의 감추어졌던 현실들을 받아들일 수 있었다. 치료적 상황을 경험하지 못하는 사람의 경우, 상처받은 자기 속에 감추어져 있는 이러한 가치 있는 진실들을 믿을 만한 것으로 받아들이지 않는데, 왜냐하면 이러한 진실들은 대개의 경우 극도로 화가 나는 순간이나 소름끼치도록 무서운 꿈 혹은 막연한 두려움 등을 통해 드러나기 때문이다. 그 결과 우리들 중 많은 사람들이 우리의 일부분인 이러한 진실들을 혐오하고 싫어하며 피하려고 한다. 이 진실이 우리가 필요로 하는 가족으로부터 우리의 애착관계를 끊어버릴 것이기 때문이다. 제 1장에서 인용되었던 Katherine Ann Porter의 에세이는 우리들 중 많은 사람들이 우리의 상처받은 자기의 존재를 "쓸모없는 돌덩어리"로 생각하지만, 사실 우리가 제대로 이해하고 이에 대해 표현할 수 있는 자유가 주어진다면 심리학적으로 볼 때 금광이 될 수도 있다는 사실을 보여준다.

🔲 도덕방어로부터의 자기 비난을 극복하기

앞서 지적했듯이 모든 환자들은 각각 다르다. 학대받은 자기를 극도로 많이 강조하고 다른 사람들을 비난하기 좋아하는 환자들은 도덕방어를 사용하는 경향이 떨어지는데, 도덕방어는 스스로를 비난하는 대신 다른 사람들의 "좋은 면"은 부각시키는 경향이 있기 때문이다. 반대로 자신들의 상처받은 자기에 대한 지각이 떨어지는 사람들은 많은 경우에 그들의 도덕방어에 의존함으로써 자신들의 원가족과의 애착관계를 유지하면서 그들이 경험하는 모든 인간관계의 실패에 대한 비난들을 자기의 것으로 받아들인다. 이러한 도덕방어는 그들의 부모가 자신들을 계속해서 거부함으로써 그들이 받은 심각한 상처들에 대해 계속해서 자각하지 못한 채 지내게 만들고, 성인이 된 후에도 그들이 정상적이지 않은 관계를 계속해서 맺게 한다.

환자들은 크게 두 그룹으로 나누어지는데, 한 그룹은 자신들의 어린 시절 동안 그들의 도덕방어에 의지하는 그룹이고, 다른 한 그룹은 그들의 분열방어를 주로 사용하는 그룹이다. 성인이 된 후에 스스로를 비난하는 그룹은 모든 종류의 현실적인 실패경험은 물론 상상할 수 있는 실패경험에 대해서까지도 인정하게 된다. 아마 그들은 다른 사람들을 충분히 사랑하지 않거나, 지나치게 이기적이거나, 아니면 감정적으로는 충분히 끌리는 대상에 대해서 이성적으로 끌리지 않는다고 생각할 것이다. 이처럼 도덕방어를 사용하는 많은 환자들은 그들 스스로를 "나쁜 씨앗"이라고 묘사한다. 즉 그들의 부모는 건강하고 바른 사람들이었지만 자신들은 그들의 잘못된 후손으로 태어난 것이라고 생각함으로써 자신들이 매우 사랑이 많고 지지적인 부모들을 가졌다고 하는 환상을 유지하기 위해 그들 자신의 "좋은 면"을 희생시키는 것이다. 이러한 도덕방어의 사용은 특히 인생의 후반부로 갈수록 그 파괴력이 더욱 커지는데, 이는 이러한 성향은 자신들이 맺는 모든 인간관계의 실패에 대해 스스로 엄청난 죄책감을 느끼는 동시에 그 모든 비난을 스스로에게 돌림으로써 그들의 자기 존중감에 치명적으로 나쁜 영향을 끼치게 되기 때문이다. 이는 마치 감옥에서 죄 없는 무고한 사람들은 감옥에 가두고 모든 범죄자들은 석방하는 교도관의 심리상태와도 비슷한 것이다.

이번 장에서 이미 인용했던 심리학자 Sheldon Kopp의 글에서 자신의 도덕방어의 사용을 극복하기 위해 노력하는 한 사람의 사례를 볼 수 있다. 다음의 인용은 그의 책 "무죄로의 종말(An End to Innocence)"에서 발췌한 것이다.

우리 가족의 위선적 분위기에 갇혀서 살아온 지난 세월 동안 나는 청소년기부터 나 스스로에 대해 내 주변의 다른 사람들을 불행하게 하는 볼품없이 못났고 올바르지 못한 사람이라고 믿기 시작했다. 이렇게 생각하는 것이 나의 부모들처럼 정직하고 선한 사람들에 의해 내가 계속해서 비난을 당하는 사실을 이해할 수 있는 유일한 방법이었다. 그들의 나에 대한 이러한 비난에 대해 내가 어떤 식으로라도 정말 그랬던 적이 있었는지를 살펴보고 그것을 고치기 위해 심리치료를 받기 시작했다.(86)

Kopp은 도덕방어를 사용하는 환자의 전형적인 태도를 보여주고 있는데, 즉 그들은 치료과정의 초반에는 자신의 부모에 대한 애착관계를 보호하기 위해 자기 비난적 방어기제를 지나치게 많이 사용한다. 치료가 발달초기 단계에서는 그가 이상적으로 생각했던 자신의 부모가 사실은 그다지 "정직하고 선한" 사람들이 아니라, 오히려 매우 거부적이고 제대로 된 돌봄을 주지 않았던 사람들이라는 것을 아직 볼 수 없다. 건강하고 사랑이 넘치는 부모들이라면 자신의 역기능적인 부모가 그랬던 방식으로 자녀를 비난하는 일은 결코 없었을 것이다. 이 간단한 진실이 그가 사용하는 도덕방어에 의해 감춰져 있는 것이다. Kopp은 이러한 자녀의 어린 시절을 가리켜 그의 현실의 욕구들이 충족되지 못한 채 거부된 상태기 그가 더욱 바라고 원했던 것들 가운데 산재되어 있는 혼합물로 묘사하면서, 이것이 그를 성숙한 사람으로 만드는 것을 방해한다고 설명했다. 그는 부모가 그에게 주고자 했던 것을 받았지만 그의 발달과정에서 그가 진짜로 필요로 했던 것을 받지는 못했던 것이다. 더욱 슬픈 것은, 그의 존재 자체가 그의 엄마에 의해 결점 투성이의 잘못된 사람으로 정의되었다는 점인데, 이는 그의 엄마가 그가 자기 가족의 일원이 아니라고 선언한 순간 일어난 일이었다.

그녀는 나에게 하루도 빠짐없이 병원에서 아기가 뒤바뀐 것임이 틀림없다고 말했다. 어떤 운이 좋은 다른 엄마가 자신이 응당 데려왔어야 할 축복받은 아이를 대신 집으로 데려간 것이 확실하다는 것이었다. 그리고 지금 그녀는 자신의 아이가 아닌 잘못된 아이에게 묶여있는 것이다. "너를 사랑하기는 하지만, 너를 좋아하지는 않아." 그녀가 늘 나에게 했던 말이었다. 비록 내가 그녀가 원했던 아이가 아니었던 것이 사실이기는 했지만, 그녀는 그녀가 기르는 작은 개구리를 마치 그녀의 왕자님이나 되는 것처럼 아끼고 보살폈다.(70)

Kopp의 이야기는 정서적 학대가 신체적 학대만큼이나 발달과정에 있는 자녀의 정체성에 큰 악영향을 끼친다는 점을 다시 한 번 보여준다. 위의 내용을 분석하기 위해서 심리학적인 용어들을 반드시 이해해야만 할 필요는 없다. 그의 엄마는 모욕적이었고, 수치감을 주는 사람이었으며 수준까지 떨어지는 사람이었다. 그는 아무 책임도 질 필요가 없는 일 때문에 늘 비난을 당했다. Kopp은 이처럼 공공연하게 모욕적인 대우를 했던 부모가 자신의 성격발달에 어떤 결과를 가져왔는지에 대해 대담하게 설명한다. 그의 정체성은 그가 정상적인 생활을 하는 데에 상당한 어려움을 느낄 만큼 심하게 상처를 받았었기 때문에 그는 자신의 청소년기의 대부분의 시간을 나쁜 행동을 하는 친구들과 어울리며 사회의 변두리에서 보내야만 했다. 오랜 시간에 걸쳐 그는 자신의 수치감과 스스로 부족하다는 인식을 없애기 위해 엄청난 노력을 했고, 이러한 노력은 자신의 어린 시절에 대해 놀라울 정도로 솔직하고 잔인한 결론에 이르게 했다 :

> 내가 20살이 되기까지 나는 내가 내 주변의 모든 사람들을 불행하게 만드는 나쁜 아이이기 때문에 나의 가족이 나에게 창피를 주고 나를 벌주는 거라고 믿어왔었다. 나의 첫 번째 상담가와의 치료 회기 덕분에 나는 점차 내가 그러한 말도 안 되는 대우를 받은 오직 단 하나의 이유는 나의 엄마가 나를 싫어했고 나의 아버지는 이 비정상적인 과정에 어떠한 개입조차 하기 싫어했기 때문이었다는 사실을 이해할 수 있게 되었다.(90)

이 구절을 읽을 때마다 나는 그의 엄마가 그를 미워했다는 Kopp의 분명한 선언이 가지는 엄청난 파워에 압도당한다. 실로 이러한 위험한 발언은 우리 문화에서 흔히 허용되는 종류의 것이 아니다. 그리고 이보다 더 중요한 사실은 이러한 발언은 우리가 한 번도 만나보지 못한 관계없는 사람이 그랬다 하면 그냥 쉽게 받아들일 수 있는 현실이 아닌 것이다. 이러한 현실을 받아들이고 인정할 수 있는 사람이 겪고 경험해야만 하는 고통의 무게 때문에, 그리고 그의 고백으로 인해 이제 그 활동에 제동이 걸린 그 자신의 상처받은 자기가 겪을 고통의 무게 때문에 이 언급은 매우 충격적이다.

   치료 회기를 거치지 않고 이러한 결론에 도달할 수 있기를 바라는 것은 실로 상상하기조차 어려운 일이다. Kopp의 자신의 과거에 대한 고통스럽지만 정확한 자기에 대한 사정은 그를 심리적 낭떠러지의 끝으로 내몰았는데, 왜냐하면 그의 발견이 암시하는 것은 그가 자신의 가족에 대하여 계속 가지고 있는 애착관계가 자신이 스스로 창조해 낸 환상이라는 현실이기 때문이었다. 그는 그의 부모가 자녀로서 자신을 필요로 했던 것 이상으로 스스로 좋은 부모에 대한 환상을 가져야만 했던 것이다. 이러한 Kopp의 심리적 탐구과정을 통하여 볼 때, 자신의 가족에 대한 두려운(그러나 분명 그들을 자유롭게 할) 결론에 이르고 싶다면 누구라도 가까운 사람들과 친구들의 지지적인 네트워크와 강한 연대관계를 비롯하여 매우 강하고 확고한 결심이 필요함을 보여준다. 이렇지 않을 경우의 결과는 훨씬 나쁘다. 도덕방어에서 비롯되는 자기 비난이 강하게 지속되는 한, 우리는 우리를 학대하거나 우리의 가치를 제대로 알아주지 않는 사람들과의 애착관계에 계속 머무를 수밖에 없을 것이다.

▣ 죄책감에도 불구하고 부모에 대한 명확한 비전을 확립하기

　앞서 언급했던 George(물건을 훔치던 환자)와의 치료를 통해 부모를 사랑하는 것과 그 부모에 대해 분노의 감정을 가지는 것 사이의 갈등은 거의 해결될 수 없는 것이라는 사실을 알게 되었다. 이 갈등은 시간이 지나도 전혀 사라지지 않는다. 부모로부터 사랑을 받지 못한 채 자란 자녀들은 어른이 되었을 때, 실제로 자녀에게 필요한 적절한 돌봄과 사랑을 주지 못 했음에도 불구하고 부모는 그들의 자녀가 "부모"로서의 역할을 제대로 할 것을 요구한다. 이 때 자녀는 부모의 실제 삶이 결국 자신의 도움과 지원에 의존하고 있다는 느낌을 가질 수밖에 없게 되는 것이다. 내가 만난 많은 환자들이 실제로 자신들이 부모를 떠났을 때 그 부모가 무기력하고 모든 희망을 잃어버릴 것이라는 죄책감 때문에 독립하지 못했었다. Joan Raphael-Leff의 책 "자기도취적 상처(Narcissistic

Wounds)"에서 소개된 한 환자에 대한 다음의 인용은 내가 제 1장에서 언급했듯이 우리의 부모에 대해 단 하나의 분명한 관점을 가지지 못하는 것이 우리 자신을 구원할 수 있는 어떠한 행동도 하지 못하게 막는다는 것을 잘 보여준다.

부모님을 만나러 가서야 나는 내가 얼마나 오랫동안 나의 분노를 표현하지 않고 삭이며 살아왔는지에 대해 깨닫게 되었다. 나의 어머니는 나에 대해 지나치게 간섭적이고 통제적이었다. 단 한 순간도 빠짐없이 늘 나를 지켜보고 계시면서 내가 하는 모든 일에 대해 심하게 걱정하며 관여하셨다. 심지어 내가 숨을 쉬는 것에 대해서까지 혼내시며 내가 뭔가 잘못하고 있다고 말씀하실 것 같았다. 그녀는 내가 나 자신이 누구인지, 어떤 것이 현실인지, 무엇이 누구에게 어떤 식으로 속해있는지 등에 대해 제대로 알지 못하게 만들었다. 나는 내가 아닌 누군가 다른 사람이 되어야 했다. 나 자신은 존재할 가치조차 없는 사람으로 느꼈었다. 나는 단지 빈껍데기에 불과했고 쌀벌레가 알맹이만 갉아 먹는 것처럼 나의 모든 삶은 엄마에 의해 조종당했다. 이 때문에 나는 엄마를 죽이고 싶었지만 내가 이런 생각을 하고 있다는 생각에 나 자신이 죽도록 싫어지기도 했다. 그저 작은 어린애로서 나는 엄마에게 완전히 종속되어서 엄마의 지나친 과잉보호와 나 자신의 죄책감이라는 사슬로 묶여 있는 것 같았다. 엄마는 내게 말을 하시는 적은 거의 없었지만 언제나 한숨을 많이 쉬셨고, 이 때문에 나는 엄마의 궁극적인 걱정은 모두 나의 잘못 때문이라고 확신하게 되었다.

엄마가 우울증을 겪고 계셨고 이것은 내가 한 번도 보지 못했던 나의 누나에 대한 슬픔에서 비롯된 것이었다는 것을 안 것은 내가 나이를 먹고 나서 한참이나 지난 뒤였다. 엄마에게 나는 그저 유령에 불과했고 나의 누나가 현실이었던 것이다. 나는 나 자신을 찾고 싶지만 엄마가 얼마나 연약하고 취약한지를 보기 때문에 여전히 나는 엄마의 비극적인 삶을 보상해주기 위해서 엄마가 나에게 원하는 어떤 것이라도 해드려야 한다는 의무감을 느낀다. 그러므로 내가 떠나게 된다면 나는 엄마의 생존을 위해 엄마가 필요로 하는 모든 것을 엄마로부터 빼앗는 것은 아닌가 생각하게 된다.(84)

이 환자는 어린 시절의 구조자의 역할을 계속 해 왔던 결과로서 사랑과 분노 사이의 갈등에 갇혀있는 상태이다. 그녀의 희망자기는 지금까지 해왔던 구조자로서의 사명에 계속 헌신할 것을 요구하는 반면, 그녀의 상처받은 자기는 심한 우울증을 앓고 있었고(그 결과 지나치게 엄마 자신에게만 빠져 있어서) 자신이 마땅히 필요로 했던 발달적 욕구들을 제대로 충족시켜 주지 못한 엄마에 의해 자신이 피해를 입었다는 사실을 알게 된 후 분노로 가득 차게 된 것이다. 현실에서 그녀의 엄마는 그녀가 마치 유령에 불과한 듯이 여기고 그런 식으로 관계를 맺었는데, 왜냐하면 그녀가 태어나기도 전에 죽은 그녀의 언니, 즉 엄마의 잃어버린 자식에 대해 제대로 슬퍼할 수조차 없었기 때문이었다.

이 환자의 복잡하고 갈등에 찬 어린 시절은 그녀의 엄마에 대한 상호 양립할 수 없는 여러 관점들에 의해 잘 나타나는데, 이것은 그녀의 분열방어에서 비롯된 것이다. 이 방어기제는 그녀가 어렸을 때 경험했던 고통스러운 정서적 박탈경험과 만나게 되면서 그녀로 하여금 확실한 정체성을 발달시키지 못하게 막았다. 그녀 자신에 대한 인식을 할 수 있을 만큼의 충분한 용기를 가지지 못했기 때문에 그녀는 자신의 어린 시절에 대해 단 하나의 분명한 관점조차 가질 수 없었던 것이었다. 그 결과 나타난 이러한 혼란스러움은 그녀가 어떤 식으로 행동해야 하는지에 대한 단일하고 분명한 어떠한 확신도 갖지 못하게 만들었다. 앞서 인용의 내용을 자세히 살펴보면, 우리는 그녀가 자신의 상처받은 자기와 희망자기의 관점 모두에서 이야기하는 것은 물론이거니와, 동시에 현실적인 한 성인의 관점에서도 이야기한다는 것을 알아차릴 수 있다. 자신이 경험했던 고통스러운 박탈경험과 지나치게 간섭적이고 자율성을 해칠 정도의 심한 엄마의 통제 때문에 분노가 너무 커서 엄마를 죽이고 싶다고 말할 때에는 그녀의 상처받은 자기가 지배적인 성향이었다. 그러나 이렇게 말한 뒤 얼마 지나지 않아서 그녀의 성인으로서의 현실적인 감각이 고개를 들고는, 도움을 필요로 하는 불쌍하고 죄 없는 여성을 죽일 생각을 했던 자기 자신을 비난하는 것이다. 그런 후에는 희망자기가 다시 목소리를 높여서 자신에게 여전히 중요한 사람으로서 남아있는 그 동일한 엄마를 도와드리고 구해드리고 싶다는 열망을 표현하는데, 이는 그녀의 희망자기가 여전히 자신에게 언젠가는 사랑을 줄 것이라는 가능성을 믿고 있기 때문이다. 이러한 줄다리기에서 희망자기가 이기는 순간 그녀는 다시 엄마를 구조할 수 있다는 환상으로 돌아가게 되고, 그 즉시 그녀의 성인으로서의 현실적인 관점이 다시 돌아와서는 이렇게 하려면 그녀 자신의 개인성을 모두 희생해야만 한다는 것을 인식시키게 해준다. 이 같은 상황에서 단 한 가지 확실한 것이 있다면, 상처받은 자기와 희망자기 사이의 정반대의 감정들이 계속해서 갈등을 일으키는 것이 결국에는 혼란만 가중시켜서 시간은 계속 흐르는 동안 그녀는 분명하고 긍정적인 어떠한 행동도 제대로 하지 못할 것이라는 사실이다.

만약 이 환자가 자신의 감춰진 두 자기를 버릴 수만 있다면, 그녀는 자신의 엄마와의 "관계"에서 자신이 소중하게 여길 만한 것은 거의 아무것도 없다는 사실을 볼 수 있게 될 것이다. *우리의 희망자기는 환상의 대가이고, 이것은 우리로 하여금 우리가 믿는 그 사람들이 그들의 일생 전체를 통해 단 한 번도 그 같은 사랑을 보여준 적이 없다고 할지라도, 어딘가에 언젠가는 표현해 줄 사랑이 여전히 있다고 믿게 만든다.* 도덕방어는 우리가 방임된 것은 결국 우리 자신의 잘못이라고 말하고, 이것이 희망자기와 결합되어서 만약 우리가 열심히 노력해서 더 착해지고 사랑받을 만하고 꾸준히 그 같은 모습을 보여준다면 극도로 자기 중심적인 부모들이라 할지라도 결국에는 그들이 숨겨두었던 사랑을 우리에게 줄 것이라고 믿게 만든다. 반내로, 우리의 상처받은 자기는 우리를 늘 거부해왔던 부모(혹은 어른이 된 후의 사랑하는 사람)에 맞서서 분노하고 싸운다면 우리는 그들을 고칠 수 있거나 최소한 그들의 이기적인 모습을 없애는 어느 정도의 복수라도 하는 즐거움을 가질 수 있으리라 믿는다. 요약하자면,

우리의 방어기제들은 우리는 매우 합리적인 세상 속에 살고 있다는 환상과 우리를 사랑하는 부모가 있다는 환상 그리고 우리를 잘못 대했던 가족 구성원들에 대해 싸운다면 결국 정의가 승리할 것이라는 등의 끝없는 환상의 계단식 폭포를 창조하는 것이다.

적절한 지지가 주어졌다면, 이 환자는 자신의 엄마가 언니를 잃어버린 슬픔에 너무나 몰입되어 있어서 그녀를 돌볼 수 있는 겨를은 전혀 없었다는 아주 단순한 현실을 깨달을 수 있었을 것이며, 그런 후에는 자신에게 실패로 일관해 왔던 이 엄마와의 파괴적인 애착 관계에서 스스로를 자유롭게 하는 치료의 과정을 시작할 수도 있었을 것이다. 그러나 인용글의 마지막 부분에서 보았듯이 그녀는 자신의 죄책감을 표현했고, 이것은 그녀가 변화될 가능성이 적다는 것을 보여주는 것이다. 그녀의 엄마가 죽게 되면 그 때 그녀는 스스로 모든 것을 헤쳐 나갈 어떠한 경험도 해보지 못한 어른으로서 이 무서운 세상에 홀로 서 있는 자기 자신을 발견하게 될 것이다.

이미 지적했듯이 소설가들은 심리학자들만큼이나 인간의 심리에 대해 섬세한 감각을 가지고 있다. 여기서 다시 한 번 자신에게 실패만을 거듭해 왔던 부모에게서 독립하지 않고 충실한 자녀로 남아 있음으로서 생긴 비극적인 결과에 대해 보여주는 소설가를 소개하고자 한다. 로버트슨 데이비즈(Robertson Davies)의 소설 "교활한 인간(The Cunning Man)"의 일부분을 인용한다. 이 인용글에서 말하는 사람은 성숙한 의사로서 끝도 없이 정신 신체적 불평을 늘어놓는 한 나이 든 여성 환자에 대해 묘사한 내용이다.

포터길(Fothergill)은 내 환자들 중에서 그 누구보다도 훨씬 더 짜증스러운 사람인데, 그녀의 증상이 복잡해서라거나 그런 이유가 아니라 그녀의 저항하는 정도가 말도 안 되게 강력하기 때문이다. 우리가 대화하는 모든 것들에 대해서 그녀는 단 한 번도 빠짐없이 나와 싸우게 되는데, 이는 그녀가 이 세상이 얼마나 믿지 못할 만한 곳인지를 잘 알고 있다고 믿기 때문이다. 53살에 그녀의 엄마가 돌아가시면서 그녀는 혼자가 되었는데, 엄마가 돌아가시고 불과 몇 달 후에 나를 찾아 왔다. 늙은 버튼 씨(아마 소설 속의 캐릭터 중 한 명인 듯 : 역자 주)는 그녀의 병명을 시녀, 수녀, 혹은 과부들이 겪는 우울증이라고 표현했는데, 그다지 정확한 것이라고는 여겨지지 않는다. 그녀가 그리워하는 것은 단지 성적 경험뿐만 아니라 사실 그보다 훨씬 더 큰 것이다. 그녀는 이에 대해 분명히 말해주었는데 바로 그녀가 살아보지 못한 삶에 대한 복수, 즉 젊은 여성으로서 그녀에게 열려있던 모든 가능성이 주어지지 않았다는 점, 사랑 혹은 모든 강렬한 감정을 포기해야만 했다는 점이 그것이었다. 어떠한 경우에도 그녀는 자신의 능력에 대해 과신하지 않았고(물론 그녀가 멍청한 것도 아니었다), 오히려 자신의 이기적인 엄마를 돌보고 만족시켜 드리는 데 모든 정성을 쏟았다. 어머니가 돌아가시기 전까지 어머니는 그녀의 친구이자 자랑스러운 존재였다. 그녀는 자신의 어머니가 흔치 않게 지적이고 지혜로우며 사회적으로 올바른 사람이라고 확신하고 있었다.

비록 그녀의 이러한 견해를 뒷받침해 줄만한 어떠한 증거도 보여준 적이 없었지만 그녀는 확신하였다. 이제 그 엄마가 돌아가셨고, 이제는 살아갈 모든 이유를 잃어버린 채 늙어가고 말라가고 있었다.(278)

위의 강력한 인용글은 자신에게 제대로 된 돌봄을 제공하지 못한 부모에게서 떨어지지 못한 채 계속 남아 있다가 결국에는 극도로 축소된 정체성과 전혀 개발되지 않은 인간관계의 기술밖에는 아무것도 남지 않게 된 성인이 된 자녀의 운명을 너무나 잘 보여주고 있다. 이 같은 성인들에게서 많이 발견되는 이상화에 대해 이 작가가 얼마나 잘 보여주고 있는지 주목하자. 중년이 되었는데도 이 소설 속의 주인공은 아직까지도 여전히 자신의 이기적인 엄마를 이상화하며 존경한다. 내 환자들 중 많은 수도 이와 동일한 경향을 보인다. 중년이 된 그들에게 그들의 부모는 마치 그들이 어린 시절 부모를 그러한 눈으로 봤던 것처럼 역시 여전히 중요하고 강하며 지혜로운 존재이다. 환자 Fothergill과 같은 사람들은 자신의 부모에 대한 어린애 같은 잘못된 인식과 선택의 결과로서 그들이 맞닥뜨려야 하는 잔인한 현실을 대면하는 데에 너무나 많은 시간을 투자하고 그들이 가질 수 있는 너무나 많은 기회들을 포기한다. 그 결과 그들은 결국 그들 삶의 많은 부분을 낭비하는 것이다.

▣ 불운을 받아들이기보다 숨겨진 의미를 찾아내기

나를 찾아오는 많은 환자들이 택하는 또 다른 방어기제 중 하나는 그들이 왜 사랑받지 못했는지 혹은 왜 제대로 된 돌봄을 받지 못했는지에 대해 이해하려고 노력하는 것이다. 고통 이면에 있는 의미를 찾는 것은 우리가 합리적이고 질서정연한 세상에 살고 있다는 하나의 방어적 고집의 결과라 말할 수 있다. 많은 환자들이 "왜 나는 어렸을 때 그렇게 잘못된 대접을 받았던 것일까?"라는 질문에 집착한다. 우리가 부모에 의해 거부를 당할 때, 우리는 그러한 거부를 매우 깊게 자신과 관련된 것으로 받아들여서 그 이면에 숨겨진 어떤 이미나 이유가 반드시 있을 것이라고 가정한다. 그러나 만약 우리가 그러한 고통스러운 경험이 우리의 부모들에게는 정말 어떤 "의미"가 있는지를 알아낼 수 있다면, 그 동일한 사건이 부모들에게는 별 것도 아닌 것이고 왜곡된 것이며 더 심하게는 아주 오래 전에 이미 잊혀진 것이라는 사실을 알게 되고 실망할 것이 분명하다.

　많은 부모들은 깊은 불안함과 질투심의 감정에서 자녀들에게 반작용(react)한다. 역기능적인 부모는 어떤 다른 별에서 온 괴물 같은 존재들이 아니다. 오히려(지금은 어른의 몸으로서 살아가지만) 그들 자신이 제대로 된 돌봄을 받지 못한 지난 세대의 자녀들이었던 것이다. 이러한 과거의 경험 때문에 그들 자신이 제대로 된 돌봄을 제공할 수 있는 준비를 하지 못한 것이다. 그들 자신의 박탈경험으로 가득 찬 어린 시절에서 비롯되는 불안함과 분노가 이제 부모로서 그들이 행사할 수 있는 엄청난 힘과 영향력을 만났을 때 그들은 파괴적인 독재자가 될 수 있는 것이다. 많은 부모들이 자신의 자녀들을 희생하면서 그들 자신의 개인적인 불안함을 없애기 위해 가족이라는 폐쇄된 공간에서 그들이 가진 힘을 남용한다. 나는 지금까지 그들이 가지는 우월한 힘을 남용하여 다른 사람들을 학대함으로써 자신들이 가지는 불안함을 낮추려는 많은 사람들을 보아왔다. 이러한 일은 가족 내에서도 일어나지만 더 크게는 사회적 상황에서도 일어난다. 많은 사례들 중 가장 주목할 만한 사례로 심리학 분야에서 큰 공헌을 한 세계적으로 유명한 한 교환교수의 학술발표를 축하하는 한 저녁식사 자리에서 일어난 일을 들 수 있다. 그 대학의 학장 부부가 그 교수를 연사로서 초대한 우리 네 명의 교수위원들을 초대했다. 저녁 식사 시간에 학장의 부인이 초청받은 교수의 발제와 연구에 대해 집중적으로 질문하기 시작했다. 그 학장부인은 초청 강의의 마지막 20분 동안만 겨우 참석했을 뿐이었고 그 교수의 다른 논문들은 전혀 읽지도 않은 것이 분명한데도 그 교수에게 그런 여러 가지 이론을 펼칠 수 있는 "권리가 어디에서 오는 것인지"에 대해 답할 것을 요구했다. 연륜이 있고 세련된 초청 교수는 부드럽고 총체적인 대답을 통해 이러한 불편한 상황을 벗어나려고 노력했지만 학장부인은 매우 강경했다. 학장은 자기 부인의 이러한 상황에 익숙해져 있었는지 단 한 번 그녀를 나무랐지만 부인은 전혀 아랑곳하지 않았다. 그 화가 난 부인을 제외한 모두에게 그 저녁 식사 자리는 매우 불편하고 난처한 자리가 되었다. 식사를 마치고 나오면서 이 고통스러운 광경을 처음부터 모두 목격한 나의 동료는 이 부인이 도대체 어디에서 이처럼 당치않고 적대적인 많은 질문으로 초청 교수를 공격하는 "강심장"을 얻게 되었는지에 대해 나에게 물었다.

나의 동료의 질문에 대한 대답은 왜 그토록 많은 부적절하고 서투른 부모들이 그들이 보기에 맞는 방식으로 자녀들을 학대할 권리가 있다고 느끼는지에 대한 대답이 될 수 있을 것이다. 즉, 그들은 스스로 너무 불안정하고 쉽게 위협감을 느껴서 어느 한 순간이라도 그들의 평온한 감정 상태를 방해하는 그 누구라도 먼저 공격하는 것이다. 그 학장부인 역시 인간으로서의 자기 자신의 가치에 대해 너무나 큰 불안함을 가지고 있었기 때문에 그 초청 교수님께서 그렇게 축하를 받고 있고 그 동안 자신은 그를 칭찬해야만 하는 상황에 놓이게 된 것이 그녀를 그토록 화나게 만들었던 것이다. 그녀가 느꼈던 스스로에 대한 가치 없음이라는 엄청난 감정은 초청교수의 업적이 대중적으로 인정받는 상황에서 그녀 자신을 더 가치 없는 존재로 느끼게 만들었다. 그녀의 질문들은 그녀가 그 교수의 연구에 대해 아는 것이 전혀 없다는 것을 그대로 드러냈지만 그 사실이 그녀를 다르게 행동하도록 만들 수는 없었는데, 왜냐하면 애초에 그녀는 자신의 걱정, 불안함, 그리고 극도의 질투심, 즉 그녀가 그 초청 교수가 가진 지위를 깎아내려서 그 교수도 그렇게 느끼게 만들고 싶은 그러한 감정들에서 행동을 한 것이기 때문이었다. 그렇게 함으로써 그녀는 스스로가 가치가 없다는 느낌을 덜 받으려는 시도를 한 것이었다. 그녀는 이 저녁 식사 자리의 안주인이자 학장의 부인으로서 우월한 위치에 있었기 때문에 그처럼 적대적이고 비판적인 행동을 마음껏 할 수 있었다. 그녀는 또한 그 저녁 식사의 사회적 특성, 즉 어떠한 반발 공격도 웬만하면 있지 않을 것이라는 분위기에 의해 자신의 행동에 대한 어떠한 비난으로부터도 보호받을 수 있었다. 함께 식사를 했던 교수들 가운데 어느 누구도 그녀와 함께 어떠한 공식적이고 대중적인 상황에서 식사를 하거나 만날 일은 없었기 때문이었다.

우리의 부모들이 자녀들과 맺고 있는 관계에서 차지하고 있는 그 강력한 위치는 학장부인이 초청 교수들을 대하는 것보다 훨씬 더 파괴적이다. 많은 부모들이 자녀들의 성취와 성공에 대하여 너무 쉽게 상처를 받고 또한 부모들 자신은 실패했던 바깥 세상에 대해 너무 큰 두려움을 가지고 있기 때문에 그들의 자녀들 역시 자신들이 느끼는 만큼의 불안함을 느끼게 하려고 자녀들을 비판하고 주눅들게 만든다. 불행하게도 내가 내 환자들에게 이 점에 대해 설명하면 이 논리를 만족스럽게 이해하며 받아들이는 사람은 거의 없다.

그들은 내가 주는 이러한 대답의 비인간적인 특성을 좋아하지 않는데, 왜냐하면 이 대답은 결국 그들의 부모들이 자신들에게 했던 "그들을 겨냥한" 공격들이 어떤 느낌이었는지 그 기억을 다시 불러일으키기 때문이다. 이러한 사실을 현실에서 받아들이도록 하는 것은 상당히 어렵다. 그들의 부모가 느끼는 불안감이 그들을 압도할 때 그들이 우연히 그 자리에 있었다는 이유로 그들은 많은 경우 너무 쉽게 피해자가 되는 것이다.

왜 우리가 학대를 당하는지에 대한 의문은 우리의 방어기제의 연장선 상에 있는데, 즉 이것은 우리의 삶에는 어떤 내재된 논리가 있고 또한 어떤 다른 방식을 통해 우리의 부모를 기쁘게 할 수 있을지도 모른다는 가정을 하게 만드는 것이다. 왜 우리가 부모로부터 거부당하고 제대로 된 돌봄을 받지 못하고 정당하지 못하게 혼나고 처벌받아야만 했는지에 대한 궁극적 "대답"은 쉽게 말해 그저 운이 나빠서이다. 순수한 사람들이 강도를 당하거나 음주운전 차량에 의해 교통사고로 목숨을 잃는 불운을 겪는 것과 동일한 바로 그 불운이 이유인 것이다. 전혀 말도 안 되는 교통사고를 낸 음주 운전자는 어쩌면 두 세 달이 지난 후에는 이 사고에 대해 완전히 까맣게 잊어버릴지도 모르지만, 이 사고로 인해 불구가 되어 휠체어에 앉아서 평생을 생활해야 하는 희생자에게 이 사고는 그의 인생의 가장 크고 중대한 사건이 되는 것이다. 이런 식으로 설명하는 것을 받아들이는 데 어려움을 느끼는 사람들이 매우 많은데, 왜냐하면 이것이 마치 세상은 매우 위험하고 혼돈스러우며 어떠한 규칙도 제대로 통하지 않는 곳인 것처럼 느껴지게 만들기 때문이다.

정당하지 않은 학대 이면의 "왜"에 대한 인상적인 사례연구는 "조류의 왕자(The Prince of Tides)"와 "위대한 산티니(The Great Santini)"를 비롯하여 많은 소설을 쓴 팻 콘로이(Pat Conroy)의 정서적이고 영감적인 기억들을 모아놓은 책인 "나의 잃어버린 계절 (My Losing Season)"의 중심 내용이기도 하다. 학대당한 어린이 내면에서 흐르는 열병과도 같은 감정들을 잘 포착해낸 Conroy의 강력하고 감동적인 기억들은 사우스 캐롤라이나 주의 찰스턴에 있는 엄격하고 학대적인 군사학교로 악명이 높은 시터들(Citadel)에서 그가 대학 농구부로 활동했던 졸업반 학년에 대한 기억을 포함한다. Conroy의 폭력적인 어린 시절은 그로 하여금 공식적으로 인정된 "계급"제도 하에서 무조건 참아내는 동시에 그것을 이용할 수 있는 사람으로 만들었다. 이러한 계급제도는 상급생이 신입생들을 학대하는 것을 부추겼는데, 이는 이러한 심한 학대행동이 마치 그들이 앞으로 경험할지도 모르는 전쟁의 전투상황에서 적군에게 붙잡혀 포로가 되어서 세뇌를 당하는 것과 같은 견딜 수 없는 상황을 대비하는 것처럼 정서적으로 견디지 못하는 상황에 대한 일종의 예행연습으로서 의미가 있다는 가정 하에 이루어진 것이었다.

Conroy의 아버지는 신체적으로 그리고 심리적으로 자녀들을 심하게 학대했던 사람이었는데 그 정도가 매우 심하여 그러한 그의 행동이 들켰더라면 그는 그 즉시 감옥으로 가게 될 만한 정도였다.

앞의 사례에서 학장의 부인이 그랬던 것처럼 그의 아버지 역시 자기 자신의 가치에 대해 매우 불안해 하였고 그래서, 대부분은 그의 자녀들이었지만 자기 이외의 다른 누구라도 자기보다 더 주목을 받게 될 때 엄청난 분노감을 느꼈다. 다음의 인용된 글은, 그가 고등학교를 졸업하면서 참석했던 부자의 밤 행사에서, 운동 팀에 속해 있었던 모든 학생들에게 감사의 "편지"를 받았을 때 그의 아버지가 그를 신체적으로 어떻게 공격했는지에 대해 보여주고 있다 :

> 다른 운동 팀에 속해있던 학생들과 함께 카페트가 깔려 있는 단상으로 서서히 올라가면서 나는 내 옆의 한 남학생과 이야기를 하고 있었는데, 그 때 내 오른쪽 턱 쪽으로 어떤 손이 나를 손등으로 가격하는 바람에 나는 기절할 뻔하며 바닥에 내동댕이쳐졌다. 그 가격은 엄청나게 센 것이어서 나는 내가 제대로 일어날 수나 있을지조차 확신할 수 없었지만, 나를 바라보며 서 있는 사람들의 놀라운 시선은 분명히 느낄 수 있었다. 천천히 무릎으로 딛고 일어서서 간신히 일어서기는 했지만 어지러웠고 창피했으며, 도대체 어디에서 왜 이런 공격을 받았는지에 대해 혼란스러웠다. 첫 번째 것보다 더 센 두 번째 공격이 나의 왼쪽 턱 쪽으로 다시 가해졌고, 나는 다시 바닥으로 내동댕이쳐졌다.(67)

(정상적인 가정에서 자란 어른에게는)너무나 놀랍게도, Conroy는 정당한 이유도 없이 아들을 때리는 아버지를 보고서 그에 대하여 분노하여 때리고 공격하는 다른 많은 아버지들로부터 자신의 아버지

가 도망치도록 도왔다. 그런 후에 집으로 돌아오는 차 안에서 "나의 아버지가 나를 그렇게나 혼낸 것은 이 차 안에서 바로 그날 밤이었다. 그는 내가 어린 시절에 경험했던 어떤 경우보다 더 심하게 나를 때리셨다".(67) Conroy는 그 당시 경험했던 아버지의 신체적 학대에 대해 매우 생생하게 자세히 쓰고 있는데, 이 경험은 그가 어린 시절의 폭력적이고 혼란스러운 소용돌이의 감정 속에 갇혀 지내게 만들었다.

이런 유형의 어린 시절을 보낸 사람들은 상처받은 자기는 철저히 억누르는 한편 희망자기는 다른 사람들의 작은 지지의 행동들에 대해서 원래의 의도보다 훨씬 부풀려 받아들이게 한다. Conroy가 가졌던 사랑과 지지에 대한 진짜 욕구들은 그의 어린 시절에 충족되지 않은 것이 사실이었고, 그래서 그에게 아주 약간의 관심이라도 보이는 어떠한 어른에게라도 그는 엄청난 관심과 애착을 보였다. Citadel에 들어간 후 그의 의존욕구는 그의 대학의 운동부 코치인 멜 Thompson(Mel Thompson)에게로 옮겨졌는데, 그는 그의 아버지보다 아주 약간 낫다고 겨우 말할 수 있는 사람이었다. Conroy가 자신의 기억들을 회상하면서 괴로워했던 질문 중 하나가, 왜 그의 코치가 팀 전체에게 그토록 심하게 대하는지, 팀원들의 사기를 철저하게 떨어뜨리면서 시즌을 망치는지에 대한 것이었다. 그 질문에 대한 대답은 반복강박이라 말할 수 있다. 단순한 우연의 일치로, Conroy는 자신의 아버지만큼이나 잔인하고 야비한 코치가 있는 학교로 오게 되었고, Conroy가 본래부터 가지고 있던 방어기제들은 그로 하여금 어떻게 자기 팀의 선수들의 사기를 북돋워줘야 하는지에 대해 전혀 알지 못하는 바로 이 코치에게 끌리게끔 만든 것이다. 그가 지금까지 가져왔던 경험과 기억에 근거하여 그는 이러한 어려운 경험을 다시 한 번 따르게 된 것이고 자신이 깊게 애착을 가지고 있는 이 사람에 대한 진실을 나중에야 발견하게 된 것이다.

Thompson 코치의 기술은 잔인했고 비인간적이어서 그의 팀의 최고 선수들을 무시하고 억누르는 일이 다반사였다. Conroy의 아버지가 그랬듯이 코치 역시 자신의 선수들을 칭찬해주거나 지지해주는 적은 전혀 없었다. "Mel에게서는 칭찬의 언어를 사용할 줄 아는 어떠한 구석이라고는 전혀 찾아볼 수 없어요".(156) 이보다 더 심했던 것은 팀의 최우수 선수들을 대하는 코치의 태도가 너무 비인간적이고 평가절하가 심해서 그들보다 기량이 떨어지는 선수들로 구성된 "2군"의 팀이 "1군" 선수들을 때때로 이기는 일까지 생기곤 했다. 다음의 인용구는 Conroy가 자신의 책을 위해 1군 선수 중 한 명을 인터뷰 한 내용이다.

2군 선수들에게는 어떠한 부담도 없었다. 우리는 그들보다 훨씬 더 잘했고 우리도 그 사실을 잘 알고 있었다. 그 사실에 대해서 우리가 할 수 있는 일이 아무것도 없다는 사실까지 우리는 잘 알고 있었다. 우리는 망친 것은 멜이 가지는 심각할 정도의 부정적인 태도였다. 그가 바로 블랙 홀이었다. 그가 우리가 형편없이 경기하기를 바랐기 때문에 우리는 형편없이 경기할 수밖에 없었다.(162)

학교에서 두 번의 여름을 보내는 동안, Conroy는 어떤 단체의 여름 농구 캠프에서 상담자로서 독립적으로 일할 수 있는 일자리를 구했고, 그 캠프에서 코치를 만났고 그래서 깜짝 놀랐다. Thompson 코치가 Citadel에서 이끄는 팀에서 Conroy가 뛰고 있었음에도 불구하고 그 캠프에서 두 해 여름 일하는 동안 그와는 단 한 번의 대화를 나누었을 뿐이었다. "그가 나를 보고도 전혀 아는 척을 하지 않았다는 사실이 나에게는 매우 모욕적이고 화가 나는 일이었다. 특히 우리의 라이벌 학교에서 온 다른 상담자들과는 오히려 훨씬 더 좋은 관계를 맺고 있는 것처럼 보였기에 더욱 그랬다".(129)

Thompson 코치의 그처럼 부정적이고 적대적인 태도에도 불구하고, Conroy가 경험했던 학대받고 방치되었던 어린 시절의 기억들은 그로 하여금 이처럼 거의 완벽하게 적대적이고 거부적인 성격의 사람에게 애착할 수밖에 없도록 그를 이끌었다. 2년 동안의 여름 농구 캠프에서 코치는 단 한 번의 지지적인 태도를 보였을 뿐이고, 바로 그 단 한 번의 태도를 증거로 Conroy의 희망자기는 위험을 감수해야만 했던 것이다. 그 상잠자들의 게임 가운데 Conroy는 최상의 실력을 자랑하는 한 팀을 상대로 매우 훌륭한 시합을 펼쳤고, 그의 코치가 우연히 그 경기를 관람하게 되었다. 경기가 끝나고 대기실로 돌아오는 Conroy를 향해 그 코치는 인상 깊었다는 표시를 단 한 번 해 주었다.

바로 그 때 누군가가 내 엉덩이를 툭 쳤고, 그래서 나는 환상에서 깨어났다. 누군가 크고 어두운 형체 하나가 내 왼쪽으로 지나갔는데 그는 바로 내 팀의 코치 Mel Thompson이었다. 그가 담배를 피며 지나가면서 아무 말 없이 잘했다는 표시로 내 엉덩이를 쳤을 때, 그것은 내가 그 해 여름 동안 쏟아 부었던 모든 노력에 대한 그의 인정이었고 그것으로 나는 모든 보상을 받은 기분이었다.(136)

그러므로,(여전히 거부적이고 학대적이었지만) 이제 Thompson 코치는 Conroy의 충족되지 않았던 어린 시절의 의존욕구들이 목표로 하는 새로운, 그리고 아버지보다 아주 약간 나은 대상이 되었다. 그와 그의 팀원들이 그 코치로부터 받았던 모든 거부와 대우에도 불구하고, Conroy는 코치에 대해 말로 설명할 수 없는 애착과 충성의 감정을 느꼈다. 다음은, Conroy가 중대한 실수, 즉 전반전이 끝난 후 하프타임 때 Thompson 코치가 흥분해서 설명하고 있는 동안 Conroy가 지나치게 긴장하여 히스테리컬 하게 웃어버렸음에도 불구하고 코치가 그를 팀에 계속 남아있도록 허락해 준 직후에 쓴 내용이다.

내가 천천히 락커룸으로 걸어갈 때, 나는 코치에 대해 내가 얼마나 절박하고 분명한 애정을 가지고 있는지를 느끼고 마음 속 깊은 곳에서부터 떨렸다. 아니, Mel Thompson 코치에 대해 내가 가지는 이상할 정도의 충성심이 얼마나 심오하고 깊은지에 대해 나는 압도당했다고 말하는 것이 더 나을 것이다. 내 삶 전체를 통틀어서 이처럼 이상한 종류의 애정은 느껴본 적이 없었다. 애정은 늘 나에게 가장 큰 상처를 주는 바로 그 곳에서 비롯되었

고, 나는 Mel Thompson 코치만큼 두렵다고 느낀 사람은 거의 만나보지 못했었다.(177)

Conroy가 묘사한 이러한 충성심은 페어베언이 설명한 "나쁜 대상에 대한 애착의 감정"의 개념에 대한 완벽한 예라고 말할 수 있다. 사실 지금까지 내가 들었던 모든 애착의 예들이 이 개념에 대한 것이기도 하다. 간단히 말해, 나쁜 대상에 대해 애착관계를 가진다는 것은 어린 자녀 혹은 성인이 된 자녀가 자신의 욕구를 충족시킬 만큼의 충분한 지지를 해주지 못하고 계속된 좌절경험을 하게 한 부모 혹은 부모의 역할을 했던 사람들에 대해 계속해서 애착관계를 가지는 것과 같은 것인데, 이러한 와중에서도 자녀들이 그들의 희망자기를 만들어 낼 만큼의 진짜 혹은 가상의 지지를 보여주기는 한다. 그 결과 욕구의 충족을 요구하는 애착관계가 생기고 그 관계는 여간해서는 흔들리지 않을 만큼의 강렬한 것이 된다. Conroy의 희망자기가 그 애착관계에 계속 머물러 있었던 이유는 만약 자신이 충분히 똑똑하고 그것을 보여줄 수 있을 만큼 충분히 열심히 운동한다면 코치는 자신에게 사랑을 보여줄 것이라고 가정했기 때문이었다.

이미 지적했듯이, 제대로 된 돌봄을 받지 못한 자녀는 그가 고통스럽게 경험했던 학대와 방임의 기억들을 숨기고 저장할 수 있는 거대한 상처받은 자기를 발달시켜야만 한다. 대개 이러한 상처받은 자기는 자신보다 약한 사람들을 향한 폭력성이나 혹은 자기 자신을 파괴하는 행동으로 나타난다. 상처받은 자기가 자기 스스로를 북돋우는 방식으로 나타나는 경우는 거의 드물기는 하지만, Conroy가 글을 쓸 수 있었고 그를 통해 본인 스스로를 해치지 않고 자기 가족의 병리적 측면을 드러낼 수 있었다는 점이 그에게는 큰 행운이었다. 그는 어느 해 크리스마스 연휴를 마치고 학교로 돌아오는 길에 자신이 느꼈던 점에 대해 썼는데, 이 때에도 역시 그의 아버지는 그를 공항에 데려다 주면서 모욕적인 말을 하여 그를 짜증나게 만들었다. 이 때 그의 아버지는 그가 농구 선수로서 충분히 공격적이지 못하고 "킬러 본능"이 없다는 점을 이유로 들어 그의 가치를 평가절하 했다.

> 아버지가 나에 대해 잘못 안 것이다. 나에게는 킬러 본능이 있었고 나는 그것을 다른 이름으로 불렀다. 그것은 바로 내가 쓴 첫 번째 소설이었다. 나의 첫 번째 소설, "위대한 산티니(The Great Santini)"였다. 내 아버지의 인생 전체를 바꿔버릴 수도 있는 크루즈 미사일처럼 치명적이고 강력한 내용들이 담긴 나의 소설이었다.(210)

불행하게도, 매 맞고 수치감을 경험하는 대부분의 자녀들은 자신들의 상처받은 자기가 소통할 수 있는 외부의 통로, 즉 그들의 가족들이 철저하게 점검될 수 있도록 외부로 노출시키거나 혹은 그들이 외부 세계의 적절한 공감과 인정을 통해 격려받을 수 있는 통로를 가지지 못한다. 운이 좋게도 Conroy는 두 가지를 모두 가진 경우였다.

Conroy의 이러한 기억들이 엮어진 책에서 가장 흥미로운 단 하나의 사실을 꼽으라면 그것은 그가 자신의 도덕방어들을 바탕으로 자신이 가지고 있던 가정, 즉 Mel Thompson 코치의 지도 방식이 전체 팀 혹은 각각의 선수들에게 정당하지 못하다는 어떤 논리적인 생각들을 하고 마침내 그가 매우 잔인하고 학대적이며 비난을 일삼는 코치라는 사실을 점검해 보려고 하는 용기와 통찰력을 가졌다는 점이다. Conroy는 30년이나 지난 후에도 자신의 코치를 찾아가서 인터뷰를 함으로써 자신의 도덕방어의 사용에 대한 탐험을 감행했던 것이다. 1966년 시즌이 끝난 후 Thompson 코치가 Citadel에서 해고당하고, Midwest에 새 직장을 가졌다는 사실은 그리 놀라운 일도 아니다. Conroy는 자신의 코치를 여러 번 인터뷰했고, 그가 자신의 팀의 모든 선수들에 대해서는 물론, 팀에서 일어나는 어떠한 일에도 완전히 무관심하며 애정이 없다는 사실을 알게 되었다.

　　내가 어떤 특정한 해에 대해 질문을 할 때마다 Mel은 그 해의 어떤 사소한 내용에 대해서도 거의 기억하지 못했다. 내가 경기에 대해 언급해도 그는 그에 대해 어떠한 기억도 의식도 없었다. 내가 좀 더 깊게 파고들려고 노력하면 그는 아주 막연하게 혹은 무관심하게 대답할 뿐이었는데, 그것도 내가 아주 예의 없이 물어보기 시작할 때에나 겨우 대답을 들을 수 있었다. Mel은 이에 대해 화를 내는 적은 전혀 없었는데, 그는 단지 내가 그 해에 경험했던 그 일들과는 멀리 떨어진 채 아무 관심이 없이 그 해를 보냈기 때문이었다. 나에게 상처로 그리고 피멍으로 남아있는 모든 것들이 그에게는 손가락 자국 하나 만큼의 의미도 아니었던 것이었다.(364-365)

Conroy는 또한 그가 증오했고 두려워했으며 동시에 사랑하기도 했던 그 코치가 자신의 아내에 대해서 혹은 그를 위해 온 마음을 다해 함께 뛰었던 자신의 선수들에 대해서는 어떠한 질문도 하지 않았다는 점을 알아차렸다. Thompson 코치가 이야기하고 싶었던 것은 단지 자신이 대학에서 뛰던 시절에 대한 내용뿐이었다. "그래서 나는 그가 자신이 현역으로 뛰던 시설 미국 대학연맹 농구대회에서 그가 왕처럼 군림하던 그의 영광의 시절에 대해서만 실컷 이야기 하도록 내버려 두었다".(365) 두 번째 인터뷰를 한 후, Conroy는 1966년 팀의 스타 선수 중 한 명이었던 존(John De Brosse)을 초대 하여 코치와 함께 저녁식사를 하였다. 식사를 마친 후, Conroy는 Thompson 코치에게 다음 날 헤어지기 전에 아침 식사를 다시 한 번 같이 해도 괜찮은지를 물었다. "Thompson 코치는 '싫어.'라고 대답하고는 내 인생에서 떠나갔다".(366)

Conroy는 자신이 하필이면 이런 코치를 만났다는 점, 즉 자신의 선수들에 대해 질투심을 느끼고 칭찬보다는 가혹한 대우가 더 낫다고 믿으며 자신의 선수들의 자신감을 해침으로써 코치 스스로가 지배 하는 위치에 있으려는 데에 더 큰 관심을 가진, 그리고 이런 모든 전략들이 자신의 팀을 패배로 이끈다는 사실조차 깨닫지 못했던, 이런 코치를 믿는 것이 단지 자신의 불운이었다는 것을 깨달았다. 실패로 돌아간 모든 리더십에는 언제나 역설이 있기 마련이다. 그 역설은 Thompson 코치보다 승리를 간절히 원한 사람도 없었다 는 것이었다. 가족 내의 리더인 많은 부모들이 자신들의 잘못된 양육이 그들의 자녀들의 삶을 실패로 이끈다는 사실에 대해 진정으로 깨닫지 못하고 있는 것과 마찬가지로 이 코치 역시 자신의 행동이 자신의 팀을 실패로 이끈다는 연결고리를 전혀 깨달을 수 없었다. 이 사례를 통해 우리가 알 수 있는 교훈은 우리가 받은 그 모든 고통스러운 가혹행위들은 우리 자신의 잘잘못의 여부와는 전혀 상관이 없다는 점이다. 마치 Thompson 코치가 그랬듯이 가혹 행위를 하는 사람들은 그들이 그런 대접을 받을 만한 행동을 한다고 주장하겠지만 여기에는 어떠한 깊은 뜻이나 혹은 특별한 의미가 전혀 없다. Conroy나 그의 팀원들이 시즌을 성공적으로 이끌지 못한 코치에 대해 "할 수 있었던" 일은 전혀 없었다. 마찬가지로 그나 혹은 그의 팀 전체가 이러한 일을 막을 수도 없었고, 또한 Thompson 코치가 기본적으로 자신의 역할을 제대로 이해하지 못하고 있다는 사실을 바꿀 수도 없었다.

우리가 경험한 학대 혹은 가혹 행위의 "이유"에 대해 생각해볼 때, 우리는 실제의 우리 자신보다 우리를 학대한 사람에게 우리는 훨씬 더 중요한 사람이었고, 사실적으로는 우리가 전혀 통제할 수 없었던 사건들에 대해 우리가 그러한 사건들을 일으킬 만한 힘이 있었다고 가정하게 된다. 이러한 가정과 추측들의 대부분은 어딘가에 숨겨져 있는 사랑에 대한 우리의 희망 혹은 우리의 노력을 통해 우리가 사랑하는 어른들로부터 지금까지 받아왔던 거부의 경험들이 바뀌어서 적절한 대우를 받게 될 것이라는 신념을 바탕으로 한다. 그러나 진실은 선한 행동과 노력은 결국 보상을 받을 것이라는 논리적이고 상식적이며 공정하고 합리적인 세상을 바라고 기대하는 사람들에게 어떠한 장밋빛의 편안한 대답도 해주지 못한다. Sheldon Kopp은 그의 책 "무죄로의 종말(An End to Innocence)"에서 자신이 어린 시절에 경험한 가혹한 대접에 대해 동일한 결론, 즉 우리를 편한 결론으로 이끄는 모든 방어기제들이 모두 포기된 후에야 겨우 도달할 수 있는 결론에 대해 쓰고 있다.

> 내 엄마가 나를 싫어한 것이 아마 사실이었더라도, 이것이 *나와는 아무런 상관도 없었다는 것을 깨달았다.* 그 당시 그 집에서 살았던 어떤 아이라도 엄마에게는 자신이 이용할 만한 적당한 대상으로 여겨졌을 것이다. 하필이면 내가 그 당시 그 집에 머물렀던 것은 단지 나의 불운이었던 것이다. 여기에는 어떠한 특별한 의미 같은 것은 전혀 없는 것이고, 그저 시작부터가 잘못된 것이었다는 점에서 어떠한 보상도 받을 수 없는 것이다.(91)

놀랍게도, Kopp이 도달한 "나와는 아무런 상관도 없었다"는 결론은 우리의 환상과 방어기제의 속박으로부터 자신을 자유롭게 하기 위해 우리 모두가 도달해야만 하는 결론이기도 하다. 그가 당했던 가혹한 학대행위는 그 자신과는 전혀 상관없이 일어난 일로서 음주운전자의 차에 치어 사고를 당해 다친 희생자와 다를 바가 없는 것이다. 자녀들을 옳지 못한 방식으로 대한 부모들 역시 그들의 무의식적인 병리로 인해 그렇게 한 것이고, 이것은 다시 그들의 자녀가 태어나기도 훨씬 전에 형성된 부모들 자신의 과거의 경험에서 비롯된 것이다. Joan Raphael-Leff의 환자는 자신이 유령처럼 취급당해야 하는 어떠한 잘못도 하지 않았다. 그녀는 자신의 불운을 그녀의 어린 시절의 희망과 목적을 충족시킬 수 있는 환상의 연결망을 구축함으로써 "해결한" 것이다. 그녀의 이러한 환상은 어린 아이로서의 그녀에게는 굉장히 중요한 것이었지만 그녀의 엄마에게는 그렇지 못했다. 그녀의 엄마가 정말 구원받고 싶은지 아닌지를 누가 알았을까? 다른 누구라도 혹시 그녀의 엄마를 구원할 수 있을지 누가 알았을까? 그러한 구원에 대한 환상은 결코 증명될 수 없다. 단지 그녀 자신의 가장 괴로운 시기 동안에 그녀가 심리적으로 계속 살아있을 수 있게 하기 위해 만들어진 것일 뿐이었다. 슬프게도, 어린 시절에는 그녀를 안심시키고 편하게 만들었던 그 환상이 이제는 어른이 된 그녀를 속박한다. 엄마라는 존재를 박탈당한 채 오랫동안 살았기 때문에 그녀의 정체성은 제대로 형성되지 못했고, 이것은 바깥 세상에서 그녀가 스스로에 대해 확신을 가지지 못한 채 두려움을 느끼게 만들어서 그녀의 삶이 쏜살같이 흘러가는 동안 그녀는 그 구원에 대한 환상에 계속해서 매달려 있을 수밖에 없게 된 것이다.

🔲 대리부모 수용하기

    실패한 부모들에 대해 가질 수 있는 말로 하기는 쉬워도 실천하기는 사실 어려운 긍정적인 반응 중 하나는 그들에 대한 분노와 갈등을 일으키는 충성의 감정은 버려두고 우리를 인간적으로 제대로 봐줄 수 있는 사람들과 새로운 인간관계를 맺는 것이다. 그 역할을 제대로 하지 못한 부모를 대체할 수 있는 다른 대상은 사회생활을 하는 가운데 종종 만날 수 있지만 이에 대해 완벽하게 의식한 채 이런 만남이 이루어지는 경우는 매우 드물다. 예를 들면, 제멋대로이고 분노에 가득 차 있던 반사회적인 젊은 남성들이 엄격하지만 진실한 보살핌을 제공한 코치의 영향으로 인해 그들의 삶이 기적처럼 뒤바뀐 사례들에 대해 종종 들을 수 있다. 이는 Conroy가 묘사한 상황의 정반대의 상황이다. 그러나(부모의 역할과 마찬가지로) 코치의 역할은 그것이 긍정적이든 부정적이든 매우 중요한 잠재성을 지닌다. 따뜻한 보살핌을 주는 코치는 부모보다 훨씬 더 사려 깊고 관심

있는 대리부모의 역할을 할 수 있다. 이처럼 낯설지 않게 느껴지는 사람 사는 이야기는 일부분 그 젊은 남성의 상처받은 자기의 크기와도 관련이 있다. 만약 그의 상처받은 자기가 지나치게 크고 파괴적이면 아무리 참을성이 많은 훌륭한 코치라 하더라도 결국에는 포기할 것이다. 그러나 많은 경우 사랑받고 싶은 왜곡된 욕구, 혹은 최소한 인정받고 싶은 욕구와 결합된 상처받은 자기의 분노는 그 젊은 남성으로 하여금 스포츠 분야에서 특출한 성과를 거둘 수 있게 만든다. 그의 공격성과 분노는 물리적인 경쟁을 통해 그 탈출구를 찾을 것이고, 사랑받고자 하는 그의 희망은 코치가 그에 대해 느끼는 자랑스러움을 통해 충족될 것이다. 가정에서는 그를 "불가능"하게 만들었던(즉, 부모의 형편없는 돌봄의 원인이 되었던) 바로 그 특징들이 운동 분야에서는 엄청난 장점으로 갑자기 바뀌게 되는 것이다. 이 젊은 남성이 자신의 공격적 성향을 무고한 사람들에게 괜히 보이지 않는 등의 반가운 이야기들을 듣게 되기도 한다. 코치를 향한 그의 애착과 스포츠 분야에서 그가 배운 교훈들(즉, 그의 성격의 발달)은 넓은 범위에서 그의 사회생활로까지 적용되는 경우가 대부분이다.

재양육(re-parenting)을 필요로 하는 자녀들과 코치, 선생님, 혹은 그 외의 부모를 대신할 수 있는 적절한 대상들 사이에서 일어나는 대리부모를 경험하는 일은 많은 경우 의식적인 자각의 범위를 벗어나서 일어난다. 그러나 드물기는 하지만 어떤 환자는 자신을 위해 새롭고 훨씬 더 기능적인 부모의 역할을 대신할 만한 대상을 의식적으로 직접 선택하는 사람들도 있기는 하다. 내 환자 중 모니카

(Monica)라는 환자의 경우가 그러했는데, 그녀의 엄마는 편집증을 가진 위험한 사람이었고 그래서 그녀는 자기 자신의 안전을 위해 가족으로부터 도망쳐 나와야 했다. 그녀가 어렸을 때, 그녀의 엄마는 그녀가 밥을 너무 천천히 먹는다는 이유로 어떠한 사전 경고도 없이 갑자기 달려들어서 그녀의 뺨을 때린 적도 있었다. 또한 그녀의 엄마는 집의 모든 블라인드를 쳐놓고 살았는데 그녀의 이웃이 그녀를 몰래 감시하는 것에 대해 두려움을 느꼈기 때문이었다. 그녀의 아버지 역시 우울증을 자주 앓아서 일하러 가지조차 못하는 경우가 많았기 때문에 엄마의 이러한 행동들에 대해 신경을 쓰지 않고 무시하였다. Monica가 치료를 받으러 왔을 때 그녀는 또 다른 가족과 어떤 위험한 관계를 형성하려는 상황에 놓여 있었다. 그녀는 자기의 엄마만큼이나 예측이 불가능하고 공격적인 성향을 가진 거의 범죄자나 다름이 없는 남자 친구와의 애착관계에 있었다. 약 1년 동안의 치료를 통해, 그녀는 남자 친구와의 속박관계에서 벗어날 수 있었다. 그러나 또 다른 "좋은" 엄마와의 관계에 대한 욕구를 가지고 있었고 그 욕구는 내가 심어준 것이었다. 마침 그 때 알게 된 사실이 있었는데, 바로 그녀가 살고 있는 아파트는 학생들과 은퇴한 사람들이 주로 사는 아파트라는 점이었다. 그 아파트에 사는 사람들 중 연세가 지긋이 드신 한 여성이 Monica를 만날 때마다 유독 행복해하고 즐거워하는 듯 했다. 그늘은 주말마다 같이 쇼핑하러 나가기 시작했고 함께 점심을 먹으러 외출하기도 했다. 시간이 지나면서 그들은 서로에게 커다란 즐거움의 대상이라는 사실을 깨닫게 되었고, 그들의 상적인 모녀 관계는 그 후 오랫동안 지속되었다. 이러한

행복한 결과는 Monica의 의식적인 결정에서 비롯된 결과였다. 이는 매우 드문 경우로서 우리들 대부분이 우리의 가족을 떠나는 것에 대해 우리 스스로 인정하기를 두려워하기 때문이다

제 5 장
집 떠나기

- 분리가 가능하다는 현실을 받아들이기
- 세 가지 회피하는 방법
- 자유를 향한 길 : 손상된 정체성을 회복하기
- 분리된 자기를 통합하기
- 자유로 향한 길 : 특정한 흥미집단에 참여하기
- 가족으로부터의 독립은 어느 정도가 충분한가?

- 제 5 장 -

집 떠나기

몇 년 동안 나는 어머니께서 그것이 나의 길이라는 것을 아시게 하는 것이 나의 희망
이라고 믿었다. 어머니께서 아시건 모르시건 간에 나는 내가 좋은 대로 할 수 있었다는
것을 깨닫기까지는 엄청나게 오랜 시간이 걸렸다.

- Sheldon Kopp -

　이번 장에서는 우리를 붙잡아두고 있지만 동시에 우리도 여전히 필요로 하는 그 가족으로부터 벗어나기 위해 우리 각자가 반드시 거쳐야 할 과정에 대해 자세히 살펴볼 것이다. 이번 장을 시작하면서 내가 인용한 인용구는 Sheldon Kopp의 현명하고 유용한 구절인데 이 작가 역시 나의 환자들이 가졌던 것과 동일한 환상들을 가진 사람이었다. 그는 자기 스스로를 자신의 엄마에게 설명해야만 한다고 느꼈고 오직 엄마를 이해시킨 다음에야 자신이 온전한 자기

자신이 될 수 있다고 느꼈다. 당신이 당신의 집을 떠날 준비가 되었다면 당신은 냉엄한 현실, 즉 당신의 부모는 당신이 진정으로 누구인지에 대해 결코 받아들이지 않을 것이라는 그 현실을 참아낼 수 있어야만 한다. 당신의 부모는 당신을 설득할 것이고 협박할 것이며 때로는 집을 떠나겠다는 당신의 결정에 대해 심한 절망감을 표현하겠지만 그들은 결코 당신을 이해하지는 않을 것이다. 스스로를 구하는 길로 들어서는 가장 첫 단계는 아마도 당신이 가족들에게 배신자 취급을 당하는 것일 것이다. 부모에게 당신 자신을 설명하고 싶은 그 유혹에서 반드시 벗어나야만 하는데, 왜냐하면 당신의 그러한 노력 자체에는 이미 당신의 부모가 논리적이고 합리적으로 당신에게 반응할 것이라는 잘못된 가정이 깔려있기 때문이다.

원가족으로부터 떠나지 않고 계속 집에서 함께 살거나 하루도 빠짐없이 부모를 방문한다면 그 상황에서 어떠한 정서적인 발달도 기대할 수 없다는 것은 당연하다. 우리는 여전히 고립감과 외로움을 느낄 것이다. 우리의 원가족으로부터 분리된다는 것은 우리의 삶의 질이 떨어짐으로써 어느 정도 불편할 수도 있겠지만 그것을 감수하고 우리가 스스로를 돌보고 자신의 삶에 대해 스스로 책임진다는 것을 의미하는 것이다. 성인 초기 혹은 중반기에 우리의 원가족으로부터 분리하기 위해서 우리는 먼저 그 동안 미뤄두었던 모든 삶의 과제들을 대면해야 한다.

▢ 분리가 가능하다는 현실을 받아들이기

　당신의 가족을 떠나는 것이 가능하다 혹은 당신이 원할 수 있는 것이다라고 생각한다는 것 자체가 거의 금지되어 온 것이 사실이다. 이러한 생각은 인간에게 깊게 박혀 있는 본성에도 어긋나는 것이고 우리 문화가 오랫동안 추구해 온 가치에도 어긋나는 것이다. 그러나 우리가 좀 더 나은 삶을 살기를 원한다면 이는 우리가 반드시 취해야 할 필수적이며 자기를 보존하기 위한 생각이다. 이처럼 대담하고 용기를 필요로 하는 발걸음은 오직 우리가 자신에 대해서는 물론이고 부모에 대한 방어적 환상들을 모두 극복한 후에야 가능하다. 우리를 제대로 돌보지 못한 부모들에 대해 가지는 충성심이나 혹은 부모가 했던 것과 유사한 방식으로 사랑을 약속했다가 얼마 지나지 않아 곧 우리로 하여금 좌절감을 느끼게 하는 우리의 배우자들에 대한 충성심은 완성되지 못한 우리 어린 시절의 심리적인 유산과 같은 것이고, 이러한 애착관계들은 우리가 성숙하고 충분히 기능할 수 있는 정체성을 발전시키는데 극도로 좋지 않은 영향을 미칠 것이다.

우리가 중년에 접어들고 우리의 부모들은 노인이 될 때 가족으로부터의 분리는 더욱 어려워지는데, 이는 그 만큼의 오랜 시간이 흐르면서 우리는 어쨌든 배우자를 만나게 되고 자녀를 갖게 되며 그 안에서 나름대로의 삶을 형성하고 살아가게 되기 때문이다. 행복하지 않은 가족에게 붙잡혀 계속 머물러 있는 나의 환자들의 많은 수가 그들이 스스로를 발달시킬 수 있는 많은 기회들을 놓치는 것을 본다. 시간이 지날수록 이러한 과제들과 기회들은 오히려 더욱 거대해져서 다루기 어려워지고 또한 더욱 난처하게 만드는 것이 된다.

외부로부터의 도전들이 더욱 심해지는 것은 물론이고 우리의 내면세계 역시 변화와는 반대 방향으로 가게 된다. 우리의 두 가지 방어적 자기들 모두는 우리가 가족들과 벌이는 분투를 포기하려는 결정을 하지 못하도록 방해하려고 할 것이다. 우리의 희망자기는 미래에 혹시 있을지 모를 사랑에 대한 환상을 계속해서 심어주려고 노력할 것이고, 우리의 상처받은 자기는 복수에 대한 희망 안에서 안락함을 느끼고, 그러므로 결국 우리를 거부하고 받아들이지 않는 부모에게 계속해서 애착관계를 가지게 만드는 것이다. 간단하지만 고통스러운 진실은 만약 우리의 부모(혹은 새로운 인물로서 만난 배우자)가 5년, 10년, 혹은 15년이 지나도록 자유롭게 편안한 방식으로 자신의 사랑을 보여주지 않는다면, 우리의 희망자기가 아무리 지속적으로 낙관적 태도를 유지하려고 하더라도 그 사람으로부터 우리가 사랑을 기대할 수 있는 확률은 없다고 봐야 한다는 사실이다. 반대로 우리의 상처받은 자기는 우리를 거부해왔던 부모 혹은 배우자에 대한 복수(혹은 그들을 고치려는 시도)를 통해 만족하도록 우리를 설득시키고 확신시키려 노력할 것이다. 우리를 지지해주기를 거부했던 사람에게 복수하거나 그들을 굴복시키는 것은 우리 자신의 개인적 발달에 어떠한 도움도 되지 않을 것이다. 그들을 뜯어 고치는 것도, 그들에게 복수하는 것도, 우리에게 지속적인 사랑과 지지를 가져다주는 대체 방안이 될 수 없으며, 그러므로 우리가 보다 성숙한 성인으로서 발달하는 데에 어떠한 도움도 되지 못할 것은 자명하다. 성인으로서 우리가 생존하고 발전해야 한다면, 우리는 우리를 제대로 돌보지 못한 부모에 대한 우리의 충성심을 포기하고 우리를 지지해 주는 다른 사람들과의 건강한 인간관계를 통해 우리의 정체성을 새롭게(혹은 우리 인생에서 처음으로) 정립해야만 한다. 여기에서 실패한다면, 환상 속의 사랑에 대한 헛된 희망 혹은 우리에게 잘못한 사람들에 대한 복수를 꿈꾸는 유아기적인 욕망에서 벗어나지 못한 채로 남아있게 될 것이다.

내 환자들 중 대부분은 그들이 실패한 가족에서 어려서부터 경험해 온 불안스러운 편안함이 배제된 삶이 어떤 모습일지에 대해 생각해보는 것에 두려움을 느낀다. 치료의 초반기에는 환자들 대부분이 그들의 가족들과 지속적인 관계를 맺지 못하면 그들 역시 존재하지 못할 것이라고 느낀다. 가족을 포기한다는 생각 그 자체가 인간 본성으로부터 심하게 어긋나는 낯선 것이라고 느끼는 것인데, Joan

Raphael-Leff의 책 "자기도취적 상처(Narcissistic Wounds)"에서 인용한 그녀의 환자 치료의 예에 그러한 생각이 잘 들어난다.

이것은 내 인생에서 가장 큰 충격이었다. 즉, 내가 나의 가족과 영원히 함께 머물지 않아도 된다는 생각, 그것은 어디까지나 나의 선택에 달려있다는 생각은 말 그대로 충격 그 자체였다. 나에게 어떤 식으로 충격적이었는지를 보다 자세하게 살펴보는 것이 매우 중요할 것 같다. 나의 가족에 대한 수치심과 죄책감을 동시에 느끼면서도, 만약 내가 그들과 함께 영원히 함께인 채로 처박혀 있어야 한다는 것을 생각할 때, 내가 얼마나 그러고 싶지 않은지를 느끼는 것이 얼마나 나쁜 것인지에 대해서도 생각하였다. 그러한 충격과 더불어 나는 내 과거의 큰 부분을 떠나보내면서, 그 동안 나의 욕구들 중 제대로 충족된 것이 얼마나 없는지에 대해서도 솔직하게 대면하게 되었다.(90)

위의 인용구는 인생이 좌절로만 점철되어서는 안 된다는 한 환자의 자각인데, 어떤 의미에서 우리 문화에서는 매우 드물고 평범하지 않은 자각을 매우 잘 보여주고 있다. 우리가 얼마나 형편없이 취급당했고 앞으로도 얼마나 형편없이 계속해서 취급될 지와는 전혀 상관없이, 우리는 우리의 의존욕구, 우리의 죄책감, 표현되지 못한 분노, 그리고 마지막으로 우리의 가족 안에 여전히 남아있는 현실적이지 않은 희망 등에 의해 억눌리고 있는 것이다. 보다 독립적인 성인으로 가는 첫 번째 단계라면, 가족으로부터의 분리는 분명 가능하며 충분히 바랄만한 것이라는 현실을 인정하고 받아들이는 것일 것이다. 많은 환자들이 착각하는 것이 만약 그들이 가족으로부터 분리하여 그들 자신의 삶을 살기를 시작하면 그들의 가족은 그 즉시 그들에게 복수를 하려고 할 것이라는 것이다. 실제로는 제대로 된 사랑과 돌봄을 주지 않는 모든 가족들이 가지는 힘의 원천은 사실 우리 자신의 충족되지 못한 의존욕구, 죄책감, 그리고 스스로 만들어 낸 환상에서 나온다. 일단 벗어나게 되면, 우리가 그토록 두려워했던 그 가족은 완벽하게 무력해질 것이고, 더 심하게는 만약 우리가 "외부에서" 우리의 가족을 바라본다면 그들이 얼마나 불쌍하게 보이는지를 우리 스스로 깨닫게 될 것이다. 우리가 가족으로부터 분리하여 우리 자신의 삶으로 전진하기로 결정한다고 해서 우리를 뒤쫓아 와서 체포하거나 하는 "가족 경찰" 따위는 존재하지 않는다. 우리가 두려워해야 하는 경찰이 있다면 그것은 오직 그 가족 내에서 우리가 얼마나 형편없이 불행한 삶을 살아왔는지 그리고 우리를 제대로 돌보지 못한 부모들에 대해 우리가 느끼는 죄책감들에 대하여 가지는 우리 자신의 방어기제들일 것이다.

🔲 세 가지 회피하는 방법

 내가 젊었을 때 들었던 말들 중 가장 도움이 되었던 조언은 나의 고등학교 상담 선생님으로부터 들은 것이었는데, 내가 어떠한 흥미도 느끼지 못했던 한 수업에 대해 내가 굉장한 좌절감을 느끼고 있을 때 해주었던 말이었다. 그는 단순히, "네가 정말 원했던 곳에 가서 그 일을 하렴"이라고 말했다. 이 말은 내가 그 무엇이라도 할 수 있음을 가정한 정말 훌륭한 조언이었다. 자신에게 제대로 된 돌봄을 제공하지 못한 가족에게 계속해서 충성심을 보이며 고통 받는 나의 환자들 대부분이 이러한 현명한 조언을 따를 수 있게 하도록 하는 엄청난 지지를 필요로 함은 물론이다. 매년 시간이 지나가도 그들은 늘 그들이 바라고 원하지 않았던 곳으로 가서 다른 사람들로 하여금 자신들을 사랑해 줄 것을 강요하지만 대부분의 경우 결코 성공적이지 않다. 변화를 선택했을 경우 우리가 맛볼 수 있는 긍정적인 측면에 대해 이야기하기 전에 나는 내 환자들 중 많은 수가 가지고 있었던 세 가지의 유아기적인 전략들, 즉 그들로 하여금 발전하지 못하도록 붙잡고 방해하는 전략들에 대해 먼저 경고하고자 한다. 이 전략들은 매우 그럴 듯 하고 위험하며 많은 경우 "자연스러운" 혹은 "옳은" 일인 것처럼 여겨질 수 있지만, 사실 이것들은 우리가 가족으로부터 분리하는 것을 더욱 취약하게 하고 어렵게 만들 뿐이다. 우리에게 온갖 실패를 가져다 준 부모들과의 관계를 끊으려고 결심한 후 우리가 해서는 안 될 다음의 규칙들을 반드시 기억해 두기 바란다.

규칙 1. 당신을 가둔 교도관에게 당신 자신을 설명하려 하지 말 것

내가 만난 많은 환자들은 치료 세션을 통해 자신들이 과거에 가졌던 방어기제들에 대해 더욱 자세히 볼 수 있게 되고 그들의 어린 시절 동안 제대로 된 돌봄과 지지가 부족했던 것이 어떤 파괴적인 경험이었는지에 대해서도 볼 수 있게 된다. 대부분의 경우 이러한 환자들은 다시 예전의 집으로 돌아가고 싶다는, 그리고 마지막으로 영광스럽게 자신들의 부모에게 "대적해" 보고 싶다는 유혹에 시달린다. 그저 단순히 그들의 부모가 얼마나 엉망이었고 자신들을 돌보지 않았는지에 대해 알려주기 위해 그들의 부모들을 "발가벗길" 수 있는 기회를 가지기를 열망하는 것이다. 이러한 환자들은 이러한 극적인 대면의 과정이 그들이 원가족을 떠날 수 있게 하는 필수조건이라는 잘못된 생각을 하는 것이다.

얼핏 처음 보기에는, 이것이 매우 대담하면서도 건강한 대응 방식인 것처럼 보이기도 한다. 그러나 주의깊게 살펴보면, 아주 오랫동안 우리를 옭아매었던 상처받은 자기의 또 다른 출현일 뿐이다. 상처받은 자기는 우리가 분명히 복수를 할 수 있으며 그렇게 쟁취한 복수는 어떤 식으로든 반드시 우리를 만족시킬 것이라는 매우 그럴싸 하게 들리지만 사실은 완전히 잘못된 가정에 빠져 있다는 사실을 잊지 말아야 한다. 더불어서, 이를 통하여 어떤 결과가 나오느냐에 상관없이 이는 우리를 해칠 모험인 것이 분명하다. 만약 우리가 "이긴다면", 아마 우리는 우리의 부모가 정말로는 어떤 사람들이었는지에 대하여 슬프고도 개운치 않은 현실에 직면하게 될 것이고 이것은 분명 우리를 죄책감에 빠뜨릴 것이다. 그토록 명백하게 무능력하고 불쌍한 사람들에 대하여 무슨 승리감과 만족감을 얻을 수 있단 말인가? 반면 우리가 지게 된다면, 우리는 여전히 우리의 부모가 너무나 강력한 전제군주인 것으로 여기고 그러한 부모에 의해 아직도 위협당하고 있는 스스로의 모습에 혐오감을 느끼게 될 것이다. 승리를 한다고 해도 그 승리에서 얻을 수 있는 것이 아무것도 없다는 사실 외에도, 다시 우리 가족들에게로 돌아가 그들이 얼마나 "나쁜" 사람이었는지(혹은 아직까지도 나쁜 사람인지) 설명하는 바로 그 행위 자체도 결국에는 아직도 그들은 우리에게 계속해서 중요한 사람들이라는 것을 보여주는 것 밖에는 아무 것도 안 되는 것이다.

둘째로, 우리에게 제대로 된 돌봄을 제공하지 않은 부모들에 대하여 어떠한 도덕적인 승리를 쟁취한다는 것은 나의 환자들 중 많은 수가 생각하는 것보다 훨씬 더 어려운 일인 경우가 대부분이다. 많은 부모들이 그 이유가 무엇이든 간에, 어쨌든 부모로서의 그들의 역할을 제대로 수행할 수 없는 사람이었고 그리고 동시에 자기기만의 완벽한 고수들인 것도 사실이다. 자신들의 자녀가 어린 시절의 발달과정 동안 경험했던 모든 좋지 않은 경험들에 대해 그들 자신에게 책임이 있다는 그 현실을 결코 볼 수 없는 맹인들인 것이다. 내가 만났던 한 환자는 누가 봐도 멋진 자신의 엄마에 대해 "1 마일만큼이나 넓지만 1 인치의 깊이에 불과한 사람"이라고 묘사했다. 그녀는 그 어느 누구와도 어떠한 주제에 대해서라도 대화할 수 있었고, 그녀 자신이 매우 능력 있고 자녀를 잘 챙기고 돌보는 엄마처럼 보이도록 행동할 수도 있었다. 그러나 실제로 그 안을 들여다보면 그녀는 매우 어리석고 거만하며 학대적인 사람이었다. 이러한 유형의 부모는 거의 난공불락의 적이라고도 말할 수 있는데, 왜냐하면 그들은 매우 잘 훈련된 배우들로서 자신들의 스스로만 위하는 잘못된 역할에도 불구하고 스스로에 대한 의심이나 다른 사람들에 대한 죄책감은 결코 느끼지 않기 때문이다. 자신들의 자녀들이 상처받는 것에 대하여 대면하는 동안 그들의 자신감은 결코 그 누구에게도 질 수 없도록 그들 자신을 강하게 만든다. 요즈음에는 이러한 부모들 중 많은 수가 자신들의 자녀들이 가지는 모든 정서적인 문제들의 원인에는 생리적인 혹은 화학적인 불균형이 자리잡고 있다는(즉, 분명 부모로서의 그들의 잘못이 아니라는 내용의) 대중적으로 인기 있는 개념을 받아들이고 있다. 이러한 부모와 마주보고 토론한다는 것은, 설교자들의 토론회에서 하나님의 존재에 대해 토론하는 것과 진배없다.

자기 중심적이고 자기의 옳음이 강한 부모들은 본인들 스스로에 대해 절대적이고 지나치게 확실한 관점을 가지기 때문에 스스로에 대해 그처럼 확신을 가질 수 있다. 그들의 성격구조 자체가 그처럼 뻣뻣하고 확실하기 때문에 이는 또한 그들이 다른 사람들의 욕구에 대해 민감하지 못하게 만든다. 그들의 심리적 에너지는 언제나 본인들 스스로의 욕구를 충족시키는 데에만 초점이 맞춰진 채로 사용되기 때문이다. 이러한 종류의 적군과 토론에서 이긴다는 것은 쉽게 말해 불가능하다. 이러한 유형의 성격을 가진 부모를 만난 적이 한번 있었는데, 내가 예전에 공중 정신건강 연구소에서 일을 할 때였다. 브렛(Brett)이라는 병적일 정도로 심한 비만증과 심각한 우울증에 시달리는 16살 소년의 치료사로 배당되었었는데, 그 소년은 당시 고의로 자신의 엄마가 애지중지하는 장미나무 덤불 12개를 꽃이 피어나는 바로 그 높이에서 잘라버렸다. 공중 정신건강 연구소에서 일하면서 가장 힘들었던 것 중 하나는, 자신의 어린 아들에게 그처럼 몹쓸 짓을 저지른 바로 그 부모가 하는 말들이 그 자녀가 하는 말들보다 훨씬 더 중요하고 가치 있는 것으로 여겨지는 경우가 대부분이었다는 사실이었다. 이는 어린 자녀들에 비해 성인들은 불평을 할 수 있고 훨씬 더 사회적, 법적, 정치적 힘과 신뢰성을 가지고 있기 때문에 가능한 일이었다.

이 불행한 어린 소년의 경우도 다를 바 없었는데, 그의 엄마는 의사 남편을 잃은 미망인이었고 그 지역 공동체에서 평판도 좋고 잘 알려진 인사였다. 그녀는 자신에 대해 매우 극적인 방식으로 스스로를 매우 중요한 사람인 것처럼 소개하였고, 연구소의 직원들에게 자기

아들을 가능한 한 빠른 시일 내에 "고칠" 것을 명령하였다. 나는 Brett이 지나치게 요구적이고 늘 거절하는 그의 엄마와 화해할 수 있도록 도우라는 지시를 받았다. 분노로 가득 찬 이 어린 소년과의 인터뷰를 통해 나는 그가 기억할 수 있는 그 순간부터 그의 엄마는 그를 언제나 "게을러빠진 소시지 조각 같은 녀석"이라고 불러왔다는 것을 알게 되었다. 그의 정체성은 심하게 손상되었고 불완전해서 그는 고등학교마저도 중퇴하고 대부분의 시간을 집에서 컴퓨터를 하면서 보내거나 엄마가 끝도 없이 제공하는 엄청난 먹을거리들을 탐닉하면서 보냈다. Sheldon Kopp의 경우와 마찬가지로 그는 극도의 거부경험과 끊임없는 탐닉생활이라는 정서적으로 끔찍하게 파괴적인 조합에 무방비 상태로 노출되어 있었던 것이었다. 그는 제발 자신을 위해서 내가 무엇이라도 해주기를 애걸하면서 그의 엄마가 자신을 그런 이름으로 다시는 부르지 못하게 해달라고 간청하였다. 놀랄 일도 아닌 것이, 그가 그때까지 고통받아왔던 그러한 박탈경험의 시간들은 그를 심리적으로 심하게 손상시켰고 자기 자신을 그의 엄마로부터 분리시켜 독립하겠다는 의지나 욕구는 전혀 가지지 조차 못했다. 그의 희망자기가 가지는 환상들과 더불어 그는 도덕방어를 사용함으로써 자신이 시간과 노력을 들여 자신에게 언어적으로 그처럼 학대적인 자신의 엄마를 본인이 절박하게 필요로 하는 그런 모습의 엄마로 바꿀 수 있을 것이라고 스스로를 설득시켰다. 이처럼 강력한 고착은 그로 하여금 정신건강센터의 프로그램에조차 등록하지 못하게 하는 결과를 낳았다. 이 센터의 프로그램들이 바로 자기 자신과 같은 사람들이 독립심을 더 키울 수 있도록 하는 목적으로 고안된 것이었는데도 말이다. 그의 성격은 마치 아주 어린 아이의 성격과 같아서 자신이 알고 있는 유일한 그 엄마를 포기한다는 것은 결코 상상조차 할 수 없는 일이었던 것이다. 그가 원했던 것이라고는 단지 자신을 사랑해주는 엄마가 있는 집으로 돌아가는 것뿐이었다.

나는 이 부모와 아들 사이에는 어떠한 건강한 화해도 있을 수 없다는 것을 인정해야 했다. 이 어린 소년의 강력한 의존성(그리고 엄마의 장미덤불을 모두 잘라버릴 만큼 분노로 가득 차 있었던 그의 상처받은 자기)은 그의 어린 시절의 박탈경험에 대해 너무나 분명하게 말해주고 있었다. 그의 상처받은 자기 역시 매우 숙련된 복수 전문가였는데, 그는 자신의 엄마를 골탕 먹이고 괴롭힐 많은 전략들에 대해 설명하곤 했다. 그 중에는 그의 아버지가 회원으로 있던 한 의사 협회의 웹페이지를 해킹해서 자기 엄마의 행동에 대해 비난하는 원색적인 글들을 남기는 등, 엄마에 대한 복수의 방법으로는 너무나 슬픈 방법도 포함되어 있었다. 역설적이게도, 이 어린 소년의 심리치료사로서 나는 그의 엄마를 인터뷰해서 그의 상태가 어떠한지에 대해 그녀에게 알려주어야만 하는 위치에 있었다. 그의 엄마에게 이 모든 것에 대해 보고하는 것이 나의 환자를 위해 최선의 일이 아닌 것이 분명해 보였지만, 지난 세월 동안 공중 정신건강 연구소는 부모의 권리에 대해 상당히 강조하는 규칙들을 고수해오고 있었다. 그녀와의 인터뷰 동안, 그녀는 왜 자신의 "정신 나간" 아들이 자신이 아끼는 장미덤불을 잘라버렸는지에 대해 알아야겠나고 요구했다. 나는 그의 그러한 행동은 그가 그녀에게 화가 나 있다는 것을 보여주는 하나의 가능한 사인일 수 있다는 것을 적당히 애매모호하게 알려 주었다. 그러자 그녀는 의자에서 벌떡 일어나더니 고함을 치기 시작했다. "나한테 화가 났다구요? 나한테? 무슨 권리로 그 애가 나한테 화를 낼 수 있다는 거에요? 나는 그 애가 태어난 후로는 언제나 그 애의 종이나 다름 없었다구요." 나는 이처럼 파괴적이고 자기 자신만을 위하는 엄마와는 앞으로 그 어떠한 일도 함께 할 수 없다는 것을 분명히 볼 수 있었다. 내 환자들의 부모들 중 많은 수가 그러하듯이, 그녀가 스스로를 보는 관점은 현실적으로 생각하기에는 이상할 만큼 너무나 완벽해서 그에 대해 어떤 다른 관점을 가지게 한다는 것 자체가 전혀 불가능했다. 그녀의 절대적인 자기 중심성과 스스로를 "좋은" 부모라고 여기는 지나치게 확실하여 결코 변하지 않을 관점은, 왜 그녀의 절박하도록 의존적인 아들이 좌절감을 말로는 도저히 표현할 수 없어서 어쩔 수 없이 결국 자신의 분노와 절망감을 표현하는 자신만의 방식으로 엄마의 장미덤불을 잘라버릴 수밖에 없었는지에 대해 잘 말해주고 있었다. 나는 Brett이 자신의 인생에서 가지는 중요한 관심거리, 즉 컴퓨터라는 배경 안에서 그와 소통하는 전략을 개발하였다. 그 전략에 대해서는 이 장의 후반부에서 더 자세히 언급하겠다.

자신의 부모들과 대면하려고 시도했던 내가 만난 수 백 명의 환자들의 사례와 더불어, 위의 사례는 다음의 경구를 다시 한 번 떠올리게 한다. "불평하지도 말고, 설명하지도 말라." 다시 말해, 당신이 과거 부모로부터 경험했던 모든 정서적인 박탈경험들에 대해 불평하지 말라는 것인데, 왜냐하면 당신의 부모는 당신의 어린 시절에 대해 당신이 가지는 그 관점을 결코 인정하려 들지 않을 것이기 때문이다. 둘째, 당신이 가족으로부터 조용히 물러나는 이유에 대해서도 설명하지 말라. 그저 가능한 한 우아한 모습으로 빠져 나와서 당신을 지지하고 응원해 줄 사람들과의 새로운 인간관계를 개발하는 데에 당신의 모든 노력을 집중하라.

규칙 2. "공짜 점심"이나 기다리며 집에서 어슬렁대지 말 것

나이가 든 부모와 함께 사는 많은 성인들이 스스로의 행동을 합리화하는 방법으로 부모와 함께 살면 집값을 아주 조금 내거나 전혀 내지 않아도 되므로 경제적으로 절약할 수 있다는 변명을 한다. 앞서 소개했던 부모 집의 지하실에 살았던 나의 환자 William도 그런 경우이다. 역기능적인 부모들이 자신들의 이제 성인이 된 자녀들을(예전에는 그들이 유기하고 방임했었던 것과 달리) 자신들의 집에 계속 머무르게 하는 하나의 방법으로 이러한 방식으로 유혹하는 경우도 많다. 시간이 지날수록 정서적으로는 여전히 공허하지만 겉으로 보기에는 탐닉되고 있는 듯한 성인들은 세상 바깥의 어떠한 성공을 추구하는 데에도 점점 동기부여를 받지 못하게 된다. 부모들이 취하는 이러한 방식의 유혹은 자녀들의 야심을 망가뜨리고 이제 막 성인이 된 젊은 자녀들을 청소년기의 어디쯤에 고착된 채 성장하지 못하도록 붙잡는다. 심각할 만큼 공포스럽고 대단한 박탈경험을 어린 시절에 가졌던 한 젊은 여성 환자는(자신의 마찬가지로 의존석인 남편과 함께) 자기가 사는 아파트에 세탁실이 있었는데도 불구하고 자신의 빨래거리를 가지고 매주 자기 부모의 집을 방문하여 세탁을 했다. 세탁을 위해 매 주말마다 부모 집을 방문하는 것에 대해 내가 그녀에게 이유를 물었을 때, 매주 엄마 집을 방문할 때마다 엄마가 너무나 무감각한 남편과 결혼하여 자신이 얼마나 슬프고 괴로웠는지에 대해 불평하는 것을 들어야했음에도 불구하고 그녀는 엄마 집의 세탁기가 훨씬 성능이 좋아서 빨래가 더 깨끗하게 된다고 주장하였다. 그러나 사실은 그녀는 자신의 엄마를 공격적이고 학대적인 남편(그녀의 아버지)으로부터 구출해야 한다는 그녀 자신의 평생의 노력을 포기할 수 없었던 것이다. 다른 무수히 많은 환자들과 마찬가지로 그녀 역시 앞으로 나아가는 대신 오히려 자신의 어린 시절로 되돌아가고 싶어했던 것이다. 그녀가 자기 자신의 결혼생활을 등한시했다는 사실은 그리 놀라운 일도 아니다.

집세 없이 "공짜로" 산다는 조건을 받아들임으로써 지불해야 하는 대가는 이미 어린 시절의 발달과정에서 큰 도전을 경험했던 성인들에게 엄청난 파국이 될 수 있다. 왜냐하면 그들은 이제 자기 자신의 미래를 팔아가면서 과거 그들이 가졌던 박탈경험을 보상받으려 하고 있는 것이기 때문이다. 부모로부터의 이러한 유혹은 너무나 달콤하고 치명적인 것이 분명한데, 이는 부모들이 자신들이 어렸을 때 발달과정에서 경험하지 못했던 바로 그 사랑을 내세우기 때문이다. 내 환자들 중 많은 수가 자신들의 부모가 그들의 어린 시절을 온갖 고통으로 채웠다는 점에서 자신들에게 "빚"을 지고 있다고 생각했다. 슬프게도, 부모가 내세우는 그러한 달콤한 유혹은 이렇게 아직도 어린 아이처럼 생각하는 자녀들이 그들을 늘 좌절시키고 그들에게 온갖 실패를 경험하게 했던 그 부모에게 계속해서 의존적이고 충실할 수밖에 없도록 만들고 더 나아가서는 부모로부터 분리할 수 있는 가능성은 시간이 지날수록 점점 더 줄어들게 되는 것이다.

그들을 끊임없이 좌절시키는 부모의 유혹에 못 이겨 그들과의 애착관계에 계속 머물러 있음으로써 초래될 수 있는 파국적인 결말의 극적인 사례가 바로 제이슨(Jason)의 경우이다. 그는 환경부 기자로서 스스로 온갖 다양한 인생경험을 가진 중년의 환자였다. 그가 프리랜서로 일하면서 썼던 기고문들은 높이 평가받았고 자연적으로 그에게 상당한 명성을 가져다주었다. 그는 정부기관의 일원이 아니면서도 자기 스스로 수질오염을 조사할 수 있을 만큼 개인적인 자원들을 가지고 있었다는 점에서 환경운동 부분에서 유명한 사람이 되었다. 그는 결국 공중 상수도로 흘러가게 될 공장지대의 오염된 물을 채취하여 그 검사를 할 때에도 누구의 도움도 받지 않고 스스로 그 비용을 다 댈 수 있었다. 그런 후에 Jason은 그 회사의 대변인과 인터뷰를 했고, 대부분의 경우 그 대변인은 자기 회사 주변의 물이 오염되었을 가능성에 대해 부인하였다. 그러면 그는 전혀 예상도 하지 못했던 대변인에게 자신이 채취한 물의 검사결과를 보여주었고 그 결과는 늘 뻔한 것이었다. 이러한 회사들이 명백한 진실을 숨기려 하다는 것을 폭로하는 그의 기고문들은 핵심을 질

짚으면서도 유머가 넘쳤다. 이처럼 정도에서 벗어난 그의 방식들은 유명한 신문사들에서는 용납되지 않았지만 그가 가지는 풍부한 재력과 자원들은 그에게 무엇이든 할 수 있을 자유를 주었고 그는 명성이 한 단계 떨어지는 신문이나 잡지들을 통해 대단히 많은 수의 큰 회사들을 성공적으로 조롱하고 골탕 먹일 수 있었다.

Jason이 치료를 위해 나를 찾았던 까닭은 그의 개인적인 삶이 혼란스럽고 만족스럽지 못했기 때문이었다. 가장 눈길을 끌었던 사실은 그가 플로리다에서 혼자 사는 아버지와 매주 전화로 벌이는 "언쟁"에 대해 불평했다는 점이었다. 그의 아버지는 상당한 유산을 물려받아서 Jason이 어렸을 때 그를 하녀에게 돌보도록 하고 자기 자신은 아들을 완벽하게 유기했었지만, 그가 성인이 되자 이제는 그가 필요한 모든 비용을 대줌으로써 그를 자신에게 계속 붙잡아 두고 있었다. Jason이 아버지의 이러한 유혹을 이용해먹은 것은 그가 성인이 될 때까지 계속되었고, 그가 자신의 이러한 행동을 합리화시킨 변명은 그가 하는 저널리스트로서의 업무는 그의 시간 중 아주 일부의 짧은 시간에만 이루어졌음에도 불구하고, "정상적인" 직업은 자신의 독창성을 제대로 발휘하지 못하게 방해한다는 것이었다. 그는 미래에 자신이 가질 성공에 대한 환상을 하는 데에 대부분의 시간을 보냈는데, 그 환상이란 자신을 동경하는 무리의 사람들과 자신만의 왕국에서 특별하게 살게 될 것이라는 내용이었다.

Jason의 상처받은 자기는 강력하고 독재적인 자신의 아버지에 대한 분노를 환경을 손상시키는 이름 있는 회사들에게로 돌려서 투사시켰다. 이것은 그가 자신의 아버지에게 가졌던 지속적인 의존성에 대해 부정적인 영향을 끼쳤을 수도 있는 그가 가졌던 적개심이 어느 정도나마 배출될 수 있는 출구가 되기도 하였다. 그의 충족되지 못한 욕구들에 대한 히스토리가 그가 여성들과 관계 맺는 방식으로 다시 드러났다는 사실은 그리 놀라운 일도 아니다. 그는 만나는 여자 친구마다 극도로 의존적이고 심하게 애착을 가졌고, 그의 이러한 요구적이고 날카로운 행동들을 기꺼이 받아줄 마음이 없었던 대부분의 여성들은 그에게서 떠나가버렸다.

Jason과의 치료에서 나는 그 당시 그의 삶의 질에 초점을 맞췄다. 뿐만 아니라 그가 유산을 상속받기를 기다리면서 언제까지나 어린 아이처럼 남아 있으려고 하는 성향 때문에 그가 잃어버리고 있는 시간들에 대해서도 초점을 맞췄다. 그가 나에게 반복해서 말했던 것은 그의 아버지가 돌아가시고 그가 가족의 유산을 물려받게 되면 그의 인생은 완벽하게 바뀔 것이라는 내용이었다. 그가 가지는 이러한 환상은 중요한 사실, 즉 그가 부자가 된다고 하더라도 그의 손상된 정체성은 여전히 손상된 그 상태로 남아있게 될 것이라는 사실을 무시하고 있었던 것이다. 그의 심리치료사로서 나는 그가 장기간에 걸쳐 친천히 조금씩 나아실 수 있는 방식의 치료를 했으면 바랐다. 왜냐하면 그와 유사한 다른 많은 환자들과의 경험을 통해 그것이 가장 좋은 방식이라는 것을 알았기 때문이었다. 그러나 나의 이러한 희망은 너무나 갑작스럽고 예상하지 못했던 사건으로 인해 부서

지고 말았는데, 그 사건은 그를 완전히 그리고 영원히 회복할 수 없는 장애를 안겨주었다. 그의 슬픈 운명을 통해 우리는 의존적인 채로 "속고 있는" 자녀의 역할을 계속해서 받아들이는 것이 얼마나 위험한 것인지를 볼 수 있다. 행복하지 않은 어린 시절을 보낸 자녀들은 그것을 보상할 만한 다른 더 나은 조건과 환경들에 대해 마땅한 권리가 있다. 우리가 가진 시간은 그리 길지 않기 때문에, 우리가 가진 문제들이 그저 해결되기만을 바라며 기다리기만 하는 것은 결코 좋은 생각이 아니다.

제대로 된 돌봄을 제공하지 않는 부모들에게 충성을 바치며 그 곁에 남아있는 모든 성인들이 경험할 수 있는 손실은 다름 아닌 시간의 손실이다. 성인의 몸을 가졌지만 어린 아이와 같은 태도와 정체성을 가지고 살아가는 것은 훨씬 더 성숙하고 만족스러운 삶을 위해 투자되고 사용될 수도 있을 시간을 낭비하는 확실히 보장된 방법의 하나일 뿐이다. 이처럼 시간을 잃어버린다는 것은 말 그대로 잃어버리는 것이고, 매해가 그렇게 지나갈 때마다 자신들에게 실패한 부모에게 여전히 붙어서 남아있는 자녀들이 진정한 성인으로 거듭날 수 있는 가능성은 점점 줄어드는 것이다.

규칙 3. 충족되지 못한 욕구들로 인해 다른 사람들에게 부담을 주지 말 것

행복하지 못한 가정에서 성장한 성인들 가운데 자기 또래들과 만족할 만한 인간관계를 맺는 사람을 찾기는 매우 어렵다. 이와 관련하여 몇 가지 이유를 들 수 있다. 손상된 정체성을 가진 사람은 많은 경우 스스로 열등감에 시달리고 그럼으로써 건강한 정체성을 가진 "그 어느 누구와도" 정상적인 인간관계를 맺기는 불가능한 것이다. 역으로 생각하면, 건강한 성인이라면 다른 사람들과의 인간관계에서 어느 정도의 성숙한 주고 받는 수준의 관계를 기대할 것이다. 이들은 언제나 돌봐주어야 하거나 언제나 비위를 맞춰주어야 하기 때문에 끊임없이 지지해주어야 하는 친구들을 만나고 싶어 하지 않을 것이 당연하다. 앞서 보았듯이, 역기능적인 과거 경험들을 가진 많은 성인들은 어른이 된 후 한참이 지나도 여전히 어린 아이와 같은 방식으로 행동하고 이러한 행동 양식은 마찬가지로 정서적으로 제대로 발달되지 못한 친구들에 의해서만 참아줄 수 있을 것이다.

지지적이지 않았던 가정에서 자란 사람들이 새롭게 시작하려고 할 때 그들이 직면하는 위험 중 하나는 자신들의 충족되지 못한 의존욕구가 다른 사람들에게 무차별적으로 드러나게 된다는 점이다. 4장에서 살펴보았듯이, 공허하고 박탈경험으로 점철된 어린 시절을 보낸 사람은 성인이 되어서도 지나치게 자기 중심적이고 요구적인 성향을 보이고, 이러한 특성들은 대개 적절하지 않은 방식으로 드러나게 마련이다. 상호간의 관심과 공유할 수 있는 적절한 의식을 바탕으로 하는 또래와의 인간관계는 어느 한 사람이 끝도 없는 지지와 동정을 쏟아 부어야 하는 관계에서는 결코 일어날 수 없는 것이다. 이혼을 경험한 후 다른 여성들과 데이트를 하려 해도 계속 실패하는 중년의 환자들이 보고하기를, 그들이 결국 만나게 되는 사람들의 대

다수는 지나칠 만큼의 과도하고 부담스러운 욕구들을 가진 사람들이고, 당연히 이들의 관계는 건강하다고 말할 수 없다. 이러한 일은 당장 첫 데이트에서부터 일어날 수 있다. 상대방이 자신이 가진 수많은 공허한 욕구들을 채워주기를 바라는 마음으로 첫 데이트에 나왔을 때, 건강한 생각을 가진 사람과 건강한 인간관계를 맺을 수 있는 가능성은 거의 제로에 가깝다. 건강한 사람이라면 자신의 채워지지 욕구에 대해 절박함을 가진 또래들을 구제해주는 것에는 전혀 흥미가 없으며, 이러한 과도하게 요구적인 사람들을 떠나거나 회피하는 것에 대해서도 전혀 죄책감을 느끼지 않는다.

◘ 자유를 향한 길 : 손상된 정체성을 회복하기

　이 책을 포함한 다른 모든 자조(self-help) 관련 서적들이 가지는 가장 큰 역설적 측면은 책을 읽는 것과 실제로 자기를 돕는 행동을 하는 것 사이에 큰 괴리가 있다는 점이다. 이 둘은 서로 전혀 다른 방향을 향해 가는 확연히 다른 두 개의 경험들인 것이다. 만약 우리가 "자조"라는 용어에 대해 좀 더 제한된 정의를 내린다면 이 역설적 측면은 더욱 커진다. *사실, 우리는 우리 스스로를 도울 수 없다는 것이 진실일 것이다.* 고립되어 혼자 있게 된 어린 아이가 심리적으로 스스로를 발달시킬 수 없으며, 이는 그러한 상태로 고착된 어른에게도 마찬가지이다. 반대로 우리는 정상적이고 건강한 "다른 사람들"을 찾아 그들을 받아들여야만 하고, 서로 간에 도움이 되고 기분 좋은 관계를 맺는 환경에서 그들이 우리가 보다 성숙한 사람이 될 수 있게 돕도록 허락해야만 한다. 우리의 역할은 이러한 건강한 다른 사람들을 찾아내는 것이고, 각자의 관심과 흥미에 따라 서로 간에 연결고리를 맺을 수 있는 사람들의 그룹에 참여하는 일이다.

나는 지금까지 자기 스스로를 돕고 고쳐보겠다고 시도하는 매우 많은 수의 "바보들"을 보아 왔다. 그들은 자기 관리와 자기 발달에 관련된 책이 나올 때마다 그것들에 매료된다. 해마다 관련된 워크샵에 출석하고, 말끝마다 "외상"이니, "회복"이니, "치유"니 하는 그럴 듯하고 멋지게 들리는 단어들을 사용하는 데 바쁘다. 엄청나게 많은 책들을 읽었음에도 불구하고, 어떠한 변화나 발달이 있는 경우는 거의 없는 것이 사실인데, 이는 어느 것 하나 제대로 "들어맞지" 않기 때문이다. 자조 관련 서적을 읽는 것과 긍정적인 성격의 성장과 발달을 실제로 이루는 것 사이에 필요한 연결고리인 그들을 돌보고 지지해 줄 다른 사람들과의 장기적인 주고받는 관계가 없는 것이다. 신체적 심리적 나이를 불문하고 다른 사람들의 사랑과 지지 없이는 그 어느 누구도 성숙한 인간으로서 발달할 수 없다. 여기서 내가 "사랑"이라 표현한 것은 다른 사람들에게 관심을 보여주고 지지와 돌봄 그리고 격려 등을 표현하는 일반적인 의미를 뜻한다.

이제 막 성인이 된 한 젊은 환자가 가정에서 충족 되지 못한 삶을 산다는 이유로 치료자를 찾았을 때, 그가 독립적인 사람이 되는 과정은 그로 하여금 어린 시절에 충족되지 못한 수많은 욕구들이 더 이상 자신에게 제대로 된 돌봄을 주지 못했던 가족에게로 향하지 않고 대신 치료자에게로 향할 수 있게 변환하는 것으로 시작된다. 이는 그가 아주 오랫동안 미처 보지 못한 채 살아왔던 의존성이라는 올가미를 끊어버리는 하나의 방법이다. 망상이나 환상과 같은 돌봄이 아닌 진정한 돌봄과 관심을 제공하는 신뢰할 수 있는 대안적 "가족"이 없는 상황에 서라면, 신체적으로도 정서적으로도 그들의 부모로부터 떨어진다는 것은 실질적으로 불가능하다. 이것은 진정한 용기를 필요로 함과 동시에 바깥 세계에 대한 충분한 신뢰가 있어야만 가능한 일이다. 필요한 지지를 찾는 것은 결국 미래의 어느 순간에 자연스러우면서도 편안한 방식으로 일어나는 신체적인 분리를 가능하게 할 것이다.

환자들의 의존욕구들을 그 가족으로부터 옮겨놓기 위해 반드시 개인치료만이 유일하게 사용되어야 하는 것은 아니다. 12단계 모델을 바탕으로 하는 자조집단(self-help group) 모임도 개인치료와 동일한 효과를 낼 수 있다. 이 집단에 참여한 모두가 서로에게 엄청난 양과 질의 도움과 지지를 줌과 동시에 다른 사람들을 위해 그들에게 요구되는 양은 그만큼 줄어들 수 있다. 알코올 중독자들을 위한 프로그램에서 시작된 이러한 집단 프로그램들은 다른 방면으로도 확장되어서 잘못된 돌봄을 제공한 부모들과 그들의 자녀들에 대한 문제로까지 이용되고 있다. 누군가가 그들을 실망시킨 잘못된 원가족을 떠나야 한다고 할 때, 그가 느낄 혼란과 두려움, 분노 등은 이 집단에서 모두 인정되고 받아들여진다. 개인치료이든 자조집단 프로그램이든, 결국 목표는 우리에게 잘못된 돌봄을 제공했던 부모로부터의 애착관계와 충성심을 거두고 대신 보다 건강하고 좋은 사람들과의 새로운 애착관계를 만드는 것이다.

🔲 분리된 자기를 통합하기

　　나는 방어기제들이 가족으로부터 받았던 상처들을 자각하지 못하게 하는 역할을 한다는 것을 강조했다. 개인치료나 자조집단의 일원으로서 치료과정에 참여하는 것이 우리의 정체성에 입혀진 상처들을 어떻게 치료하는지에 대해 분명하게 아는 것이 중요하다. 대부분의 사람들에게 진정한 변화는 그들의 충족되지 못한 의존욕구가 그들에게 계속된 좌절경험만을 안겨주었던 가족으로부터 거두어져서 치료자나 자조집단에게로 점차적으로 옮겨지기 시작할 때 일어날 수 있다. 치료가 이러한 변화를 가능하게 할 수 있는 이유는 치료자를 향한 의존성은 전문적 "도우미" 역할을 하는 사람에게 자기 자신을 드러내는 아주 자연스러운 결과이기 때문이다. 이는 또한 매일 참석을 권장하는 많은 자조집단의 경우에도 마찬가지이다. 집단의 구성원들은 자신들이 가지고 있었던 좌절된 의존욕구를 가족으로부터 거두어서 현재 자신들이 참여하고 있는 집단으로 옮김으로써,

그 집단을 새롭고 보다 제대로 기능하는 하나의 가족으로서 여기게 되는 것이다. 특히 자조집단은 이러한 면에 있어서 매우 효과적일 수 있는데, 왜냐하면 그들은 각자 이러한 경험들에 대해 잘 자각하고 있는 사람들로 이루어진 공동체에 참여하고 있는 것이기 때문이다. 이러한 자조집단은 우리가 결코 혼자가 아니며 우리 가족에 대한 우리의 반응들이 매우 "정상적인" 것이라는 사실, 그리고 우리가 느끼는 열등감들은 우리가 지금까지 취급받아 온 방식의 결과이지 우리 자신의 실패나 부족함에서 비롯된 것이 아니라는 것을 보여주는 것이다. 이러한 집단은 또한, 우리 이전에 그리고 이후에 우리와 비슷한 정체성 발달과 관련된 비슷한 경험을 한 다른 사람들의 삶에 대해서 보고 들을 수 있는 기회를 제공한다. 이를 통해 우리는 지금 현재 우리가 어디쯤에 있으며, 어떻게 하면 더 나아갈 수 있는지, 그리고 우리가 가야 할 그 앞길에는 어떠한 것이 놓여져 있는지 등에 대해 가늠하고 볼 수도 있다. 이러한 개인치료 혹은 자조집단이 가지는 또 다른 중요한 장점은 제대로 된 사랑과 돌봄을 제공하지 않은 가정에서 자란 성숙하지 못한 많은 성인들이 가지는 일반적인 문제들(비판에 대해 지나치게 민감하게 반응하는 것, 극도로 다른 사람들에게 집착하는 것, 냉소적인 태도 등) 이 치료자나 집단 내의 다른 사람들과의 관계를 무너뜨리거나 해치지 않는다는 점이다.

환자가 자신의 가족에 대해 가지는 의존적 태도가 일단 깨지게 되면, 그의 분열방어는 위기감을 느끼기 시작한다. 자신의 가족에 대한 애착관계를 유지하기 위해 그는 자신의 비현실적인 희망사기와 억압된 상처받은 자기 모두를 필요로 한다. 의존욕구가 점점 줄어들게 되면서 희망자기의 영향력 역시 점점 약해진다. 이제 환자에게는 자기 자신을 있는 그대로 받아들여주고 자신이 가지는 욕구들에 대해 기꺼이 지지해주는 "부모와 같은" 오히려 더 나은 존재가 옆에 있기 때문에 그는 자신의 부모를 거짓 희망을 가지면서까지 보호해야 할 이유를 더 이상 찾지 못하는 것이다. 이제 그가 가지는 그러한 안정적인 관계는 자신의 희망자기가 가지는 왜곡된 낙관론이 없이도 가족이 가질 수 있는 장점들을 알 수 있게 한다. 거의 모든 가족이 그들의 자녀의 발달과정에 있어 어느 정도라도 지지하고 격려하는 것은 당연한데, 이제 환자는 자신의 부모가 자신의 발달과정에 있어서 어떻게 했는지, 즉 얼마나 형편없고 말도 안 되는 돌봄을 제공했는지에 대해(희망자기에 의해 포장된 가짜 낙관적 관점이 아니라) 보다 현실적인 관점을 가지게 된다는 점이 중요한 것이다.

희망자기가 가지는 환상들이 일단 깨지기 시작하면 그의 상대측면, 즉 상처받은 자기가 드러나기 시작한다. 상처받은 자기의 강렬한 정서들을 아무런 생각이나 비판도 없이 유효한 것으로 받아들이는 것이 얼마나 위험한 것인지에 대해서는 4장에서 이미 언급했었다. 치료자가(혹은 자조집단의 구성원들이) 상처받은 자기가 숨기고 있는 진실들을 받아들이기 때문에 이러한 진실들은 무의식으로부터 의식의 수위로 드러나게 되고, 일단 이것이 의식적으로 생각할 수 있게 되면 이는 "재평가"될 수 있게 된다. 다시 말해, 환자가 부모로부터 경험했던 실제의 좌절과 거부들에 대한 현실적인 토론을 하게

됨으로써 환자는 자신의 어린 시절이 실제 얼마나 형편없고 나빴는지에 대해 다시 생각해볼 수 있게 되는 것이다. 상처받은 자기가 "생각을 한다"는 사실은 좋을 수도 있지만 나쁠 수도 있다. 이러한 새로운 관점은 부모가 자신들에게 어떻게 대했는지에 대한 기억들과 더불어 억눌려있던 여러 감정들이 실제로 행동으로 드러나야만 하는 욕구를 감소시킬 수 있다. 어떤 환자들에게 자신이 버려졌을 때 생겼던 분노와 공포에 대한 정서들은 실제로 자신을 버리고 태만한 돌봄을 제공했던 부모를 죽이고 싶다는 생각과 연결될 수도 있다. 그 당시에는 이러한 감정들이 그럴만한 것이었다고 여겨질 수도 있지만 세월이 지나도 변하지 않고 그대로 남아있다면 그것은 매우 위험한 감정이 되는 것이다. 이러한 극단적인 감정들에 대해 이야기할 수 있게 되면 대부분의 경우 그 강도는 낮아지고 환자는 자신의 상처받은 자기를 보다 잘 파악하고 이해할 수 있게 될 것이다. 이제 그는 더 이상 자신의 가족을 잃어버리는 것에 대한 두려움을 느끼지 않아도 되고 그 안에 내포되어 있던 감정의 노예가 될 필요도 없게 되는 것이다. 이러한 과정은 그의 부모가 실제로 어떠했는지(자신에게 얼마나 형편없는 실패를 저질렀는지)에 대해서는 물론, 그럼에도 불구하고 그들에게 어떤 좋은 면이 있었는지에 대해서 역시 보다 현실적인 관점을 가질 수 있게 해준다. 이 과정은 또한 이제 막 성인이 된 환자가 자신의 잘잘못에 대해 보다 현실적인 관점을 가질 수 있게 함으로써 그의 도덕방어의 껍질을 깨뜨리도록 돕기도 한다.

한때 분리되었었던 두 자기가 하나로 통합되는 과정은 사조집난에서 역시 일어날 수 있는데, 집단의 구성원들이 자기 자신들의 삶에 대해 서로에게 믿고 털어놓을 수 있기 때문이다. 집단의 구성원들은 모두가 버림받고 학대받은 경험을 했었다는 현실에 대해 익숙하고, 그러므로 그에 대한 수치심과 함께 모든 비난을 자신에게 돌리고 싶은 마음을 가지는 것이 그들의 히스토리에서는(원하는 바는 아니지만) 정상적인 반응이라는 사실을 받아들인다. 상처받은 자기와 희망자기가 하나의 안정적인 정체성으로 통합됨으로써 환자는 자신의 가족에 대해 보다 분명하고 정확한 관점을 가질 수 있게 되고, 이를 통해 그는 자신이 어떻게 행동해야 하는지에 대해서까지 깨닫게 된다. 그들이 새롭게 가지는 관점은 불안정한 각각의 자기들에 의해 형성되었던 가족에 대한 극단적이고 불확실한 관점과는 매우 다른 것이다. 왜냐하면 이전의 관점들은 그들이 가족에 대해 취하려고 하는 어떠한 행동에 대해서라도 갑자기 반대의 관점들을 불러일으킴으로써 어떠한 변화도 일어나지 않도록 막고 있었기 때문이다.

이제 새롭게 통합된 관점은 그들로 하여금 자신의 부모들이 실제로 얼마나 자기 중심적이었는지 그리고 얼마나 현실과 동떨어져 있었는지에 대해 보다 현실적으로 자각할 수 있도록 돕는다. 그리고 이러한 지식은 그들이 자신의 가족으로부터 분리할 수 있도록 하는 매우 강력한 지렛대 역할을 할 수 있다. 다음의 사례는, 자신의 엄마로부터 제대로 분리하지 못했던 낸시(Nancy)라는 전형적인 젊은 성인에 대한 내용이다.

Nancy는 6살짜리 딸을 둔 엄마였다. 매일 밤마다 술을 마시는 습관과 자신의 제한된 삶에 대해 느끼는 지루함 그리고 너무 자주 항우울제를 복용한다는 불안함 등의 이유로 나를 찾아왔었다. Nancy는 그의 어머니와 양아버지에 의해 길러졌다. 그의 엄마는 매우 성공한 여성 사업가이자 지방 상공회의소 회장이었다. 그러므로 그녀 인생의 대부분의 시간을 주변의 친구들과 다른 사람들에게 "잘 보이기"에 사용했다. 그러나 속 안을 들여다보면, Nancy는 엄마가 자신의 적대감과 공격성의 퍼붓는 대상이었던 반면, Nancy의 오빠에게 대해서는 모든 것을 다 쏟아부어주는 대단한 애정을 보여주었다. 엄마가 화가 났을 때면 Nancy가 감각을 느끼지 못하게 될 때까지 그녀의 뺨을 때렸고, 이웃들에게 Nancy의 부어오른 뺨을 보이지 않기 위해 집에 가두어두곤 했다. 양아버지 역시 Nancy에게 어떠한 위안도 되지 못했는데, 그는 자신의 아내를 화나게 하거나 아내에게 반대가 될 만한 행동은 그 어떠한 것도 하지 않았기 때문이었다.

그녀의 엄마와 양아버지 그리고 오빠까지도 모두 대학을 졸업했음에도 불구하고 Nancy가 대학에 지원하려고 할 때 그들은 모두 팔을 걷어붙이고 말렸다. 그녀의 상처받은 자기 속의 분노와 소외감은 그녀가 고등학교 재학 시절에 나타나기 시작했는데, 그녀가 성적으로 매우 난잡한 생활을 하기 시작한 것이었다. 이러한 그녀의 행동은 자신에게 지나치게 학대적인 엄마에 대한 반항인 동시에 자신을 사랑해 줄 어느 누군가를 찾고 싶어 하는 절박한 몸부림이기도 했다. 이러한 생활로 인해 그녀는 당연히 임신을 하게 됐고 서둘러서 결혼을 했다. 결혼 후 그녀와 남편은 그녀의 집에서 약 두 시간 정도 떨어진 마을로 이사를 나왔고, Nancy는 극도의 우울감을 느끼기 시작했다. 그녀는 제대로 된 돌봄을 받지 못한 의존적인 젊은 성인에게서 나타나는 전형적인 모순된 반응들을 보이기 시작했다. 자신의 엄마에게 느끼는 적대감에도 불구하고 그녀는 엄마로부터 멀리 떨어져 산다는 사실을 받아들일 수 없었다. 그녀의 어린 시절의 욕구들은 아직도 그 어느 것 하나 채워지지 못한 채였기 때문이었다. Nancy는 남편을 졸라 다시 자신이 살던 동네로 이사를 왔고, 자신을 그토록이나 학대했던 엄마가 사는 집에서 고작 몇 블록 떨어진 곳에 자신들의 집을 구했다. 다른 많은 사례들에서 보았듯이, Nancy 역시 자신의 정서적인 발달을 방해했던 그 엄마에게 여전히 의존적인 상태로 남아있었던 것이다. 그들은 하루에도 몇 번씩 대화를 했고 그녀의 엄마의 의견은 여전히 Nancy의 인생을 지배하고 있었다. 마치 그녀의 정체성 자체가 지나치게 간섭적이고 전지전능하기까지 한 엄마에게 완전히 사로잡힌 것 같았다.

우리가 치료를 시작할 때 Nancy는 다행히도 자신의 인생이 자신의 것이 아닌 것 같다고 느꼈다. 자신의 집 좁은 울타리 바깥 세상에는 훨씬 더 흥미롭고 괜찮은 것들이 있을 것 같기는 하지만 동시에 그녀를 두렵게 만든다는 것이었다. 그녀가 감행했던 세상으로 나오는 첫 번째 모험은 화장품 가정 판매원이 되어 본 것이었는데, 그녀가 방문했던 많은 집들에서 무례한 거부 반응들을 겪고 나자 용기를 잃어버렸고 팔아야 했던 대부분의 화장품들은 재고로 자기 집에 쌓아두게 되고 말았다. 치료를 통해 조금씩 나아지게 되면서 그녀는 자신의 집마저도 그다지 안전한 장소가 아니라는 것을 인식하게 되었다. 왜냐하면 그녀가 자신의 엄마를 너무 자주 집으로 불러왔기 때문이었다. Nancy는 자신의 엄마가 자기 인생의 모든 측면을 통제하고 싶어 한다는 것을 더욱 자주 느끼게 됐다. 치료의 첫 1년 동안 그녀가 최선을 다해 엄마로부터 독립하고자 노력했음에도 불구하고, 그녀는 여전히 아침과 저녁에 자신의 하루 일과가 어땠는지를 보고하기 위해 엄마에게 전화를 걸고 있었다.

Nancy는 시간이 지나고 치료 2년째에 접어들면서 점점 더 나와 정서적으로 더 깊이 애착관계를 맺게 되었고 이것은 그녀가 자신의 엄마로부터 천천히 자신을 벗어나게 하도록 만들어주었다. 그녀는 이제 더 이상 엄마에게 매일같이 전화를 걸지 않았고, 자기 자신의 자원들을 개발함과 동시에 엄마와도 합리적이고 적절한 거리를 유지하게 되었다. 우리의 치료를 통해서 그녀가 얻었던 정서적인 지지는 그녀로 하여금 옷가게에서 파트타임으로 일할 수 있도록 용기를 주었고(그녀 자신도 놀랍게도) 가게에서 매달 선발하는 최다 판매 여왕으로 그녀가 자주 뽑히게 해주었다. 이는 매우 다양한 부류의 고객들에게 그녀가 언제나 따뜻하고 친절하게 대해주는 태도를 가지고 있었기에 가능한 일이었다. 그녀는 곧 정식 사원이 되었고, 그러자 자신의 아기를 어떻게 돌보아야 하는지가 훨씬 더 심각한 문제가 되었는데, 이 때 Nancy는 자신의 딸을 돌보기 위한 어떠한 도움이 필요로 하는 처지였으므로 그녀의 엄마에게서 벗어나려는 시도를 멈추고 다시 엄마에게 의존하려고 하였다. 그래서 그녀는 다시 엄마와 매일같이 연락하기 시작했고, 이는 그녀의 성격 발달에서 긍정적인 성장이 역설적으로 가질 수 있는 일시적인 부정적 퇴행 현상이었다.

그녀가 엄마와 다시 연락을 하기 시작했다고 하더라도 엄마를 바라보는 관점에는 분명한 차이가 있었다. 이는 치료를 통해 그녀의 희망자기와 상처받은 자기가 보다 강하고 현실적이며 자신감이 있는 하나의 자기로 합쳐졌기 때문에 가능했던 일이었다. 그녀는 자신이 지금까지 무시하거나 어떤 식으로든 엄마를 대신하여 변명하도록 학습되어왔던 엄마의 자신에 대한 적대적인 행동들이 어떠한 것이었고 얼마나 심한 것이었는지에 대해 점점 더 잘 자각할 수 있게 되었다. 그리고 결국 크리스마스 저녁 식사 때 그녀는 자신이 더 이상은 아무것도 모르는 척 연극을 하고 있을 수 없다는 것을 깨달았다. 방의 한 쪽 구석에서 Nancy의 가족이 작은 카드 테이블 근처에 앉아있을 동안 그녀의 엄마와 양아버지 그리고 오빠는 자신의 친구들과 넓은 거실의 큰 테이블에 둘러앉아 즐거운 시간을 보내고 있었다. 그녀는 나와의 치료 작업을 통해 자신이 제대로 된 대우를 받지 못했을 때 자신이 느끼는 고통을 보고 말할 수 있는 용기를 얻게 되었다. 일은 그 다음 날에 터졌는데 그녀가 그 전날 가지고 갔던 음식 그릇을 돌려받으려고 딸과 함께 엄마의 집에 잠깐 들렀을 때였다. 그녀의 엄마는 그 전날 밤의 크리스마스 식사가 완벽한 성공이었다고 자랑스럽게 말했다. 그러자 Nancy는 엄마에게 별다른 생각 없이 무표정하게 자기는 마치 하층민처럼 취급받았던 저녁시간이었기 때문에 자신에게는 완벽한 시간 낭비였다고 말했다. 그리고 앞으로 행여라도 있을 이러한 기분 나쁘고 수치스러운 일을 피하기 위해 이제부터는 명절 때마다 자신은 자신의 가족들하고만 보내겠다고 선언했다.

이것은 그녀가 성인이 된 이후 자신의 엄마에게 자신이 엄마 때문에 얼마나 불쾌하고 기분이 나빴는지에 대해 직접적으로 표현한 첫 번째 경험이었다. 이는 그녀가 "새로운" 부모로서 나와의 애착관계를 맺고 그 관계를 통해 지금까지 자신에게 엄청난 좌절경험을 안겼던 부모를 잃는 모험을 감수할 만큼의 힘을 길렀기 때문에 가능했던 일이었다. 그녀가 새롭게 얻게 된 통합된 정체성은 엄마에게서 지금까지 들어왔던 온갖 모욕과 절망을 억누르려고 했던 상처받은 자기에게도 그리고 엄마가 혹시라도 보여줄지 모르는 사랑을 얻기 위해 계속해서 참고 노력하는 희망자기에게도 더 이상 의존하지 않게 되었다. 예상할 수 있는 일이겠지만 그녀의 엄마는 자신이 평생을 경멸과 모욕을 주면서 살아왔던 딸에게 전혀 예상치 못했던 도전을 받게 되자 매우 못마땅해 했다. 그녀의 엄마는 그 즉시 반격을 취했는데, 저녁 식사에 초대받은 것에 대해 고마워할 줄도 모르는 "버르장머리 없는 새끼"라는 말을 서슴지 않고 했다. 이러한 엄마의 공격에 무너지기는커녕 Nancy는 자신이 어린 시절부터 경험해오며 기억해두었던 엄마의 학대적이고 잔인했던 말들과 행동들에 대헤

조목조목 엄마에게 일깨워 주었다. 이는 그녀의 엄마를 더욱 화나게 만들었고 거실에서 이런 소란이 있는 것을 알게 된 그녀의 오빠가 엄마를 구출해주겠다고 달려올라 왔다. Nancy의 오빠는 제대로 된 직장도 없이 그 집의 지하실에 있는 작은 방에서 더부살이를 하고 있었다. 그가 뛰어 올라와 보니 한참이나 지위가 낮은 여동생과 엄마의 말다툼에서 엄마가 극도로 수세에 몰리는 것을 보고 화가 났다. 그는 엄마에게 합세하여 가족들이 Nancy를 얼마나 경멸스럽게 생각하는지에 대해 말했지만 Nancy가 엄마에 대항할 만큼 충분히 강하다는 것이 그를 화나게 만들었다. 그는 Nancy를 문밖으로 밀쳐 내기 시작했고 그녀를 완전히 무시한다는 것을 보여주기 위해 그녀의 딸 앞에서 그녀에게 침을 뱉었다.

이 드라마는 역설적으로 Nancy가 그녀의 가족에게 얼마나 위협적이고 무서운 존재인지를 보여주는 계기가 되었고 그녀가 자신의 원가족으로부터 완전히 독립하기 위해 그녀가 반드시 겪어야 했던 과정이기도 했다. 이 사건은 그녀의 통합된 정체성이 더 이상 현실로부터 도망쳐지지 않고 스스로를 드러냈기 때문에 일어날 수 있었다. 엄마와의 말다툼을 버린 것에 대해 가족이 그녀에게 덮어씌우려고 했던 "나쁜" 딸로서의 누명을 도덕방어를 사용하여 잠자고 받아들이는 대신, 그녀는 이 사건을 왜 자신들이 더 이상은 할머니 집에 갈 수 없는지를 딸에게 설명하는 계기로 사용했다. 이 사건은 Nancy가 자신이 출석해왔던 AA집단(익명 알코올 중독자집단 : 역자 주)과 나에게 자신의 정서적 욕구의 충족에 대한 초점을 맞추었기 때문에 가능했다. 그녀가 나와 그녀의 집단과 맺고 있는 애착관계에서 받는 지지가 부모로부터 독립 하겠다는 그녀의 결심을 더욱 강하게 만들었고, 이러한 상황에서도 그녀가 여전히 독립적일 수 있도록 만든 것이다.

◻ 자유로 향한 길 : 특정한 흥미집단에 참여하기

　개별화 과정의 두 번째 부분은 개인의 의존 이슈가 어느 정도 해결된 후 자신의 사회적 기술은 물론 다른 사람들과의 인간관계망을 보다 넓히는 것을 더욱 발전시킬 준비가 되었을 때 시작된다. 이를 위해서는 각 개인이 자신의 재능은 물론 어떠한 사회적 주제나 이슈 또는 운동 등에 관심이 있는지를 알아야 하는데, 이러한 관심거리들은 환자 본인보다 훨씬 큰 것이므로 동일한 관심거리를 가지는 "특정한 흥미집단"에 참여하여 이에 대한 자신의 관심과 의견을 나눌 수 있게 한다. 이를 위해서 필요한 것이라고는 환자 자신의 열정뿐이다. 나는 종종 이 과정에 있는 환자들에게 그들이 읽는 잡지들에 대해서 질문하는 것으로 도움을 주곤 했다. 보디빌딩 잡지에서부터 정치에 관련된 잡지에 이르기까지, 카메라에서부터 오토바이에 이르기까지, 암벽 등반에서부터 정원 가꾸기에 이르기까지 모든 전문화된 잡지들과 관련해서 각 지역단위는 물론이고 전국

단위로 동일한 관심을 가지는 사람들이 함께 모이는 단체들을 가지고 있다. 이러한 전문화된 흥미집단은 우리로 하여금 개인적인 관심을 가지고 세상에 관심을 가질 수 있도록 돕지만 동시에 이전보다 덜 자기 중심적인 방식으로 세상과 관계 맺을 수 있도록 돕는다. 또한 전문화된 흥미집단의 구성원이 되면 집단의 다른 구성원들의 관심은 물론 다른 더 크고 중요한 주제와 문제들에 관심을 갖게 되므로 자신의 개인적이고 이기적인 문제들이 희미해지게 되기도 한다. 이러한 흥미집단들이 자조집단이나 개인치료의 자리를 대신할 수 있는 것은 아니다. 그러나 자기 자신을 위해 더 큰 세계를 탐험하는 동안 한 개인을 지지해주는 인간관계의 기반으로서 지속적으로 작용한다는 점에서 중요하다. 보다 활발한 인간관계망을 가지고 있을수록 그 사람의 삶은 더욱 풍요로워지고 나아진다. 건강한 동년배들과 맺게 되는 새로운 인간관계는 앞으로의 긴 미래를 향한 시간 동안 우리를 지지해주고 지탱해 줄 것이다.

이것은 사실, 자기 엄마의 장미 덩굴을 모두 잘라버렸던 비만이 심했던 소년 Brett을 치료할 때 내가 사용했던 방법이다. Brett은 컴퓨터 프로그램과 관련된 기술들을 개발해 왔었고 상당히 유망한 해커이기도 했다. 그는 컴퓨터를 고치기도 했고 소프트웨어들을 개발하기도 했다. 이러한 관심거리들에도 불구하고 그는 자신의 파괴적인 엄마와의 확고한 애착관계에 묶여 있었던 것이다. 그가 자신의 엄마와 그 때까지 맺어왔던 관계 때문에 그는 지나치게 신중하고 치료하기 어려운 환자였고, 그래서 그와의 치료 과정에서 나는 결국 계속해서 실망시키고 포기하고 싶게 만들기까지 했다. 그러나 나는 그가 컴퓨터에 관심을 가지고 있고 그 관심은 지금까지의 다른 어떤 것도 먹히지 않았던 그에게 상당히 좋은 치료 도구가 될 수 있음을 눈치 챘다. 나는 그때까지 내가 해왔던 심리치료의 방식에서 바꾸어서 일종의 "직업" 치료의 형태를 사용하기로 했다. 일단 그에게 지역의 컴퓨터 흥미집단에 참여할 것을 제안하였지만, 직접 만나서 활동을 하는 집단은 그 지역에는 없다는 사실을 곧 알게 되었다. 그가 컴퓨터 상에서 만나는 모든 친구들은 심리학적으로 그와 동일하게 사회적으로 고립된 해커들뿐이었고, 그러므로 그들은 언제나 인터넷 상으로만 대화를 할 뿐 직접 만나본 적은 없는 관계였다. 그래서 나는 방식을 바꾸어 Brett에게 컴퓨터의 여러 다양한 것들에 대해 나에게 가르쳐 달라고 요청했다. 왜냐하면 나 역시 완벽한 초보였기 때문이었다. 나의 이러한 요청은 그를 놀라게 하기에 충분했다. 이것은 우리의 역할이 뒤바뀌는 것이었고 지금까지 나처럼 중요했던 사람 중에 그에게 도움을 요청했던 사람은 아무도 없었기 때문이었다. 나와 마찬가지로 완벽한 컴맹이었던 또 다른 직원과 함께 우리는 Brett을 선생님으로 삼고 컴퓨터를 배우기 시작했다. 우리는 적당한 만큼의 비용을 지불했고, 그는 워드 프로세스의 세계에 대해 우리에게 매우 훌륭하게 가르쳐 주었다. 그러자 우리 사무실의 광고홍보 전문가가 그에게 도움을 요청했고, 그 역시 Brett에게 비용을 지불했다. 몇 달이 지나자 그는 자신의 "컴퓨터 기지"를 확장시켜서 정신건강 연구소의 다른 부서에서도 그의 컴퓨터 기술을 필요로 하기 시작했다. 이를 통해 그는 자신의 엄마와 함께 지내는 시간이 점점 줄어들게 되었고 동시에 그의 생애 처음으로 돈도 벌기 시작했다. 연구소 사람 중 한 명이 Brett이 사무실 하나를 빌릴 수 있도록 도와주었고, 그 곳에 그는 컴퓨터 수리점을 열었다. 물론 정신건강 연구소의 일은 동시에 계속하였다. 그 결과, 정신건강 연구소는 이제 그에게 하나의 새로운 가족과 같은 역할, 즉 그의 재능과 성과들을 칭찬해주고 격려해주는 역할을 하게 되었다. 결국 그는 자신의 집을 나와 다른 아파트로 이사를 갔고 계속해서 자신의 작은 사업을 성공적으로 진행시켰다. 이 같은 Brett의 성공은 다른 많은 젊은이들, 특히 그와 비슷하게 부모에게 좌절과 거부를 경험해왔던 젊은 사람들에게 귀감이 되었고, 그래서 그들은 그의 가게에서 그저 시간만 때우는 "도움을 받는" 사람들에서 그들이 직접 "도움을 주는" 사람으로 바뀌게 되었다. 이러한 젊은이들에게 Brett은 역할 모델이 되었고 그 후 몇 년 동안 그의 인간관계 기술과 사교기술은 눈에 띄게 성장했다. Brett은 자신의 상처받은 정체성 때문에(특히 부모와 같은 역할을 하는 어떠한 사람에 대해서도 지나치게 조심하고 신중해야 했기 때문에) 전통적인 치료방식을 통한 어떠한 도움도 받기를 거절했다. 그러나 새로운 가족이라는 좋은 분위기 가운데 자기 자신의 관심거리와 기술들을 더욱 발달시킴으로써 크게 나아질 수 있었다. 그는 자신의 엄마로부터 독립하기에 충분한 자신감을 발달시켰고, 이제는 자기 자신의 독립적인 인생을 스스로 만들고 개척하며 살고 있다.

브랫이 어떤 전문화된 흥미집단에 참여했던 것은 아니었다. 그는 오히려 자기 스스로 이러한 집단을 하나 만들었고 그것의 긍정적인 효과는 다를 바가 없었다. 우리 모두에게 우리와 동일하거나 유사한 관심거리들을 가진 사람들을 만나고 그들과 건강한 인간관계를 맺는 것은 말할 필요도 없이 중요하다. 정치, 사회, 환경, 음악, 혹은 단순히 재미를 위한 집단이라도 모든 집단은 건강한 개인들을 그 구성원으로 가지고 있을 것이다. 자신의 가족으로부터 독립하고자 하는 과제를 가진 성인이라면 이러한 단체를 찾아 자신의 열정과 관심거리들을 보여주라. 이를 통해 그는 과거의 상처받은 자기에서부터 벗어나고 다른 사람들과의 자연스러운 인간관계를 맺을 수 있게 될 것이다.

◼ 가족으로부터의 독립은 어느 정도가 충분한가?

지금까지 불행한 가족의 모습을 보여주기 위해 내가 예로 든 사례들은 그 가정에서 부모가 자녀들을 어떻게 인식하고 얼마나 잘못된 부모의 역할을 했는지에 대한 정도에 있어서 다양한 사례들이었다. 간단히 말해 모든 불행한 가정이 동일한 정도의 파괴성을 지니는 것은 아니며, 그러므로 그 가족으로부터의 독립은 자녀가 어린 시절 동안 자신의 가족 내에서 얼마나 심한 실패의 경험을 했는지에 대해 잘 알고 그것을 어느 정도까지 참을 수 있느냐의 여부에 달려있다. 이와 관련하여 또 두 번째 이슈는 이제 정서적으로 전보다 강해진 성인으로서 이 자녀가 현재의 가족에 대해 얼마나 오래 참아낼 수 있는 지이다. 책임감의 이슈는 각각의 가정에 따라 다양하다. 우리 자신의 해결되지 않은 의존욕구가 사라진 뒤에 우리가 우리 가족에 대해 어느 정도까지 "빚을 지고 있는지"의 여부는 각 가정에 따라 그 정도가 모두 다르다. 그러므로 원가족으로부터 독립하는 것에 대해 이야기할 때 나는 어떤 절대적인 기준이나 내용을 이야기하는 것이 아니다. 우리 중 일부에게는 부모를 가끔씩 방문하는 것이 괜찮기도 하겠지만, 또 다른 사람들에게는 가끔 전화로만 연락하는 것 정도만 겨우 참아낼 수 있는 경우일 수도 있는 것이다.

이전 장들에서 언급했던 환자들의 사례로 돌아가서, 그들이 자신의 원가족에 대한 책임감의 이슈와 더불어 자신들의 충족되지 못한 의존욕구를 어느 정도로 잘 다스리고 통제해 왔는지에 대해 살펴보기로 하자. 1장에서 언급했던 포도주는 물론 이와 관련된 특별한 음식가게를 소유했던 Terry의 경우, 3년 동안의 치료 과정을 통해 느리지만 지속적인 성과를 거두었다. 이제 갓 성인이 된 젊은이로서 그녀는 이전에는 엄마가 자신의 유일한 지지자이자 지원자가 되도록 허락했었지만 나와의 치료는 엄마와의 그 관계를 완전히 다르게 만들었다. Terry와 나는 그녀의 엄마가 부모로서 진짜로 어떤 사람인지를 파악하고 이해하는 데에 대부분의 시간을 사용했는데, 왜냐하면 Terry가 자신의 엄마에 대해 도덕적으로 책임감을 가지고 그에 따라 행동해왔었기 때문이었다. 이러한 시간과 노력을 통해 Terry와(지나치게 간섭적이고 유아기적인 엄마에 의해 서로 이간질되어 왔던) 그의 두 남동생들은 자신들이 "완벽하게 유기된" 환경에서 길러졌다는 것을 알게 되었다. 그들은 잘 먹여지고 또 잘 입혀졌지만 그들의 엄마는 간단히 말해 자녀들이 가지는 지지와 보호 및 사랑에 대한 욕구보다는 자기 자신의 욕구에만 지나치게 사로잡혀 있어서 자녀들의 욕구에는 거의 신경을 쓰지 않았었다. Terry와 나는 계속해서 어떻게 하는 것이 "옳은" 것인지에 대해 이야기를 나누었다. 몇 년 동안의 치료를 받으면서, Terry와 엄마가 서로 잘 맞는 짝꿍처럼 행동해 왔던 것에 대해 불만을 품고 과거에 Terry를 철저하게 무시했었던 두 명의 남동생들은 그들의 엄마에 대한 가족으로서의 책임감에 대해 조정을 하기 위하여 점점 더 Terry에게 의존하게 되었다. 그녀는 동생들로부터 경제적인 지원을 받아서 엄마를 양로원에 보내는 계획을 세웠고 동생들은 Terry가 이처럼 스스로 책임감 있는 역할을 하는 것에 대해 안심할 수 있었다. 이러한 타협과 논의는 Terry와 동생들 사이를 연결시키는 계기가 되었고 Terry는 그녀가 이전에 잃어버렸었던 가족의 일부분을 되찾을 수 있었다. 그녀는 더 이상은 엄마의 유아기적인 행동들에 대해 참지 않았고 엄마에 대해 자기 자신을 훨씬 더 잘 보호할 수 있게 되었다. 이러한 행동은 뜻하지 않게 그녀가 자신의 동생들은 물론 다른 가족들과도 더욱 좋은 관계를 맺고 유지하게 하는 결과를 가져온 것이다. Terry는 자신이 항상 그래왔던 것처럼 그저 자식으로서만 연로하신 엄마를 대했다. 그녀는 양로원에 계신 엄마를 이따금씩 방문했지만 그녀는 언제나 엄마를 돌보는 것 그 자체에만 주의를 기울였을 뿐 엄마가 자신을 어떤 식으로 길러왔는지 등에 대해 생각나게 할 수도 있을 만한 어떠한 정서적인 연결고리는 맺으려고 시도조차 하지 않았다. 그녀는 자신의 남동생들과 맺은 새로운 관계를 잘 유지할 수 있었고 자신이 가지고 있던 두 사업체도 확장시켰다. 여전히 우리가 쓰는 용어로 "사람 자체에 대한 문제"는 남아있었지만, 이처럼 그녀가 점점 더 성공의 경험을 하게 되고 다른 사람들과의 우정이라는 관계에 대한 두려움도 점점 없어지게 되면서 그녀의 사교망은 자연스럽게 더욱 확장되었다.

Terry의 사례는 역기능적인 가족으로부터 마침내 독립하게 되는 중년의 나이의 성인들이 맞닥뜨리는 일반적인 문제에 대해 잘 보여주고 있는데, 즉 부모에 대해 과연 어느 정도까지 연관되어 말년생활을 돌보는 것이 적당한지에 대한 문제가 바로 그것이다. 내 환자들 중 많은 수가 경험하는 큰 유혹 가운데 하나는 바로 이 기회를 그들의 부모와 결국 "가까워지는" 기회로 사용한다는 것이다. 내가 많은 경우 내 환자들에게 제안하는 바는 그들의 나이 드신 부모를 돌보는 것에 대해 정서적으로 적절한 반응은 어린 시절 부모에게 어떠한 돌봄을 받았는지에 맞추어서 결정되어야 한다는 점이다. 비록 충족되지 않은 의존성이 펼치는 역설적인 세상에서는 자녀의 어린 시절에 이들에게 가학적이거나 악의적이었던 부모들이 오히려 엄청난 배려를 받기는 하지만, 이러한 유형의 부모가 어떠한 특별한 종류의 돌봄을 받을 자격이 없는 것이 명백하다. 다시 말하지만, 이러한 행동을 동기화시키는 것은 그들이 어린 시절에 받아보지 못했던 친밀함을 얻으려는 양육 미달된 성인의 시도이다.(그 친밀함마저도 부모가 아닌 자기 자신들로부터 비롯되었다) "물보다 진한 것(Thicker Than water)"에서 Katherine Harrison이 묘사하듯이 병들어 죽어가는 엄마를 돌보는 자기 자신의 모습은 이러한 평범한 심리학적인 시나리오를 잘 보여준다. 아주 심하게 악의적이었기 보다는 자녀를 돌보는 데 태만하고 무능력했던 부모들은 더 많은 배려를 받는다. 내 경험에 비추어 볼 때 정서적으로 박탈경험을 가진 대부분의 성인들은 자신의 현재 상황을 자신이 어린 시절에 경험하지 못했던 그 친밀함을 충족시킬 수 있는 기회로 보는 실수를 저지르는 경우가 많고, 이런 경우 그들은 대부분은 야기된 결과에 대해 실망한다. 방임적이었던 부모가 나이가 들었을 때 여전히 그들에게 의존적인 자식의 모습으로서 합리적인 반응을 보이지 못하게 막는 또 다른 요소는 자녀들을 제대로 양육하는 데 실패한 지나치게 자기 중심적인 이러한 부모들이 대개의 경우 자녀들에게 정서적으로 지지적인 부모들보다 훨씬 더 요구가 많고 고집이 세며 자녀들의 죄책감을 불러일으키는 데 능하기 때문이다. 다시 말해, 이 상황에서 우리는 자녀들보다 훨씬 더 공격적이고 요구적인 나이 든 부모를 대하면서 여전히 그런 부모로부터 친밀함을 갈망하고 바라는 정서적으로 훨씬 연약한 젊은 성인들을 보유하는 것이다. 이러한 맥락에서 봤을 때 내 환자들 중 많은 수가 자기 부모들의 노년기의 삶 가운데에서 자신들이 가졌던 박탈경험을 보충하려고 애쓰고 있다는 것은 그리 놀랄 일이 아니다.

부모의 집 지하실에서 살았던 실패한 교사였던 William은 Terry보다 좀 더 어려운 환자였는데, 왜냐하면(그와 그의 부모와의 관계에서 생성된 그의 정서적인 습관들이 나에게로 투사되었던 반응으로서) 그의 전이반응이 너무 심각해서 우리의 치료동맹을 깨뜨릴 만큼 위협적이었기 때문이었다. 처음에는 "야구 점수 매기기" 게임을 통해 그가 나에게 가지고 있는 적대감의 정도를 조금이라노 낮추어보려고 했었다. William의 상처받은 자기는 매우 지적이지만 모질게 비판적인 유럽인 부모와의 관계 가운데에서 발달되었고 동시에 내가 불편함을 느낄 만큼 심각한 앙심과 가학적인 즐거움으로 가득 차 있었다. 자연스럽게, William은 부모가 자신이 어린 시절 자신에게 일어났던 일들을 그대로 나에게 보여주는 것이었지만, 이러한 지식은 그가 나를 공격할 때 내가 느꼈던 그의 분노를 누그러뜨리는 데에는 별다른 효과가 없었다. 그의 적대적이고 냉소적인 스타일은 그가 외부의 다른 인간관계 맺는 것을 불가능하게 했고, 그러므로 우리의 첫 번째 치료 목표는 그의 자기 파괴적인 전이반응을 줄이는 것이었다. 흥미로웠던 사실은, William은 매우 강력한 상처받은 자기를 가지고 있었으면서도 그에게서 어떠한 희망자기의 흔적은 찾아볼 수 없었다는 점이었다. 다시 말해 그는 자신의 부모 혹은 어느 누구에게서라도 미래의 어느 순간에 그가 행여라도 경험하게 될지 모르는 사랑에 대해 어떠한 환상도 가지고 있지 않았던 것이다. 우리가 함께 치료 작업을 하는 동안 그는 자신의 부모가 아파트 집세를 지불하는 한 자신은 그 집에 계속해서 머무를 것이라고 말하면서도 자신의 부모에 대해 섬뜩하게 차갑은 냉소적인 태도를 보였다. 우리 치료 작업의 많은 부분은 또한 그가 나를 향해 가지고 있었던 엄청난 적대감에 대한 것이기도 했다. 그는 내가 돈을 받으면서 그를 학대하는 전문가라고 말하는 것을 서슴지 않으며 자신의 행동을 합리화 시켰다. 실제로 나는 그의 이러한 언급들을 참기 어려웠고 그의 방어기제들을 누그러뜨릴 수 있을만한 나의 기술들은 심각하게 시험 당하고 있었다. 1989년 어느 날 나는 교통

사고를 당했고, 뼈가 부러진 곳은 없었지만 여러 군데 멍이 들고 근육이 뻐근해진 적이 있었다. 이 사고로 인한 등의 통증이 참을 만하기도 하고 어떤 경우는 매우 심하기도 했지만 나는 계속해서 환자들을 만나고 치료했었다. 나를 놀랍게 했던 것은 내 사고 후 우리가 만나는 첫 번째 회기에서 William은 거의 울 것 같은 표정을 지었다는 사실이었다. 그가 나를 보았을 때 그는 정말 진심으로 나를 걱정했고 거의 말도 하지 못했다. 이 때 나는 그의 의존욕구가 나에게로 옮겨져 왔다는 것, 그러나 이 애착이 그의 적대감이라는 두꺼운 커튼 속에 깊이 숨겨져 있다는 것을 알아차렸다. 그는 내가 자신의 마지막 희망이라고 생각했고(왜냐하면 그의 지하실 문을 두드리며 찾아오는 친구나 동료는 이제 거의 찾아보기 힘들었기 때문에), 만약 그가 나마저도 잃게 된다면 그는 이제 자신이 가지는 심각한 문제를 홀로 헤쳐 나가야 하는 상황에 이르게 되었던 것이다. 사고 후 첫 번째로 우리가 가졌던 그 회기에서 그는 평상시와는 달리 나에게 "삐죽거리는" 시간이 현저하게 짧았고 그가 나에게 보여준 반응이라고는 나를 바라보는 눈에 절망만 한 가득을 담고 그저 쳐다보는 것이었다. 이 극적인 사건은 그때까지 나에 대해 멈추지 않았던 공격을 끊어버렸고 우리는 그의 상처받은 자기가 담고 있는 내용들에 대해 이야기하기 시작했다. 즉, 우리는 그의 발달 시기 동안 그의 부모가 그를 양육하고 지지하는 데 어떻게 실패했는지에 대해 구체적으로 이야기했다. 이에 대한 논의는 수개월이 걸렸고 그 동안에 우리는 또한 William의 심리적인 손상에 대처할 수 있는 전략도 개발하였다. 우리 둘 모두에게 운이 좋게도 William은 그의 음악에 대한 흥미를 잃어버리지 않고 있었다. 사실 그의 상처받은 자기가 그의 부모를 화나게 만들기 위해 사용했던 전략 가운데 하나가 한 밤 중에 색소폰으로 재즈를 연주하는 것이었다. 당연히 그의 부모는 재즈를 혐오했고 여기에는 또한 미국문화가 유럽문화보다 열등하다는 당연한 증거도 사용되었다. 나는 William에게 어떠한 형태로라도 눈에 띄는 명백한 제안을 하는 것에 있어 극도로 신중했는데, 왜냐하면 그가 이전에 사용했던 냉소적인 반응을 보이지는 않았지만 내가 제안하는 모든 것들에 있어 늘 저항하였기 때문이었다. 이에 대해 내가 가정한 것은 우리의 관계가 시간이 지나면서 그의 상처받은 자기 속에 있던 민감성과 두려움, 적대감을 점점 줄어들게 만들었고 이것들을 그가 통제할 수 있게 되자 이제 그가 사용할 수 있게 된 얼마 안 되는 기회들을 스스로 최대한 이용하고 싶어했던 것 같다는 점이다. 나는 그의 음악이 그를 그가 살고 있는 지하실에서 끌어낼 수 있을 것이라 예상했고 그의 "엄청난 도전"은 결국 인근의 한 학교에 2주 동안의 임시 음악 교사가 필요한 상황에서 그가 그 자리를 메우는 것으로 결실을 맺었다. 운이 좋게도 이 학교는 그가 2년 전에 자신의 교육 프로그램에 대해 부끄러운 거부 경험을 했던 그 학교가 아니었다. 이 새로운 학교에서 그는 동료 교사들로부터 놀랄 만큼의 따뜻한 환영을 경험했고, 금요일 오후에 가지는 "즐거운 시간(happy hour)"에 초대되기도 했다. 우리의 치료 작업을 하기 전에 그는 어떠한 종류의 초대에 대해서도 늘 거절해 왔었다. 그러나 이제 그의 민감도와 신중함이 줄어든 것이 그로 하여금 초대에도 응할 수 있도록 도왔다. 내 환자들 중 많은 수가 경험했던 것과 마찬가지로 한 가지의 성공은 또 다른 성공을 이끌었는데, William 역시 음악 임시 교사 일을 규칙적으로 하기 시작했고 후에는 그 지역의 재즈 트리오에도 가입해 매 주말마다 연주를 하였다. 우리가 진짜로 관심을 기울였던 부분은 어떻게 그가 집을 떠날 수 있으며, 어떻게 그 동안 경멸과 연민, 혐오, 슬픔 등의 감정에서 바라보던 그의 부모와 더 나은 관계를 맺을 수 있는지의 문제였다. 몇 년 동안의 오랜 치료 시간 끝에 William은 부모로부터 독립하여 자기 자신의 콘도를 사서 나가고 연휴에만 부모를 방문하는 계획을 실행하였다. 그는 부모를 향한 최소한도의 적대감만을 유지하도록 노력했고(그의 부모가 처음에는 놀렸지만), 자기 스스로 하나의 규칙을 정해서 그의 부모가 미국문화나 그의 삶 자체에 대해 비판하기 시작하는 순간 부모의 집을 나가버리기로 하였다. 그가 자신의 그 규칙을 직접 실행하기에 충분한 힘을 가졌다는 것을 부모에게 보여주는 데에는 단지 한 번의 기회만으로도 충분했다. 나와의 관계는 물론 그가 가진 새로운 친구들과의 관계를 통해 그의 부모에 대한 의존도는 확연히 줄어들었고, 그것은 그가 자신이 집을 떠나겠다고 결심한 그 규칙을 실제로 수행하기에 충분한 힘을 길러 주었다.

분열방어를 너무 자주 사용하여 어느 누구와도 지속적인 우정을 유지하지 못했던 환자였던 Sandy의 경우는 그녀의 가족과 지속적인 관계를 맺는 것에 있어 또 다른 결과를 보여 주었다. Sandy의 치료는 치료시간 동인 그녀가 분열방어를 사용한다는 점에 초점을 맞추었다. 그녀는 나의 책 "사랑의 환상(The illusion of Love)"을 읽은 후에 나를 찾아와서 말하기를, 자신은 시간낭비는 결코 하고 싶지 않고 "일류"의 사람이 아니면 그 어느 누구와도 대화를 할 의사가 없다고 말했다. 환자가 나를 이상화할 때마다(즉, 환자가 자신의 희망자기의 관점으로 나를 볼 때), 나는 그 즉시 그 환자가 분열방어를 사용할 가능성을 염두에 둔다. 일단 내가 이상화되면 그 상태에서 갑자기 그 가치가 하락하게 되는 사건이 곧 일어날 거라는 사실을 알기 때문이다. Sandy는 지적으로 매우 뛰어난 여성이었고 그래서 나는 그녀가 나의 동료인 것처럼 그녀를 대했고 분리의 과정에 대해 그녀에게 잘 설명해 주었다. 나는 그녀의 상처받은 자기로부터의 공격을 받지 않으려고 노력했고 그녀의 성격이 움직이는 방식으로 그녀에게 적당한 통찰을 제공했다. 나는 그녀가 자신의 상처받은 자기에게 계속해서 주목하도록 격려했다. 특히 나에 대해 갑작스러운 평가절하가 일어날 것이라는 점에 대해 통찰력을 가지도록 주문했다. 그녀가 자신의 희망자기 상태에 있을 동안에 이 가능성에 대해 언급했고 그녀는 자신이 어떤 부정적인 관점으로 나를 볼 수도 있다는 가능성을 믿을 수 없다고 말했다. 그녀에게 있어 나는 "일류"였기 때문이었다.

각각의 환자에게 내가 사용한 방식이 환자 각각의 개인적인 특성에 따라 다양하다는 점을 주목해서 볼 필요가 있다. 내가 Sandy에게 사용했던 방식은 나의 모든 노력들에 대해 저항했던 컴퓨터 해커 Brett이나 성격기능에 대해 내가 어떠한 설명을 해도 조롱하고 받아들이려 하지 않았던 William에게는 절대 사용하지 않을 것이다. 그러나 Sandy의 경우, 그녀에게는 호기심이 있었고 심리학적으로 성격이 어떻게 기능하는지에 흥미가 있었기 때문에 이 부분에서 우리는 매우 강력한 동맹관계를 형성할 수 있었다. 어느 날 오후, 그녀는 나의 자동 응답기에 전화를 걸어서는 우리의 상담 회기 후 그녀가 나를 사기꾼이면서 허풍쟁이로 보기 시작했기 때문에 자신의 상처받은 자기로부터 분열(split)되었다고 흥분해서 메시지를 남겼다. 그녀는 나에 대한 갑작스러운 평가절하를 심각하게 받아들이는 대신, 그녀는 거리감을 두고 자기 자신을 관찰했던 것이다. 심지어 그녀는 자신이 심리학에 대해 새롭게 이해한 것을 자신의 각본에 사용하고 싶다고까지 했다. Sandy의 치료는 자기 자신의 성격이 어떻게 기능하는지에 대해 탐구하고자 하는 그녀 자신의 의지와 협조 덕분에, 또한 그녀가 자신의 방어기제들을 행동으로 옮기는 대신 관찰할 수 있는 눈이 있었기 때문에 급속도로 발전할 수 있었다. 우리는 그녀가 자신의 친구들과 어떤 식의 인간관계를 맺었는지에 대해 살펴보았고 그녀가 희망자기로부터 상처받은 자기로 그녀 자신을 바꿀 수 있게 했던 좌절감 혹은 상실감에 대해서도 살펴보았다. 그녀는 자신의 친구들에게 몇 통의 편지를 써서 비록 (현명하게도) 왜 그녀가 그렇게 화를 냈는지에 대해 자세하게 설명하지는 않았었지만 자신이 그토록 갑자기 화를 냈던 점에 대해 사과를 했다. 또한 우리는 그녀의 가학적인 엄마와 착취가 심했던 언니와의 관계를 살펴보는 데에도 상당한 시간을 사용했고 어떻게 그들을 필요로 하는 그녀의 욕구가 그토록 신속하게 경멸로 바뀌어 질 수 있었는지에 대해서도 논의했다. Sandy가 내린 결론은 그녀가 어렸을 적 엄마로부터 받은 신체적 정서적 학대가 엄마에 대한 모든 걱정이나 염려들을 하지 않아도 될 권리를 자신에게 주었고, 그러므로 전화 연락조차도 자주 하지 않아도 된다는 것이었다. 그녀는 "불평도 하지 말고, 설명도 하지 말라"는 규칙을 따를 수 있는 능력이 있는 사람이었고, 그녀 자신도 놀랄 만큼 그녀의 엄마는 그녀와의 관계에서 그 교류의 빈도가 떨어진 것에 대해 눈치조차 채지 못했다. Sandy는 정체성을 통합하는 치료 작업을 계속하였고, 결국 어느 시점부터 새로운 사람을 다시 만날 수 있게 되었다.

  마지막으로, 대학을 상대로 고소를 했던 거만한 학부생인 Gary의 경우를 살펴보면, 그는 자신의 가족으로 독립하기 위한 어떠한 도움도 필요로 하지 않았는데, 이는 그가 이미 부모로부터 떨어져서 혼자 살고 있었기 때문이었다. William과 마찬가지로 그가 가졌던 이슈는 지나치게 활성화된 그의 상처받은 자기였는데, 이 때문에 그는 누구라도 높은 지위에 있는 사람에 대해서는 적대심을 느꼈기 때문이었다. 그가 나와의 치료를 위해 찾아왔던 원래의 이유는 졸업 후 그의 지위가 갑자기 하락한 것에서 기인한 심각한 우울증 때문이었다. 학교 학생들의 권리를 위해 "투쟁하였던" 학교의 유명인사로서의 자기 정의를 상실하였던 시점이었다. 몇 년 동안 그는 성공적으로 일했고 그 임기는 끝이 났다. 그 후 Gary는 목재를 생산하는 회사에서 일했고 숲을 사랑하는 법을 배웠다. 동력톱을 어떻게 사용하는지에 대해서도 기술을 습득했고 좋은 목재를 얻기 위한 원칙들에 대해서도 배웠다. 그는 야외 활동을 하는 클럽의 구성원이었고 대부분의 저명하고 나이가 많은 클럽 구성원들과 관계를 맺는 데 어려움이 있어서 치료를 받으러 다시 돌아왔다. Gary는 자신이 대학과 관계를 맺었던 방식과 동일한 방식으로 그 클럽의 구성원들과 관계를 맺었다. 다시 말해, 그들이 결정한 거의 모든 문제에 대해 논쟁을 하려고 했다. 대학의 배경과는 달리 클럽에서 어울리는 것은 그의 삶의 방식을 말해주는 것이었고, 등산 클럽의 연로한 많은 구성원들은 미팅이 끝난 후에 그를 따로 불러서 그가 "감을 잡지 못하고" 있다고 조언을 주곤 하였다. 이러한 강력한 대면은 그가 이전에 그랬던 것보다 더 직접적인 공격성을 띠게 만들었다. 거대한 상처받은 자기를 가지고 있는 분노로 가득 찬 젊은이들 대부분이 그러하듯이 그 역시 많은 학대경험 속에 자라났지만 그것이 겉으로 드러나는 경우에는 그에 대해 지나치게 민감해졌다. 이러한 어려움이 그의 방어기제가 가지는 약점이었고, 나는 그 약점이 필요했다. 왜냐하면 처음으로 Gary가 나의 도움이 필요하다는 점을 인정했기 때문이었다. 그는 그 클럽과의 애착관계를 발전시켰고 잘 계획된 하이킹은 물론 그 클럽의 일원으로서 속해있다는 소속감 자체를 즐겼다. 그는 삼림을 지켜야 한다는 것을 우선순위로 생각했고, 또한 이러한 관점을 공유하는 다른 사람들을 존중했었다. 그럼에도 불구하고 그는 자신의 상처받은 자기 속의 적대감을 통제하지 못했던 것이었다. 매우 짧은 시간 동안에 자신이 그동안 쌓아왔던 명성을 철저하게 무너뜨렸고, 그래서 우리는 클럽 구성원들이 그에 대한 좋은 감정을 다시 회복할 수 있는 방법들에 대해 의논하였다.

우리가 찾아낸 방법은 Gary가 가지고 있던 목재에 대한 기술들을 사용하는 것이었다. 매년 봄 그 클럽은 그들이 다니는 하이킹 코스의 쉼터를 고치고 보수하는 데 한 달 동안 시간을 내서 헌신했었는데, 이는 매년 겨울 심한 눈과 추운 기온이 트레일 코스 가운데 있는 쉼터를 심하게 손상시키곤 했기 때문이었다. Gary는 이 쉼터를 재보수하는 계획에 매니저로서 자원봉사 하라는 나의 제안을 받아들여서 먼 곳에 있는 곳이었지만 몇 주 동안 시간을 내서 그 계획에 참여했다. 이는 그가 숲과 다시 사랑에 빠질 수 있게 북돋워 주었을 뿐만 아니라 자신의 삼림지식은 물론 건축기술까지도 잘 활용할 수 있는 기회였다. 또한 그의 인생에서 처음으로 그 자신을 (비판자가 아닌) 권위 있는 자리에 둠으로써, "그의" 계획이 다른 사람들에 의해 비판받을 때 자기 자신이 얼마나 방어적이 되는지를 경험하고 스스로 놀랐다. 이 기회를 통해 Gary는 그 단체에 다시 돌아갈 수 있게 되었고, 또한 그동안 그를 비판하고 반대했던 많은 사람들의 환심을 다시 살 수 있었다. 그리고 결과적으로는 그의 사회적 인간관계를 더욱 강하게 하고 자기 자신의 헌신도를 더욱 깊게 하는 계기가 되기도 했다.

이 모든 사례들은 우리가 원가족으로부터 독립할 수 있는 매우 많은 방법이 있음을 보여줄 뿐만 아니라 가족으로부터 독립한다는 것이 많은 경우 그다지 단순하고 간단한 문제가 아님을 또한 보여준다. 우리의 어린 시절의 경험으로부터 형성되어 온 방어기제들이 우리에게 끼쳤던 많은 손상들을 회복시키는 것은 우리의 가족으로부터 신체적으로 또한 정서적으로 독립하는 것만큼이나 중요한 문제다. 진보는 항상 선형적인 것은 아니며 예상하지 못했던 후퇴도 자주 있는 것이 사실이다. 그러나 우리를 지지해주는 건강한 사회적 인간관계를 형성하고자 하는 우리의 목표에 도달하기까지 우리는 차츰 차츰 나아지는 모습을 보게 될 것이다. 종종 일어나는 후퇴의 경험들은 예상할 수 있어야 하겠지만 장기적인 관점으로 볼 때 새롭고 건강한 사회적 관계를 개발함과 동시에 우리에게 많은 좌절경험을 안겨주었던 원가족과의 애착관계를 끊어버리는 것이야말로 행복하고 만족스러운 삶을 사는 데 있어 가장 중요한 과제일 것이다.

참고문헌

Celani, D. 1993. *The Treatment of the Borderline Personality : Applying Fairbairn's Object Relations Theory in the Clinical Setting.* Madison,Conn. : International Universities Press.
――. 1994. *The Illusion of Love : Why the Battered Woman Returns to Her Abuser.* New York : Columbia University Press.
Conroy, P. 2002. *My Losing Season.* New York : Bantam Books.
Davies, R. 1995. *The Cunning Man.* New York : Penguin Books.
Du Plessix-Gray, F. 1995. "Starving Children." *The New Yorker,* 16 October, 51.
Fairbairn, W. R. D. 1952. *Psychoanalytic Studies of the Personality.* Boston : Routledge & Kegan Paul.
Goodwin, D. K. 1994. No *Ordinary Time.* New York : Touchstone Books.
Harrison, K. 1991. *Thicker Than Water.* New York : Random House.
――. 1997. The Kiss. New York : Random House.
Kopp, S. 1978. *An End to Innocence : Facting Life Without Illusions.* New York : Bantam Books.
Laing, R. D. 1969. "The Family and the 'Famliy.' " In Laing, *The Politics of the Famliy.* New York : Random House.
Lawson, C. 2000. Understanding the Borderline Mother. Northvale, N.J. : Jason Aronson.
Leo, J. 1981. "A sad Baffling Dependency." *Time,* 6 April, 45.
Miller, A. 1983. *For Your Own Good : Hidden Cruelty in Child-Rearing and the Roots of Violence.* New York : Farrar Straus Giroux.
Porter, K. A. 1970. "The Necessary Enemy." In *The Collected Essays and Occasional Writings of Katherine Ann Poter.* Boston : Houghton Mifflin.
Raphael-Leff, J. 1995. "Narcissistic Displacement in Childbearing." In *Narcissistic Wounds,* edited by J. Cooper and N. Maxwell. Northvale, N.J. : Jason Aronson.
Wilson, P. 1995. "Narcissism and Adolescence." In *Narcissistic Wounds,* edited by J. Cooper and N. Maxwell. Northvale, N.J. : Jason Aronson.

찾아보기

Agar, H., 184
Celani, D. : 경계선 성격의 치료, 113; 사랑의 환상, 59, 84, 181, 299
Conroy, P. : 나의 잃어버린 계절, 230; 도덕방어의 검증과 ~, 239-240
Davies, R., : 교활한 사람, 222
Du Plessix-Gray, F., 143
Fairbairn, W. R. D., 9; 나쁜 대상에 대한 애착과 ~, 26, 124; 도덕방어와 ~.
    126; 반복강박과 ~, 26
Freud, S., 20; 다윈의 영향과 ~ 21-22; 성격구조와 ~, 22-23
Gay, P., 102
Goodwin, D., 107
Harrison, K., 47; 거부하는 어머니에 대한 애착과 ~, 47; 거식증과 ~, 48; 도덕방어와
    ~, 82; 정서적 박탈과 ~, 79-82; 물보다 진한 것, 83, 129,294
Klein, M., 26
Kopp, S., 125; 도덕방어의 사용과 ~, 107-108; 모성적 증오와 ~,
    109-121;결백으로의 종결, 94-95
Laing, R. D., 151
Lawson, C., 46
Leo, J., 84
Miller, A., 154-156
Porter, K. A., 상처받은 자기와 ~, 50-51, 212
Raphael-Leff, J., 241
Roosevelt, E., 107; 분열의 사용, 120
Wilson, P., 159
개인성, 36, 221
비난의 사정, 126-128
다중성격장애, 121
대면, 실패한 부모의 ~, 256
대상관계 : ~이론, 21; 기억의 내면화와 ~, 23
반복강박, 181, 189, 232; ~의 이유, 27; ~의 정의, 26
방어기제, 44-47, 55, 102-146, 170-171, 203-204, 222, 254, 256, 301, 304;
    도덕~, 82-87, 107-109; 분열~, 119 125

분리 : ~의 가능성의 수용, 250; ~ 부족의 이유, 40, 58-60 : 성숙과 ~, 60, 65; 치료자에 대한 애착에 의해 촉진된 ~, 276-277; 후기 생애에 있어서 역기능적 가족으로부터의 ~, 291-292
분열 : ~의 역동, 119-125; 성인관계에서의 ~, 170-175, 197-198; 융합과 양가감정과 ~, 219-221
분열된 자기의 통합, 275-278 : 나쁜 대상으로부터의 분리와 ~, 282-285
상처받은 자기 : ~의 반전, 66-72; ~의 발달, 44-47; ~의 역동, 51-53; 감정의 깊이와 ~, 199-201; 거식증과~, 152; 건강한 자기와 ~의 비교, 63-65; 권위적 존재에 대한 적개심과 ~, 130-134, 156-159, 167-169, 195-199, 266, 302; 기억의 현실과 ~, 119, 203-210; 꿈과 ~, 203-209; "멋진 놈" 환상과 ~, 195; 방임과 ~의 발달, 104; 부모를 벌주거나 재구성 하려는 욕망과~, 125, 159-162; 변화에 대한 저항과 ~, 250-253; 억압과 ~, 47-49; 집단경험으로 ~의 교정, 275; 타인의 나쁨에 대한 매료와 ~, 185, 188-189
성욕화된 대상, 21
애착 : ~의 상실, 103-105; 나쁜 대상에 대한 충성심과 ~, 252-254; 대리부모에 대한 ~, 62-63, 243-246; 방어와~, 47; 방임으로부터 증가된 의존성과 ~, 58-63; 부모 사랑의 환상과 ~, 112; 아동의 탐닉과 ~,265-268; 치료자에 대한 ~의 발달, 97-98, 281; 피학대여성과 ~, 59; 학대 받는 동안의 ~, 103-105; 학대받은 자기의 두려움과 ~, 202-208; 학대부모에 대한 상처받은 자기의 ~, 25; 환상에 대한 욕구와 ~, 55-56
유기공황, 55 : 분열과 ~, 120; 유기아동과 ~, 103
의존욕구 : ~의 갑작스런 감소, 93-94; 박탈의 결과로서의 ~, 90-91, 94; 박탈하는 부모에 대한 고착과 ~, 103-105, 자기중심성과 ~, 194-197
전이, 170, 295
정서적 갈등 : 사랑과 분노 사이에서 ~, 39, 104; 죄책감과 ~, 218
정신분석, ~의 모델, 20
정신치료 : ~의 기술, 68, 97, 203, 301; 분열환자와의 ~, 122, 299; 상처받은 자기의 학대를 인내하기와 ~, 296; 유모어와 ~, 156-159; 자조집단과 ~, 274; 파생물과 ~, 191; 환자의 의존욕구 수용과 ~, 273,
정체성 : ~의 발달, 40-43, 78-86; ~의 부족, 84-86, 88-91; ~의 정의, 77, 88-89; 박탈과 ~, 61; 성숙과 ~, 55; 정체성을 위한 치료, 93
특정한 흥미 집단, 286-290
희망자기 : ~의 부모자극, 112-118; ~ 정의, 106; 거식증과 ~, 152; 문헌에서의 ~, 107; 변화에 대한 저항과 ~, 250; 부모사랑의 환상과 ~, 219;

Leaving Home 리빙홈
부모로부터의 건강한 독립

발 행 일 : 2011년 12월 31일 1판 1쇄
　　　　　 2023년 04월 01일 2판 1쇄
지 은 이 : David P. Celani
펴 낸 이 : 김순천
옮 긴 이 : 김영호 · 김순천 · 남영옥
펴 낸 곳 : **한국가족복지연구소**
　　　　　　서울특별시 마포구 백범로 178 마포신영지웰 A711호
T E L : 02-711-6242~3
홈페이지 : www.kfti.re.kr　　**이메일** : kfti2@naver.com

디 자 인 : (주)엔씨엘피플스(02-557-6961)
　　　　　　http://www.ncl.co.kr

ISBN 978-89-89821-14-4

* 잘못된 책은 구입처에서 교환해 드립니다.
* 이 책은 저작권법에 따라 보호받는 저작물이므로 무단전제와 무단복제를 금지합니다.

정가 18,000원